중국의 대중문화

'이 저서는 2018학년도 대구대학교 학술연구비지원에 의한 저서임'

중국의 대중문화

권응상 지음

차이나하우스

책을 펴내며

　중국을 이해하는 방법은 다양하다. 중국의 지리를 이해하거나, 중국의
역사를 이해하거나, 중국의 문학과 예술을 이해하거나. 근자에 '문화'라
는 용어만큼 광범위하게 자주 사용되는 단어는 없는 것 같다. 영국의 인
류학자 에드워드 버넷 타일러는 일찍이 그의 저서 <원시문화(Primitive
Culture)>(1871)에서 "문화는 지식, 신앙, 예술, 도덕, 법률, 관습 등 인
간이 사회의 구성원으로서 획득한 능력 또는 습관의 총체이다."라고 정
의했다.

　그러나 또 이 용어만큼 해석이 다양하고 학자의 견해가 일치하지 않는
개념도 없다. '문화'라는 용어는 다양한 이해의 방법을 아우르는 추상적
이면서도 포괄적인 단어이며, 애매모호한 모든 것을 두루뭉술하게 지칭
할 수 있는 전가의 보도 같은 개념이다. 그러다보니 무엇을 설명하고 이
해하기 위해 범주를 설정할 때 '○○문화'라는 용어만큼 책잡히지 않는
단어도 없는 것 같다. 특히 코끼리 같은 중국의 경우는 더욱 그러하다.
장님 같은 필자가 이 책을 펴내는 용기는 이런 방어기제에서 나왔다.

　필자 역시 대학 강단에서 학생들을 가르치면서 '중국문화'라고 명명된
여러 강좌들을 해왔다. 이런 강좌들 대부분 중국의 역사, 문학, 철학, 예
술, 종교, 관습, 경제, 정치 등 범주화 할 수 있는 온갖 분야를 넓고 얇게
훑어나가는 과목들이었다. 정작 이러한 과목들은 코끼리의 탄생과 성장
과정은 짐작케 해주지만 지금의 모습을 보여주기는 힘들었다. 이에 가장
최근의 모습을 보여줄 수 있는 또 다른 범주를 고심했 고, 그 결과가 '대
중문화'이다. 그렇다고 이 책의 대중문화가 지금의 중국 모습만 보여주
자는 것은 아니다. 지금의 모습으로 자라기까지의 과정도 함께 설명하면

서 일반 중국문화가 가지는 이해의 범위를 '지금'으로 확장하고자 하는 것이다.

이를 위해 먼저 대중문화의 개념과 의미를 설명하였고, 중국 대중문화의 배경으로 중국 대중문화의 매체와 중국의 사회구조, 대중문화의 향유 계층 등에 대해 논의하였다. 이러한 논의를 바탕으로 대중문화의 가장 핵심 장르인 대중가요, 영화, 드라마 등을 차례로 살펴보았고, 마지막으로 대중문화의 수용과 향유라는 측면에서 대중문화의 새로운 한 장르로 급부상하고 있는 스마트폰 문화에 대해서도 일별하였다.

여러 자료들이 인터넷의 기사나 블로그, 보고서 등에서 나왔고, 또 크고 작거나, 많고 적게 다른 사람의 기존 업적과 노력들에서 빌어 왔다. 모든 자료 출처원에 감사드리며, 최대한 그 출처를 밝히고자 노력하였다. 아울러 '대중의 지금'은 계속 변하는 것이므로 이 책의 내용은 지금도 달라지고 있을 것이다. 그렇지만 펜을 놓는 순간까지도 최신의 자료들을 업데이트하고자 노력했고, 또 기회가 있다면 이러한 노력을 지속할 것이다. 이 책이 중국의 대중과 지금의 중국을 이해하는 작은 밑거름이라도 되었으면 좋겠다.

저자

목차

제1장

중국 대중문화의 배경

1. 대중문화의 개념과 의미

1) 대중문화란?

대중문화(大衆文化)는 특정 사회나 계층을 넘어 대중이 공통으로 쉽게 접하고 즐길 수 있는 문화를 말한다. 대중이란 계층, 지역, 성별 등을 초월하여 현대 사회를 구성하는 대다수의 사람을 지칭한다. 이러한 대중이 전면에 등장하기 시작한 것은 근대에 접어들어 신분 제도가 붕괴되고 산업화와 도시화가 진행되면서부터였다. 대중이 중심이 되는 대중사회로 전환되면서 교육의 기회가 확대되고 대중 매체가 발달하였다. 자연히 대중이 즐길 수 있는 문화의 폭이 확대되어 이른바 대중문화가 형성된 것이다.

그러나 전근대의 귀족사회에서도 엄연히 대중은 존재해왔고, 그들이 향유하는 문화도 있었다. 그것이 가치 있는 어떤 것으로 운위되거나 기록되지 못했을 뿐이다. 그래서 대중문화의 개념과 범위를 어떻게 어디에 둘 것인가의 논의는 문화라는 용어만큼 복잡하고 광범위하다. 이 책의 방향과 논점을 설명하기 위해 대중문화를 뜻하는 두 가지 영어 표현 'popular culture'와 'mass culture'의 차이부터 논하기로 한다. 'mass culture'는 대중사회에서 대중매체에 의해 대량 생산된 문화란 의미를 지니는 것으로 보인다. 여기서 대중(mass)이란 말에는 주체적이지 못하고 고립 분산되어 있으며 비합리적인 집단이라는 의미가 내포되어 있다. 이에 비해 'popular culture'는 '다수의 사람들이 향유하는 문화'라는 의미를 지니고 있다. 'mass culture'가 주로 문화의 생산과정에 초점을 맞춘 개념이라면, 'popular culture'는 문화의 수용과 소비라는 측면에 초점을 맞춘 개념이다.

'mass culture'는 대량 복제 미디어가 등장한 근대 이후의 문화 산물을 지칭하는 것으로 한정되지만, 'popular culture'는 근대 이전 평민들의 문화까지도 포괄하는 개념이다. 물론 현대의 'popular culture'는 주로 미디어에 의해 생산 유통되는 문화로 구성된다. 따라서 현대사회에서 'popular culture'와 'mass culture'는 동일한 대상을 각기 다른 시각에서 지칭하는 개념이다.[1] 이렇게 볼 때 'mass culture'는 고대 귀족사회의 귀족문화와 상대되는 근대 이후 대중사회의 대중문화를 의미하는 것으로 보이고, 'popular culture'는 계층, 지역, 성별 등은 물론 시대조차도 초월한 보편적 '대중의 문화'를 지칭하는 것으로 보인다.

이 책에서 지칭하는 대중문화는 'popular culture'의 개념이 더욱 적합하다. 왜냐하면 중국의 초시대적 대중문화를 고찰하는 것이 이 책의 목적이기 때문이다. 다만 고대의 대중문화는 근대 이후의 대중문화와 달리 생활 속에서 시간의 고리로 축적된 풍속이나 관습과 겹치는 경우도 많다. 이러한 부분은 대중문화 장르별 역사 속에서 추려내고 정리하여 관계성을 밝히고자 한다.

2) 대중문화의 성격과 기능

대중문화의 광범위하고 추상적인 성격을 설명하는 하나의 방법은 상호 대립되는 개념을 대입시켜보는 것이다. 대중문화의 대립항으로 자주 거론되는 것으로는 고급문화, 민속문화, 민중문화, 민족문화 등이 있다. 고급문화에 대립하는 대중문화는 '대량 생산된 질 낮은 문화'라는 의미를 지니며, 민속문화와 대비될 때는 '현대적인 매스미디어에 의해 상품화되어 소비되는 문화'라는 의미를 지니며, 민중문화라는 개념과 결부되면 '대중의 의식을 마취시켜 기존 체제의 재생산에 기여하는 도구적 성격의 문화'라는 의미를 함축하고, 민족문화와 대비될 때는 '서구 문화제국주의의 산물'이란 함의를 갖게 된다. 이처럼 대중문화는 주로 부정적인 시각으로 규정되어 왔다. 이것은 대중문화의 생산과 소비의 과정에서 발생하는 속성들이다.

대중문화 텍스트는 주로 대중 매체나 문화산업에 의해 생산되어 대중의 일상생활에서 소비된다. 이 과정에서 텍스트가 생산되면서 개입하는 자본과 권력, 대중의 취향과 선택, 유통과정과 시장, 대중의 다양한 수용 방식 등이 대중문화 형성에 결정적 영향을 끼친다. 이렇게 형성된 대중문화는 우리의 일상생활 속에서 평균적인 대중의 취향에서부터 행동양식이나 시대적 감수성까지 반영하므로 시대와 사회를 읽어내는 중요한 텍스트가 되기도 한다.

우리가 대중문화에 주목해야 하는 이유가 바로 이것이다. 특히 근대 이후의 대중문화는 대중사회를 해석하는 중요한 텍스트로서, 생산과 수용 과정에서 몇 가지 속성을 지닌다.

첫째, 대중문화의 매스 커뮤니케이션 속성이다. 매스 커뮤니케이션은 매스 미디어를 이용해 대중을 대상으로 하는 의사소통 시스템을 가리키는 것으로, 흔히 매스컴으로 불린다. 현대 대중문화의 주류는 영화, 방송, 대중음악 등 미디어 산업에 의해 상품으로 제공된다. 이런 미디어 상품은 대부분 최대의 이윤을 얻고자 하는 시장 논리에 따라 생산된다. 미디어 상품은 부가가치가 높은 대신 시장에 대한 예측이 어렵다는 특성이 있다. 따라서 시장의 불확실성을 줄이기 위해 전략적으로 접근하는데, 이 과정에서 대중문화의 주요한 경향들이 생겨난다. 예를 들면 유명 스타를 기용하는 스타시스템(Star System), 기존의 흥행 요소를 모방하거나 재활용하는 전략, 주 소비층을 겨냥한 상품 생산, 대중의 평균적인 취향에 영합하는 것 등을 들 수 있다. 이것들은 대중문화시장의 일반화된 경향으로서 시장의 불확실성을 해소하기 위한 전략들이며, 그 과정은 매스 커뮤니케이션을 통해 이루어진다.

둘째, 대중문화의 일상성이다. 대중문화는 일상생활 속에 존재한다. 대중문화를 수용 혹은 소비하는 것은 일상적인 행위이다. 우리는 집안 청소를 하면서 음악을 듣고 식사를 하면서 TV를 시청한다. 이는 대중문화 수용이 의식적인 선택에 의해 이루어지기도 하지만 상당 부분 무의식적인 행위로 이루어진다는 의미이다. 그러므로 대중문화는 대중의 감수성이나 취향, 행동양식에 무의식적인 영향을 미친다. 대중문화의 사회적 영향이 중요한 것도 바로 대중문화가 지닌 이런 일상성 때문이다. 사람들의 취향이나 감성은 다분히 일상적인 문화 환경 속에서 형성된 것이지만 그것이 지나치게 일상적이고 가까이 존재하므로 그 영향을 인지하기는 쉽지 않다.

셋째, 대중의 정체성을 형성하고 반영하는 속성이다. 대중문화를 수용하고 소비하는 행위를 통해 대중의 정체성이 나타난다. 사람들의 정체성은 세대, 계급, 성별, 인종, 지역 등 군집마다 다르게 나타나는데, 대중문화는 그런 다양한 군집들의 정체성이 부딪히고 갈등하며 타협하는 장이다. 특히 세대 간의 문화정체성 갈등은 대중문화가 정체성 갈등의 장이라는 사실을 가장 극명하게 보여준다. 1950년대 서구 사회의 로큰롤 음악을 둘러싼 세대 간 갈등이나 1970년대 청바지와 통기타로 대변되는 우리나라 청년 세대의 문화, 1990년대 소위 X세대라 불린 청소년 세대 문화 등이 그 예이다. 또 시대 상황에 따라 노동자 문화, 여성 문화, 청소년 문화를 비롯하여 다양한 층위의 지역 문화도 갈등의 요인이 될 수 있다. 결국 대중문화는 수많은 부분 문화들을 가지고 있고, 그 속에서 끊임없이 갈등하고 타협하는 복잡하고 다층적인 영역이다.

> 1950년대 후반 미국에서 엘비스 프레슬리(Elvis Presley)가 등장했을 때도 로큰롤에 열광하는 젊은 세대와 그들의 문화에 거부감을 보이는 기성세대 사이에 대립과 갈등이 나타나기도 했다. 미국에서 엘비스 프레슬리의 인기는 10대 문화의 대두와 맥을 같이한다. 빙 크로스비(Bing Crosby)와 프랭크 시내트라(Frank Sinatra)의 감미로운 스탠더드 팝이 대세일 때 나타난 로큰롤은 젊은이들과 기성세대 간의 단절과 반항을 상징하는 것이었다.

이처럼 대중문화는 소수 특권 계층이 아닌 다수의 취향에 맞춰 형성되고, 대중 매체를 통해 전달되기 때문에 확산 속도가 빠르고 공유되는 범위가 넓다. 그리고 다수가 누리는 문화이기 때문에 대량으로 생산되고 다수에 의해 대량으로 소비된다. 이에 따라 대중문화는 '문화의 대중화'를 통해 삶의 질을 향상시키며, 또 때로는 첨예한 사회문제를 드러내고 이를 해결하는 역할을 하기도 한다. 이러한 문화의 대중화와 사회적 가치의 표현은 대중문화가 지닌 중요한 두 측면이다.

'문화의 대중화'란 대중문화가 문화를 보편적으로 공유하는 데 기여했다는 것이다. 대중이 일반적인 문화상품을 쉽게 소비할 수 있게 되었음은 물론이고, 과거에는 접근조차 어려웠던 고급문화도 대중문화의 일부로 편입되는 양상을 보이면서 고급문화를 대중화시키는 가능성을 보여준다. 특히 경제 논리에 따른 시장과의 결합은 고급문화를 빠르게 대중화 시키고 있다. 수 년 전에 LG전자의 명화시리즈 광고도 그 예가 될 수 있다. 그 광고에는 「모나리자」나 「이삭 줍는 여인」 등과 같은 르네상스 시대의 명화 귀퉁이에 자사의 가전제품을 합성하여 넣는 식으로 광고를 하여 제품의 고급화 이미지를 추구했다.

대중문화가 고급문화의 수준을 저하시킨다는 비판도 있으나 이는 고급문화를 독점했던 계층이 자신들의 영역이 무너지는 데 대한 불만을 표현한 것으로 볼 수 있다. 모든 사람은 누구나 각자의 취향에 따라 문화를 선택할 권리가 있다. 따라서 대중문화가 저급하므로 무조건 배척해야 하고 고급문화를 옹호해야 한다는 주장은 이미 시대착오적이다. 과거의 고급문화는 계층적, 경제적, 교육적 특수 계층이 향유하는 것이었으며, 대중은 이러한 고급문화에 접근할 통로 자체가 없었다. 그러나 대중사회로 진입하면서 고급문화도 다양한 형태로 대중문화에 귀속되기 시작했고, 이에 따라 대중도 쉽게 소비할 수 있는 대중문화 상품이 된 것이다.

'사회적 가치의 표현'은 현대 사회에서 더욱 주목해야하는 부분이다. 대중문화는 일상생활 속에서 받는 긴장과 좌절감을 해소시켜줌으로써 생활에 활력을 불어넣어 준다. 그 결과 사람들은 새로운 활력을 얻어 생산적인 일에 종사할 수 있게 된다. 그러나 한 개인이 개인적 필요나 취향에 따라 선택한 대중문화 속에는 필연적으로 그 개인의 사고나 가치가 개재되기 마련이다. 다시 말해 대중의 대중문화 선택과 수용은 결과적으로 개인의 가치가 표출되는 과정이며, 이러한 개인의 가치가 집단화 되어 사회적 가치로 드러나게 되는 것이다.

그런데 이러한 사회적 가치는 대중문화가 가지는 상품적 속성 때문에 쉽게 변질될 수도 있다. 상품화된 대중문화가 사회적 가치 표현을 왜곡시킬 수 있다는 것이다. 특히 경계해야 할 것은 정보의 조작 가능성이다. 문화의 생산자가 의도하는 방향으로 정보가 조작될 수 있다는 것이다. 시장성을 최우선 가치로 여기는 상품 생산자의 전략에 의해 대중이 무의식적으로 수용당할 가능성을 배제할 수 없다.

상품 생산자는 대중의 기호에 영합하기 위해서 자극적이고 폭력적인 내용을 자주 다룬다. 작금의 '조폭'에 대한 무감각 혹은 호감은 분명 느와르 영화의 영향이 크다는 것을 부인할 수 없다. 대중의 말초적 흥미에 영합하기 위해 섹스, 폭력, 모험 등을 주된 소재로 삼기 때문에 사회구성원들에게 반사회적인 행동규범을 심어줄 수 있으며, 실질이 배제된 표피적이고 감각적인 문화를 전파시키기도 한다. 또 지나치게 현실과 유리된 세계를 묘사함으로써 환상에 빠지게 하거나 상대적 박탈감을 느끼게 만드는 것 등도 사회 가치의 표현을 왜곡할 수 있다.

이와 함께 동일한 정보를 대중에게 동시에 전달하기 때문에 사람들의 사고나 취향이 획일화될 수 있다는 점도 경계해야 한다. 이는 개인의 개성과 독창성을 상실시킬 수 있을 뿐 아니라 문화의 획일화를 초래하여 다양한 문화의 발전을 저해할 수도 있다.

2. 중국 대중문화의 매체

미국의 재정수입 가운데 가장 많은 부분을 차지하고 있는 것은 국방산업이며, 그 뒤를 잇는 것이 문화산업이다. 세계 평화 운운하며 대량의 무기를 수출하는 미국이 자신의 국가 이미지를 긍정적으로 호전시키면서 그들의 이념을 세계인들에게 선전하는 기능을 담당하는 것이 바로 소프트파워(Soft Power)라 불리는 '문화산업'이다.

미국은 전 세계 음반시장의 40%를 차지하며, TV 프로그램의 75%를 제작해 내고 있다. 미국이 생산하는 영화는 양적으로는 세계의 6.7%에 불과하지만, 영화 상영시간의 50%는 미국산 영화이다. 또 미국의 400대 기업 중에서 72개가 문화산업 관련 기업이다.

이에 비하면 중국의 문화산업은 1994년 <중국문화보(中國文化報)>에 처음으로 '문화산업'이란 말이 생겨났을 정도로 그야말로 걸음마 단계에 불과하다. 그 전까지 중국인들에게 문화는 문화선전사업 등으로 자신들의 사상을 강화하는 수단 정도로만 사용되었을 뿐이다. 중국인들에게 문화는 상품화하여 판매한다는 발상 자체가 불가능한 영역이었다.

그 후 1998년에 중국문화부 산하에 문화산업처(文化産業處)를 설립하면서 발전의 토대를 마련하였고, 2000년대 접어들면서 문화산업에 대한 각종 법규와 제도가 마련되었다. 최근에 중국 정부는 문화산업을 진흥시키기 위한 다양한 제도와 정책을 펼치고 막대한 자금을 투입하는 등 적극적으로 대처하면서 중국의 문화산업도 급속히 성장하고 있다.

1) 중국의 매스미디어

사회주의 국가의 언론은 자본주의 국가의 언론과는 성격 자체가 완전히 다르다. 중국의 언론은 사회주의에 기초한 지도사상과 당의 노선을 준수하고, 당과 인민의 관계를 결합시키며, 그들의 이익에 부합되는 내용을 보도하는 하나의 선전·선동 조직이자, 여론선도 기관으로서의 성격과 임무를 가지고 있다. 따라서 대부분의 유력 일간지들은 당 기관지이고 그 외의 매체들도 당의 직접적인 지도체계 속에 있기 때문에 중국 언론은 거의 당 기관지라고 볼 수 있다. 중국의 언론은 공산당 중앙선전부(中央宣傳部)가 총괄 통제하고 있다. 다음에서 우리나라 외교부가 편찬한 <중국 개황>(2012. 1. 3) 자료를 중심으로 중국의 언론을 살펴보고자 한다.

(1) 중국의 신문·잡지

중국은 신문과 잡지의 행정적 관리를 중앙정부기관인 국가신문출판총서(國家新聞出版總署)에서 했으나, 2018년 대부제 대개혁 때 중앙선전부로 이관되었다. 중국에서는 2010년 말 현재, 신문 총 1,939종, 잡지 9,884종이 발간되고 있다. 그리고 2010년 신문 발행부수는 452억 1,400만 부이고, 잡지 발행부수는 32억 1,500만 권이다. 신문시장의 규모는 2015년 기준 120억 5,500만 달러로, 인쇄신문 시장의 위축에 따라 중국의 신문시장 역시 전년 대비 5.3% 감소하였다. 잡지시장의 경우는 2015년 전년대비 3.7% 성장한 55억 9,900만 달러를 기록하였는데, 주목할 만 한 점은 중국의 잡지시장은 구독 수입이 78.8%의 비중을 차지할 정도로 광고보다 구독 수입에 의존하고 있다.

2018년에 도서, 정기간행물, 신문, 시청각 제품, 전자책의 규모는 4조 6,527억 부가 출판되었고, 2017년 대비 4.11% 감소했다. 그중 1,020억 9,000만 권은 도서로 전체 출판시장 중 21.51%를 차지하고 있다. 정기간행물은 22억 9,300만 부로 8.03%, 신문은 3조 3,726억 권으로 전체 72.49%, 전자책은 2억 5,900만 부로 0.56%를 차지하고 있다.[2]

중국의 주요 신문·잡지

신문(잡지)명	창간시기	발행부수	비고(성격)
<인민일보(人民日報)>	1948년 6월	200만부	중국공산당 기관지
<환구시보(環球時報)>	1993년 1월	200만부	인민일보 산하 국제시사지
<광명일보(光明日報)>	1949년 6월	100만부	지식계층용
<해방군보(解放軍報)>	1956년 1월	50만부	중앙군사위원회 기관지
<공인일보(工人日報)>	1949년 7월	70만부	중국총공회 기관지
<문회보(文匯報)>	1938년 1월	40만부	상하이 지방지
<경제일보(經濟日報)>	1983년 1월	90만부	경제전문지
<중국청년보(中國靑年報)>	1951년 4월	60만부	중국공산당 청년단 기관지
<차이나 데일리(China Daily)>	1981년 6월	30만부	영문
<구시(求是)>	1988년 7월	100만부	반월간 중국공산당 이론지
<베이징 리뷰(Beijing Review)>	1958년 3월	5만부	영문 주간지

주요 신문으로는 당 중앙의 견해를 대변하며 모든 신문의 영도적 위치에 있는 <인민일보>, 학술이론과 문화·예술 등을 다루는 <광명일보>, 군 기관지인 <해방군보>, 관영노조인 총공회 기관지 <공인일보>, 상하이에서 창간되어 해외에서도 구독이 가능한 <문회보>, 경제에 관한 정보를 전달하는 <경제일보>, 중국공산당 청년단 기관지 <중국청년보>, 영자지 <차이나 데일리> 등이 있다. 그 외에 <농민일보(農民日報)>, <중국부녀보(中國婦女報)>, <중국소년보(中國少年報)>, <중국아동보(中國兒童報)>, <해방일보(解放日報)>, <인공일보(人工日報)>, <문예보(文藝報)>, <경제소식(經濟消息)>, <경제참고보(經濟參考報)>, <금융시보(金融時報)>, <인민공안보(人民公安報)>, <법제일보(法制日報)>, <인민정협보(人民政協報)>, <문애보(文涯報)> 등이 있다. 대표적 잡지로는 반월간의 중국공산당 이론지 <홍기(紅旗)>를 폐간하고 대신 발간하는 <구시(求是)>와 영문 주간지 <베이징 리뷰(Beijing Review)>가 있다.

(2) 중국의 방송

중국은 중앙정부기관인 국가신문출판광전총국(國家新聞出版廣電總局)에서 전국의 라디오와 텔레비전 방송을 관리했는데, 2018년 폐지하고 이후 국가광파전시총국(國家廣播電視總局)을 신설해 맡고 있다.

중국의 라디오 방송은 1940년 옌안(延安)에서 송출한 '인민방송'을 시작으로 2010년 말 현재 전국에 227개의 라디오 방송국이 있다. 대외방송은 국제방송국에서 베이징 방송국을 호출부호로 하여, 38개의 외국어로 방송하고 있다. 2010년 말 현재 중국의 라디오 보급률은 96.78%에 이르고 있다.

중국의 텔레비전 방송은 1958년 5월 1일 중국 최초의 방송국인 베이징방송국(현재 CCTV의 전신)이 처음으로 전파를 송출한 이래, 대약진운동 기간의 경제난과 1966년에 시작된 문화대혁명기의 혼란을 거쳐 1976년에야 비로소 본 궤도에 들어설 수 있었다. 중국에는 2010년 말 현재 전국에 247개의 텔레비전 방송국이 있다. 현재 CCTV(China Central Television)로 불리는 '중궈중양뎬스타이(中国中央电视台)'를 비롯한 일부 지방 텔레비전 방송국들은 위성을 통해 방송함에 따라 가시청 지역을 확대해 나가고 있다. 2016년 중국 방송시장 매출액 규모는 약 319억 달러이고, 텔레비전 보급률은 92.6%에 이르고 있다.

중국의 방송은 CCTV의 영향력이 절대적이다. CCTV는 1958년 베이징뎬스타이(北京电视台)라는 이름으로 정식 방송을 개시한 이후, 1978년 현재와 같이 CCTV(China Central Television)로 방송국명을 변경했다. CCTV는 중국의 유일한 국가급 텔레비전 방송국으로서 현재 22개의 채널을 운영하고 있다. 2만 명이 넘는 직원을 보유한 최대 방송국인 국영 CCTV는 채널 전문화와 해외 방송 확장을 통해 중화권에 막강한 영향력을 지닌 채널로 자리매김하고 있다. CCTV는 40만 시간 정도의 프로그램 자원을 갖고 있으며, 연간 방송시간이 230,248 시간으로 해외채널과 유료채널을 포함하면 하루 평균 631 시간을 방송하고 있는데, 이 가운데 자체제작 프로그램 비율이 73.9%이며, 가시청권에 드는 인구는 중국 전체인구의 90%에 달하여 시청자는 11억 명에 이른다.

중국의 언론 매체는 기본적으로 모두 국가소유다. 따라서 중앙에서 지방까지 엄격한 통제를 받으며, 공산당과 정부의 대변자로서 당과 정부 정책을 선전하는 역할을 담당한다. 44개(유료 채널 20개, 무료 채널 24개)나 되는 채널을 가진 CCTV는 당과 정부의 통제를 받으며 국가 정책에 대한 선전 임무를 맡고 있다.

이런 특성으로 인해 중국의 모든 성(省)과 시(市)의 방송국은 저녁 7시에 자체 뉴스 프로그램 대신 CCTV의 <신원롄보(新闻联播)>를 송출 받아 방송하는 독특한 구조를 지니고 있다. '뉴스 네트워크'를 뜻하는 <신원롄보>는 CCTV의 22개 채널 중 시청률이 가장 높고 영향력이 큰 CCTV1(종합)이 방송하는 중국의 대표 뉴스 프로그램이다. <신원롄보>는 황금 시간대인 매일 저녁 7시부터 7시 30분까지 방송된다. 당일 매우 중대한 사안이 있을 경우 전체 방송시간이 늘어나기도 하지만 기본 방송시간은 30분이다.

따라서 중국 전역의 메인뉴스로 볼 수 있다. <신원롄보>는 보도 목적을 '당과 정부의 목소리를 선전하고, 중요 사건을 전파'하는 것이라고 분명히 밝히고 있다. 보도내용은 국내 뉴스, 정치 뉴스, 긍정적 뉴스, 일반 뉴스 위주다. 특히 정부 정책 소개나 정부 고위 관료의 동정에 치중하는 정치 분야 뉴스가 높은 비율을 차지하고 있다. CCTV는 국가 소유이고 당과 정부의 정책노선을 대변하고 홍보해야 할 책무를 지니고 있기 때문에 정치 뉴스의 비중이 크다.

중국 TV는 비슷비슷한 종합채널이 너무 많아지면서, 분화된 목표 시청자에게 맞춤식 서비스를 제공하기 위해 역할분담을 하지 않을 수 없었다. 이런 요구에 부응해 CCTV는 채널 전문화에 앞장서고 있다. CCTV는 1채널이 종합채널의 모습을 유지하고 있고, 그 외 2채널은 경제·생활·서비스, 3채널은 음악·종합예술, 4채널은 중국어 국제방송, 5채널은 체육, 6채널은 영화, 7채널은 소년·군사·과학기술·농업, 8채널은 드라마, 9채널은 영어 국제방송, 10채널은 과학교육, 11채널은 연극·경극, 12채널은 사회·법, 13채널 24시간 뉴스, 14채널 아동, 15채널 음악 등 각기 독특한 개성을 가진 채널로 자리 잡고 있다.

2007년에는 프랑스어와 스페인어 채널을 개국한 이래 스페인어, 프랑스어, 아랍어, 러시아어, 영어 뉴스 채널 등을 잇달아 개설했고, 2008년 HDTV(ch22), 2012년 3DTV도 송출을 시작했다. 2009년 말 인터넷 채널인 CNTV도 개설돼 전 세계에서 CCTV 시청이 가능해졌다. CCTV는 이를 위해 2009년 100명 이상을 채용한 것으로 알려졌다. 현재 CCTV는 139개 국가에서 시청할 수 있는 해외 채널을 10개나 보유하고 있으며 시청자가 9,000만 명에 육박하고 있는 것으로 추정된다.[3]

(3) 중국의 통신

중국에는 국영통신사로 신화통신사(新華通訊社: Xinhua News Agency)가 있다. 국무원(國務院) 직속기관으로 모든 내외신 뉴스를 총괄하여, '신화사(新華社)'로 약칭한다. 신화사는 1931년 11월에 발족한 '중앙 소비에트 홍색 중화통신사'가 1937년 4월에 옌안(延安)으로 이전하여, 신화통신사로 이름을 바꾼 것에서 출발하였다. 신화통신사는 2019년 현재 홍콩, 마카오를 포함한 중국 내에 31개 지국을 보유하고 전 세계에서 180여 개의 해외 지사를 운영 중이다. 그리고 국내 각 언론사에 매일 평균 40만여 자의 기사를 송고하고, 해외 각 언론사에 매일 중국어, 영어, 프랑스어, 스페인어, 러시아어, 아랍어, 포르투갈어, 일본어 등 8개 언어로 40만여 자의 기사를 24시간 송고하고 있다. 신화사의 직원은 약 1만 3,000명이고, 해외특파원은 약 500명이다.

이 외에 중국에는 CNS(China News Service)로 불리는 중국신문사(中國新聞社)가 있는데, 이는 해외 화교에 대한 선전을 주목적으로 1952년 9월 14일에 창립되었다.

근래 중국 정부는 신화통신, CCTV, 인민일보 등 3대 메이저 언론의 해외 취재망 확장을 위해 450억 위안을 투입한 데 이어 미디어의 디지털화, 미디어 기업의 대형화를 핵심 과제로 한 '미디어산업 진흥 계획'을 발표하며 중국 언론의 글로벌화에 박차를 가하고 있다. 이러한 정책은 친중 여론 강화와 함께 글로벌 미디어 그룹 양성을 위한 포석으로 보인다. 아울러 해당 지역에서 중국문화의 전파를 통한 중국의 소프트 파워를 키우기 위한 전략이라 할 것이다. 이와 함께 서방국가가 주도하는 세계 미디어 시장에서 영향력을 확대하여 중심국가로 부상하고, 동시에 '언론 자유를 억압하는 국가'라는 부정적인 이미지를 바꾸기 위한 노력으로 보인다.

2) 포털사이트와 SNS

CNNIC(中国互联网络信息中心:　China　Internet　Network Information Center)의 2018년 중국 인터넷 발전현황 통계보고서에

따르면, 2017년에는 인터넷 사용 인구가 7억 7,200만 명, 인터넷 보급률은 55.8%이고, 2019년 6월에는 네티즌 규모는 8억 5,449만 명, 인터넷 보급률은 61.2%로 세계 평균 51.7%를 훌쩍 뛰어넘었다. 중국 네티즌 연령대 구조를 보면 20대가 24.6%, 30대가 23.7%로 전체의 절반 이상을 차지한다.

인터넷 사용자가 가장 많이 이용하는 것은 검색이다. 검색 엔진으로는 세계적으로 구글이 압도적이다. 구글의 전 세계 점유율은 92.04%이지만, 우리나라와 중국은 다르다. 우리나라에서 네이버가 독점하듯이 중국은 바이두(百度)가 압도적이다. 2009년에서 2015년까지의 통계에 따르면, 바이두의 점유율이 64.55%%이다.

전 세계 검색 엔진 점유율은 구글(Google)이 92.04%, 야후(Yahoo!) 2.67%, 빙(bing) 2.39%이고 바이두(Baidu)가 0.89%이다.[4]

바이두(百度: www.baidu.com)는 2000년 리엔훙(李彦宏)과 쉬융(徐勇)이 설립하였고, 본사는 베이징 하이뎬(海淀)에 있다. '바이두'라는 이름은 송(宋)나라 유명 사인(詞人)인 신기질(辛棄疾)의 '청옥안·원석(青玉案·元夕)'사의 "衆裏尋她千百度, 驀然回首, 那人卻在, 燈火闌珊處(무리 속에서 그녀를 천 번 백 번 찾았는데, 무심코 고개 돌리니, 그 사람 되레 거기 있었네, 희미한 등불 아래.)"에서 인용했다. '百度'는 끝없이 찾아 헤매는 모습을 함축하고 있는 단어이다. MP3 검색엔진을 시작으로 그림 검색, 뉴스 검색, 지도 검색, 바이두 백과사전 등의 서비스를 추가하면서 중국어 검색 시장의 최고의 자리를 지키고 있다. 온라인 동영상 사이트인 아이치이(愛奇艺) 역시 바이두가 전액 투자하여 설립한 자회사이다.

텐센트(腾讯: QQ.com)는 바이두에 이어 현재 점유율 2위를 달리고 있다. 메신저 QQ로 유명하며, 게임, 검색, SNS, 커뮤니티 등 다양한 서비스를 제공하고 있다. 이 가운데 게임 분야는 중국 내에서 독보적인 1위 기업이다. 또한 우리나라 카카오톡과 같은 위챗(Wechat: 微信)도 서비스하고 있는데, 최근에는 해외 시장 확보에 눈을 돌리고 있다.

소후(搜狐: www.sohu.com)는 1998년 2월 25일 설립한 중국 최초의 포털 사이트이다. 2000년 7월 나스닥에 상장된 소후는 포털 사이트 소후닷컴, 동영상 서비스 소후TV, 검색엔진 소고닷컴(搜狗搜索: sogo.com)과 온라인 게임 개발 및 서비스 회사 창유(畅游有限公司)를 운영하고 있다.

시나(新浪: www.sina.com) 역시 중국의 대표적 포털 사이트로서 1998년 11월 30일 설립되었다. 중국 최대 마이크로 블로그 사이트 시나웨이보(新浪微博)를 서비스하고 있다. 웨이보는 2014년 4월 미국 나스닥에 상장했다.

2019년 CNNIC 보고서에서 특히 눈에 띄는 것은 중국의 모바일 인터넷 사용자가 8억 4,681만 명에 달하며, 중국 전체 인터넷 사용자 중 99.1%가 모바일을 통해 이용하고 있을 정도로 인터넷 사용이 PC에서 모바일로 급격하게 이동했다는 것이다. 광역 LTE망이 들어서면서 점차 스마트폰이 컴퓨터를 대신하면서 나타난 경향이다. 중국의 스마트폰 제조기술이 빠르게 성장함에 따라 그 사용인구도 급격하게 증가하고 있다. 따라서 이들 간의 대중문화 전파도 주로 스마트폰을 통해 이루어지고 있다. 이에 관해서는 '중국의 스마트폰 문화'라는 별도의 장에서 자세하게 다룰 것이다.

3. 중국의 사회구조와 대중문화의 향유계층

한 사회가 발전할수록 그 사회를 구성하고 있는 구성원들의 계층 분류는 더욱 세분화되기 마련이다. 중국 사회 역시 예외가 아니다. 개혁개방 이전에 중국의 사회구성원에 대한 계층 분류는 비교적 단순했다. 그러나 개혁개방 이후 놀랄만한 발전을 이룩해오면서 사회구성원에 대한 계층 분류 역시 더욱 세분화되고 다양해졌다.

그 가운데 가장 눈에 띠는 것은 바로 중산층의 대두이다. 경제가 발전하고 시장화와 도시화가 빠르게 진전되면서 중국 중산층의 규모도 지속적으로 확대되고 있으며, 점차 중국의 소비와 문화를 주도하는 주체세력으로 자리 잡고 있다. 한 통계에 따르면 중국의 중산층은 1999년 15%에서 2003년 19%로 증가했다고 한다. 여전히 형성과정에 있으나 매년 1% 이상의 속도로 증가하고 있는 것으로 보인다. 중국은 2020년에 약 45%까지 올라갈 것으로 전망하는데, 근거는 UN산하 세계은행(World Bank)이 규정한 계산 방법에 의거하여 나온 수치이다.

1) 개혁개방 이전의 사회 계층

중국 정부는 계획경제 체제가 형성되는 시기인 1958년 마오쩌둥(毛澤東)식 사회주의건설을 위해 호구제도(戶口制度)를 만들었다. 모든 중국 국민은 출생지에서 발급되는 호구에 따라서 '농업호구'와 '비농업호구'로 나누어졌다. 이에 따라 중국의 도시와 농촌 간에는 '보이지 않는 벽'이 만들어졌고, 도시-농촌이라는 이원구조가 형성되었다. 호구제도는 자유로운 인구이동을 금지하는 중국만의 독특한 국민통제제도라 할 수 있다. 호구제도의 목적은 도시로의 비합법적인 인구유입을 통제하여 도시인구의 증가로 인한 정부의 사회경제적 비용부담을 줄이고자 하는 것이다. 중국에서는 1950년대 말부터 사회주의적 시스템의 기초라 볼 수 있는 '도시의 단위제도(單位制度)', '농촌의 인민공사(人民公社) 조직'이 만들어지고, 단위에 속한 시민에게만 식량이나 주택 배급 등의 복지혜택을 제공했다. 이러한 호구제도는 1978년 개혁 이전 농촌에서는 인민공사, 도시에서는 단위제도와 결합되어, 농촌과 도시 간의 인구이동을 엄격하게 통제할 수 있었다. 따라서 '준신분제'에 해당하는 다음의 네 계층이 만들어졌다.

농업인구	농민 가정에서 태어나 농업에 종사하는 사람
도시주민	농업인구를 제외한 모든 비농업인구
직공(노동자)	노동자 계급
간부권	국가기관, 국영 혹은 집체사업 단위 등에서 관리에 종사하는 자

전국 인구는 먼저 농업인구와 비농업인구로 나누어지는데, 이것이 준신분제의 기초가 된다. 농업 인구는 정식절차를 거쳐서만이 다른 권역에 진입할 수 있다. 이들은 설령 노동방식이 변하여 실제로 다른 계급이나 계층에 종사하거나 심지어 평생 농촌에서 살지 않는다 하더라도 여전히 농민이니, 예를 들면 향진(鄕鎭) 기업의 직공(職工), 민판(民辦: 사립) 교사 등이 그러하다.

도시주민도 다시 '단위(單位)'의 소속 여부로 나누어진다. '단위(單位)'에 속하지 못하면 집이나 의료보험 등의 사회보장혜택을 받지 못하게 된다. 단위에 속하지 못한 도시주민은 신분상 농업인구보다 위이지만, 직공(職工)보다는 지위가 낮다. 이들은 노동에 종사한다 하더라도 임시공(臨時工)에 속한다. 반면 퇴직 노동자는 다시 재취업을 하지 않는다 하더라도 직공 범주에 속하며 따라서 퇴직보험과 의료보험 등이 제공되었다.

직공도 직접 노동을 하는 공인(工人)과 관리자인 간부(幹部)로 나누어진다. 이는 일종의 신분 구분으로서 산업노동자 뿐 아니라 기관 공작자, 판매원, 체육 종사자, 국영농장의 농부 등도 노동자에 속한다.

이러한 구분은 정식 신분제는 아니지만 '준신분제' 같은 벽이 있다. 우선 네 영역 간에는 자유로운 이동이 불가능하다. 농업인구와 비농업인구 간의 차별은 태어나면서 주어지는 것이다. 조직이나 기구가 필요하다고 인가한 경우에 한해서 일정한 절차를 통해서만 다른 신분으로의 전환이 가능하다. 그리고 네 영역 간에는 고저의 관계가 형성되어 있으며, 서로 다른 경제적, 사회적, 정치적 대우가 엄연히 존재한다. 도시인구가 누리는 보조나 수많은 기관과 국영기업의 잉여인력이 수령하는 임금 등은 모두 신분에 의한 것이다. 그래서 이를 '신분보호'라고 부른다. 공인과 간부계층을 엄격히 구분하여 간부의 신분이익을 보호해준다. 이러한 엄격한 한계가 사회유동 통로를 차단시켜 신분의 벽을 만드는 것이다.

이러한 상황에서 대학생이 되는 것이 합법적이고 안정적이며 유일한 사회유동의 통로이다. 농민의 자식이라도 시험에 통과하면 순조롭게 신분을 상승시킬 수 있다. 일단 대학생이 되면 호구가 도시로 옮겨가고, 졸업 후 국가기관이나 도시 단위에 취직할 경우 호구가 완전히 이전된다. 그러나 취업을 하지 못하면 호구가 다시 고향으로 복귀되어 농민신분이 되는 것이다. 학력을 통한 경우가 아니고서는 농민의 자녀가 도시에 나가 간부가 되거나 노동자가 되는 것은 상상할 수 없으며, 오히려 맹류(氓流: 호적 없이 떠돌아다니는 사람들)나 민공조(民工潮: 도시로 유입된 농촌 인력들)로 간주될 뿐이다.

대도시의 조직들은 이를 통해 필요한 인재를 확보한다. 그러나 현재 많은 졸업생들이 국가로부터 기관이나 단위에 취직을 분배받지 못하고 있다. 이들 대부분은 고향에 돌아가지 않고 대도시에 남아 아르바이트를 하면서 생활한다. 직장을 찾는 동안 외국인에게 중국어를 가르치는 등의 일을 하면서 가짜 신분증으로 불안한 생활을 하고 있다.

2) 사회구조의 전환과 새로운 계층의 등장

(1) 사회구조의 전환

개혁개방 이후 시장화와 사유화가 진전되면서 1980년대 중반부터 호구제도의 '보이지 않는 벽'에 서서히 틈이 생기기 시작했다. 중국에서 비합법적인 인구이동이 사회문제로 주목을 받기 시작한 것은 1989년 설날 기간 광저우(广州) 기차역에 귀향하려는 농민공(農民工) 인파가 몰려 교통전쟁이 발생하면서부터이다. 그 후 1992년 '사회주의 시장경제' 발표에 따라 개혁개방정책에 가속도가 붙자 연해(沿海) 주요 도시 및 대도시에서 농민공이 급증했다. 사회주의 통치체제의 유산이라 할 수 있는 호구제도가 비공식적 인구이동에 의해 무력화되고 있는 것이다. 중국의 대규모 인구이동은 사회주의적 '제도'와 자본주의적 속성을 지닌 '시장' 간의 충돌이라 볼 수 있다. 경제발전을 위해 시작한 자본주의적 요소는 중국에서 경제개혁의 범위를 넘어 사회 변화, 더 나아가 정부정책 및 제도변화를 불가피하게 만들고 있는 것이다.

민공조(民工潮)는 이러한 과정에서 탄생한 용어이다. 농촌에서 가정생산책임제를 실시한 이후 농촌의 잉여 노동력이 큰 문제가 되었다. 이 용어는 향진기업을 통해 토지는 떠났지만 농촌을 떠나지는 않고, 공장에 가지만 도시에 진입하지 못한 농민들 가운데 도시로 가서 임시 혹은 한시적으로 노동을 하는 농민들의 흐름을 일컫는다. 1984년 이후 스스로 양식을 구입할 수 있는 자는 도시로 호적을 옮길 수 있게 하였으며, 임시거류증을 도입하여 1년 단위로 도시에서의 거주를 허용하는 정책적 변화를 시도하였다. 이에 남성 농민들은 주로 도시의 건설현장에 투입되었으며, 여성의 경우 미혼은 주로 3차 산업에, 기혼의 경우 보모나 가정부로 일을 했다. 1990년대 중반 이후 향진기업이 농촌 잉여 노동력을 흡수하는데 한계를 보임에 따라 도시로 들어오는 농민의 수가 급속히 증가하였다. 민공조의 규모는 전국적으로 1억이 넘는다고 추산되며, 베이징의 경우 전체 인구의 30% 이상을 차지하는 것으로 보고 있다. 저장성(浙江省) 출신들의 집단 거주지인 베이징 교외의 소위 '저장춘(浙江村)'도 민공조의 예이다.

이러한 호구제도는 2003년부터 급격한 개혁이 시작되었다. 이것은 후진타오(胡锦涛) 체제 하의 경제발전전략과 밀접한 관계가 있다. 후진타오 정부 이전에는 선부론(先富論)에 입각하여 경제발전을 강조한 반면, 후진타오 정부는 2005년부터 '조화로운 사회 건설(和諧社會建設)'이라는 신발전관을 제시하여 경제성장과 사회 안정을 동시에 추구하는 '균형발전'을 강조하였다. 이에 따라 경제발전 과정에서 소외되었던 농촌 및 농민문제가 최우선 정책과제로 부각되었고, 농촌문제 해결방안으로 도시화 정책이 추진되었다. 이런 거시적 정책의 변화로 인해 인구이동을 금지하여 도시화를 막아 왔던 호구제도의 개혁이 불가피하게 되었던 것이다.

그 결과 농민공이 불법체류자 신분을 탈피하여 점차 도시 주민으로 받아들여지고 있다. 그러나 농민공들은 여전히 '시민'으로 동화 혹은 통합되지 못하고 '주변화'되고 있다. 농민공과 시민 간의 차별정책이 일부 폐지되고 있으나 여전히 시민과 농민공은 불평등하다. 농민공은 시민이 기피하는 3D업종에 종사하며 도시 외곽의 농민공 집단거주지를 중심으로 고립되어 거주한다. 또 사회, 문화적 차별로 인한 농민공들만의 고립된 사회관계를 형성하고 있다.

한편, 이러한 사회구조의 전환 속에서 다양한 계층들이 새롭게 등장했다. 농민이면서 경영이나 판매 활동에 종사하는 좐예후(专业户), 개인사업자 거티후(个体户), 농민이면서 노동자들인 향진기업(鄕鎭企業)의 직공들이 생겨났으며, 개혁개방과 자본주의 경제의 발달로 기업가(企業家)나 3자(資)기업의 직공들도 출현했다. '중외합자경영기업(中外合资经营企业)', 중외합작경영기업('中外合作经营企业)', '외상독자기업(外商独资企业)'을 말한다. 이들 3자기업의 직공들은 수입은 비교적 높지만 실업위험이나 관리의 엄격함으로 항상 경쟁의식 속에 살고 있다.

(2) 중산층의 등장과 사회계층의 분화

중국 사회과학원이 조사한 「2001년 중국 사회 상황 분석 및 전망」 은 개인이 중산층에 속하는지에 대한 여부를 네 가지 표준에 따라 구분하였다. 첫째, 직업에 따른 구분, 둘째, 소득에 따른 구분, 셋째, 소비 유형 및 생활방식에 따른 구분, 넷째, 개인적 주관에 의한 구분이 그것이다.

① 직업에 따른 중산층 : 15.9%

중국에서는 일반적으로 당 및 정부 관련 공무원, 기업 경영자, 민간 기업가, 전문직 종사자, 사무직 종사자 등 5가지 직업군의 종사자들을 중산층으로 보고 있다. 이들이 차지하는 비율은 15.9%이다.

② 소득에 따른 중산층 : 24.6%

소득수준은 중산층을 구분 짓는 중요한 지표이다. 그러나 중국의 경우 지역별 소득 편차가 심하기 때문에 일정한 평균치를 두고 구분하는 것은 어렵다. 이런 점을 고려하여 사회과학원은 각 지역별 개인 월소득 평균치를 기준으로 평균치 이상을 중산층으로, 그리고 그 이하를 비 중산층으로 구분하였다. 그 결과 소득수준에 따른 중국 중산층은 24.6%로 조사되었다. 이는 적정 연령의 사회인구 중 약 4분에 1에 해당하는 수치이다.

③ 소비에 따른 중산층 : 35%

소득에 따른 구분과 마찬가지로 소비유형과 생활방식에 따른 구분 역시 일정한 기준을 정하기 어렵다. 중국의 경우 아직 소비사회가 성숙되지 못했고, 또한 지역 간 편차가 심하기 때문에 더욱 그렇다. 따라서 사회과학원은 모든 사회구성원의 가치판단이 일치하는 어느 한 종류의 소비품목을 정해 그것을 기준으로 삼았다. 그 기준이 되는 소비품목이 바로 가전제품이다. 가전제품은 지역 간 가격 차이가 그다지 크지 않으며, 생활 여건 개선에 있어서도 우선적으로 고려되는 소비대상이다. 동시에 현대화된 가전제품의 사용은 일종의 생활방식을 대표하기도 한다. 따라서 각 가정의 가전제품 구비 상황은 각 가정의 소비수준 및 생활방식을 반영하고 있다고 볼 수 있다.

이 기준에 근거하여 소비에 따른 중산층을 구분한 결과, 적정 연령의 사회 인구 중 중산층에 해당하는 비율은 35%로 나타났다. 절대다수를 점하는 소비 중산층은 41세 이하의 중·청년 계층(61.8%)이었으며, 그중 30세 이하가 차지하는 비율이 3분의 1(33.1%)이었다. 21세에서 30세의 41.8%가 소비 중산층으로, 연령대별 소비 구분에 따른 중산층 비율이 가장 높았다. 연령이 높을수록 소비 중산층에 속할 가능성은 더욱 적어지는 것으로 조사되었다. 61세에서 70세에 해당하는 계층의 소비 중산층 비율은 4분의 1이 채 되지 않는 24.1%였다.

도시와 농촌의 지역별 소비 중산층 비율도 적잖은 차이를 보였다. 도시 주민의 경우 반 이상인 50.2%가 소비 중산층에 속했으나, 농촌주민은 4분의 1인 25.1%가 소비 중산층에 해당하는 것으로 나타났다. 학력 수준 역시 소비에 따른 중산층 구분에 중요한 영향을 미치는 요소로, 높은 문화 수준을 가진 계층일수록 소비 중산층에 속하는 비율이 높았다. 전문대 이상 학력 소지자의 소비 중산층 비율은 78.3%, 중등 전문학교(中專) 학력 소지자의 소비 중산층 비율은 59.6%, 고졸자의 소비 중산층 비율은 48.7%, 중졸자는 37.8%, 초등학교 졸업자는 21.4%, 무학력자의 경우는 15.3%로 나타났다.

④ 개인적 주관에 따른 중산층 : 46.8%

자신이 상류층 혹은 중상류층이라고 생각하는 사람의 비율은 10분의 1이 되지 않으며, 중산층이라고 생각하는 사람은 5분의 2였다. 이렇게 상, 중상, 중이라고 생각하는 사람들을 합친 비율이 46.8%로, 50%에 가까운 사람들이 자신을 중산층이라고 생각하는 것으로 나타났다.

2004년에 발표한 루쉐이(陆学艺)의 「당대 중국 사회계층 연구보고(当代中国社会阶层研究报告)」에는 중국의 10대 사회계층을 다음과 같이 분류했다.

① 국가 및 사회 관리자 계층: 당과 정부조직, 사업 및 사회단체에서 실질적인 행정관리권을 행사하는 간부로서, 중국 사회 최상위층.
② 경영 관리자 계층: 중, 대형 기업의 소유자이자 경영자.
③ 사영기업주 계층: 일정한 개인 자본 혹은 고정자산을 통한 투자로 이윤을 얻는 계층으로 규정에 의하면 8인 이상의 고용인을 두고 있는 사영기업의 기업주.
④ 전문기술직 계층
⑤ 사무직 종사자 계층
⑥ 자영업자(个体工商戶) 계층: 소액의 개인자본(부동산을 포

함하여)을 생산, 유통, 서비스업 등의 경영활동에 투자하거나 이를 생업으로 삼는 자영업자.

⑦ 상업 서비스직 근로자 계층: 상업과 서비스 부문에 종사하는 비전문적, 비육체노동자들.

⑧ 산업노동자 계층: 2차 산업에 종사하는 육체 또는 반육체 노동자들.

⑨ 농업노동자 계층: 중국의 최대 계층.

⑩ 과도기성 특수계층(무직, 실업, 반실업자 등): 노동 연령에 속하지만 고정된 직업이 없는 계층들.[5]

　이것은 중국사회과학원 사회학연구소 '현대 중국사회 구조변천 연구' 프로젝트팀이 직업분류를 기초로 하고 조직자원, 경제자원, 문화자원의 점유상황을 기준으로 하여 분류한 것이다. 이 보고서에 따르면 개혁개방 이후 20여 년의 경제 및 사회 발전으로 중국의 사회계층에도 급격한 변화가 생겼으며, 전체 사회는 고유의 '두 계급(노동자계급과 농민계급), 한 계층(지식인계층)'에서 이상과 같은 10대 계층으로 분화되었다는 것이다.

　장문정은 「개혁 개방 이후 중국의 계층구조 변화: 중산층화의 함의를 중심으로」에서 이들 가운데 사영기업주 계층, 전문기술직 계층, 사무직 종사자 계층, 그리고 자영업자 계층을 중산층으로 포함시켜 계층구조의 변화를 논하면서 이러한 10대 계층의 시대적 변화를 다음과 같이 도표화 했다.[6]

사회계층	1952년	1978년	1991년	2001년	2006년	2010년
① 국가 및 사회 관리자	0.50	0.98	1.96	2.10	2.30	2.30
② 경영관리자	0.14	0.23	0.79	1.60	2.60	2.70
③ 사영기업주	0.18	0.00	0.01	1.00	1.30	2.20
④ 전문기술직	0.86	3.48	5.01	4.60	6.30	6.40
⑤ 사무직 종사자	0.50	1.29	2.31	7.20	7.00	7.30
⑥ 자영업자	4.08	0.03	2.19	7.10	9.50	10.10
⑦ 상업서비스직 근로자	3.13	2.15	9.25	11.20	10.10	11.30
⑧ 산업노동자	6.40	19.83	22.16	17.50	14.70	22.70
⑨ 농업노동자	84.21	67.41	53.01	42.90	40.30	30.40
⑩ 과도기성 특수계층	0.00	4.60	3.30	4.80	5.90	4.6
합계(%)	100	100	100	100	100	100

이렇게 볼 때 중국의 중산층은 전체 사회계층에서 차지하는 비중이 1978년의 4.8%에서 1991년 9.5%, 2001년 19.9%, 그리고 2010년에는 26%로 증가하였다.

3) 신사회계층(新社會階層)과 신중산층(新中産層)의 출현

(1) 신사회계층

근래 중국에서는 전문지식과 경제능력을 갖춘 중산층을 '신사회계층'이라 부르며 주목하고 있다. 공산혁명 이후 중국에는 두 개의 계급과 한 개의 계층이 있었다. 노동자·농민계급과 지식인계층이다. 하지만 경제성장과 사회발전에 따라 이들 내부가 분화하면서 신사회계층으로 불리는 자유로운 직업군들이 생겨나기 시작한 것이다.

이들 신사회계층은 2007년에 이미 5천만 명에 이르렀으며 관련 업종 종사자 수로 보면 1억5천만 명에 달하는 것으로 추산했다.[7] 이는 중국 전체 인구(약 13억 명)의 약 11.5%에 해당하는 규모다. 당국이 파악하는 바에 따르면 이들이 장악하거나 관리하는 자금 규모는 10조 위안에 이르고, 중국 전체 세금의 3분의 1을 충당하고 있으며, 매년 신규 취업인구의 50% 이상을 흡수하고 있는 것으로 나타났다. 매년 절반 이상의 일자리를 창출하는 세력이라는 것이다. 이들은 주로 법률, 회계, 무역, 금융시장, 부동산업종에 종사하면서 부를 쌓았다. 중국의 신사회계층은 이미 거대한 세력이 되었으며, 중국 경제와 사회발전의 동력이라 할 것이다.

하지만 이들이 차지하는 비중만큼 문제점도 간과할 수 없을 정도가 됐다. 탈세를 하거나 가짜를 만들어 팔고 있고, 근로자의 임금을 삭감하고 뇌물로 간부들의 부패를 조장하면서 풍기를 문란케 하고 있다. 또 소득은 높지만 귀속감이 없다. 중국 공산당이 이들을 사회 발전의 중요 계층으로 인식하면서도 예의주시하고 있는 이유이다.

(2) 신중산층

최근 중국 소비시장을 움직이는 키워드는 '신중산(新中産)'이다. 중국 국가통계국 발표 자료에 따르면, 2016년 중국 사회소비품 소매총액이 최초로 30조 위안을 돌파하며, 소비가 경제성장에 미치는 영향력이 66.4%로 15년 만에 가장 높은 수치를 기록했다. 중국 내 중산층 소득과 구매력이 동시에 증가함에 따라 소비 확대의 중심으로 떠오른 것이다. 중국 시장 내 중산층이 차지하는 비중은 2005년 43.5%에서 2020년에는 83.3%로 크게 증가할 것으로 추정되므로, 이들의 영향력도 더욱 확대될 것으로 보인다.

그중에서도 신중산층은 가계 순소득이 10~50만 위안이거나, 20~500만 위안의 투자자금을 보유한 젊은 층을 가리키는 신조어다. 중국 취업사이트 '즈롄자오핀(智联招聘)'이 발표한 '2017년 신중산 조사 보고서'에 따르면 바링허우(80后)가 50%가량으로 신중산층의 가장 많은 비중을 차지했고, 다음으로 치링허우(70后), 주링허우(90后)가 뒤따랐다.

신중산층은 소비 방식에서 특징을 보이는데, 트렌드, 브랜드, 문화, 개성, 레저 등이 주요 키워드이다. 이들은 유행에 민감하며 트렌드를 선도하려는 욕구가 높아, 35세 미만의 중산층은 본인들의 소득수준보다 소비가 더 높은 것으로 나타났다. 해외 브랜드 제품을 선호하는 것도 신중산층 사이에 하나의 트렌드로 자리 잡았다.

또 이들은 강한 지위 상승 욕구로 자기계발·문화적 소비 경향이 강하다. 지식 습득을 통해 다른 계층보다 상대적인 우위를 차지하려 하는데, 여가 활용 방식을 묻는 설문조사에서 '인터넷 강의 수강'이 응답자의 50%에 육박하는 등 지식에 대해 상당한 관심을 드러냈다. 생존이 아닌 즐기는 서구식 라이프스타일을 추구하여 여행, 헬스케어, 미용이나 외식비 등 레저 및 휴양소비가 증가하고 있다.

4) 신조어로 보는 계층

중국 교육부와 국가언어위원회는 정기적으로 「중국언어생활상황보고서」를 발표하면서 신조어를 수록하거나 잘 쓰이지 않은 언어를 도태시키는데, 신조어의 생성량 및 속도가 중국의 개혁 개방 후의 경제발전 속도만큼 빠르고 많아지고 있다. 이는 경제발전에 따른 사회, 문화의 급속한 변화 및 국민들의 의식구조 변화 등이 반영된 것이라고 볼 수 있다.

그 가운데 대표적인 것이 '○○族'이라는 특정계층을 구분하는 말이다. 1980년대 미국에서 처음 등장한 여피족부터 시작하여 각종 '족(族)'들이 출현해왔고, 사회가 발전하면서 더욱 다양한 신흥족들이 계속 출현하고 있는 추세이다. 이 '족'들은 소비유형 및 생활방식으로 대표되며, 문화를 주도하는 하나의 트렌드가 되고 있다.

중국 역시 경제가 발전하고, 사

> 여피란 젊은(young), 도시화(urban), 전문직(professional)의 세 머리글자를 딴 'YUP'에서 나온 말이다. 여피족은 베이비붐으로 태어나 가난을 모르고 자란 뒤, 고등교육을 받고 도시 근교에 살면서 어떤 전문직에 종사하여 높은 수입을 보장받고 있는 젊은이들이다.

람들의 생활수준이 향상되면서 이와 같은 다양한 '족'들이 속속 출현하고 있다. 중국의 '족'들도 그들만의 문화코드를 대변하면서 신속하게 확산되고 있으며, 유행의 주도세력으로 자리 잡았다.

(1) 경제성장의 명암을 반영하는 족

① ○○링(○○领)

개혁개방 이후 자본주의적 직업군 용어도 등장하였으니, 그 대표적인 것이 '○○링'이다. 예를 들면 화이트칼라(白领), 블루칼라(蓝领)는 물론이고, 골드칼라(金领), 핑크칼라(粉领), 그레이칼라(灰领) 등이 있다. 사무직을 화이트칼라, 현장 근로자를 블루칼라라고 부르는데, 골드칼라는 황금처럼 반짝반짝하는 기발한 아이디어와 창조적 사고로 새로운 질서를 주도하는 사람들을 말한다.

넓은 의미로 어디에서건 '자신만이 할 수 있는 일'을 하는 사람들이다. 핑크칼라는 생계를 위해 일터로 뛰어든 저임금 미숙련 여성노동자를 일컫는다. 남자 근로자를 나타내는 블루칼라에 대비해 이들을 핑크칼라라고 부르기 시작했다. 처음에는 점원이나 비서직에 종사하는 여성들을 뜻했으나 가정의 생계를 위해 사회로 진출하는 주부 전체를 의미하는 용어로 확대됐다. 또한, 그레이칼라는 화이트칼라와 블루칼라의 중간층을 말한다. 기술혁신에 따라 종래의 노동과정이 질적으로나 양적으로 크게 변화하자 점차 블루칼라와 화이트칼라 쌍방에서 상호간의 성격의 차이를 좁히는 형태로 접근이 이루어져 그레이칼라가 생기게 된 것이다.

② 샤오쯔(小资: 쁘띠부르조아)

한때 중국 사회를 휩쓸다시피 한 계층으로 자신의 소득과는 상관없이 부르조아식 생활 방식과 분위기를 추구하는 계층이다. 이들은 컵라면으로 끼니를 때워도 공연의 VIP 좌석표를 사는데 아낌없이 돈을 쓴다. 그만큼 품위와 분위기를 중시하는 계층이다. 물론 이들은 전문직에 종사하며 어느 정도 소득과 지식을 갖춘 계층이지만 현실적인 고려 없이 무작정 부르조아의 소비성향을 따라하는 계층이라고 볼 수 있다.

③ 부보쭈(布波族: BOBOS)

우리가 일반적으로 알고 있는 보보스족으로, 중국에서 보보스족은 샤오쭈의 업그레이드판으로 여겨지곤 한다. 보보스족은 부르주아(bourgeois)의 물질적 실리와 보헤미안(Bohemian)의 정신적 풍요를 동시에 누리는 미국의 새로운 상류계급을 가리키는 용어로, 부르주아와 보헤미안의 합성어이다. '보보'라고도 한다. 미국의 저널리스트 브룩스(David Brooks)가 저서 <BOBOS in Paradise>에서 처음 제시한 신조어로, 히피·여피족 등에 이어 디지털 시대의 새로운 엘리트로 부상한 계층을 말한다. 이들은 경제적으로 많은 소득을 올리면서도 과거의 여피들처럼 자신을 드러내기 위해 사치를 부리지 않고, 오히려 1960년대의 히피나 보헤미안처럼 자유로운 정신을 유지하면서 예술적 고상함을 향유하는 데 힘쓴다. 기득권 세력이 관습·제도·가문 등 외적인 요인의 영향을 받아 성공한 것과는 달리, 높은 교육 수준을 바탕으로 해서 스스로 성공 신화를 이루었음은 물론, 대립되는 두 가지 가치를 조화롭게 절충해 새로운 가치를 창출한 계층이라는 점에서 주목을 받기 시작, 2001년 현재 디지털 시대의 엘리트로서 미국의 상류층을 대표하는 용어로 쓰이고 있다. 대표적인 특징은 ① 정보에 강하고 ② 지신만의 독특한 소비 감각이 있으며 ③ 자유롭게 사고하고 ④

유행에 개의치 않으며 ⑤ 엉뚱하고 기발하며 ⑥ 일을 즐기고 ⑦ 여유가 있으며 ⑧ 적극적이고 ⑨ 돈이 많더라도 낭비하지 않는다는 점 등이다.

또한, 히피족(hippies: 嬉皮士)이나 여피족(yuppies: 雅皮士)과도 비슷하다. 이들은 자신의 일에서 성공한 사람들로, 고소득이 보장된 상류계층이다. 그러나 생활을 누릴 줄 알지만 사치를 하지 않으며 자유를 중시한다. 보보스족은 자본주의적인 부르주아(Bourgeois)와 자유 해방적인 보헤미안(Bohemian)의 속성을 함께 가지고 있다.

④ ABC(American Born Chinese)와 하이구이(海龟)

ABC는 미국에서 태어난 화교들을 의미하는 단어로, 미국으로 이민 간 2, 3세대를 가리킨다. 그러나 ABC가 지칭하는 대상은 '미국에서 태어나 다시 중국으로 돌아와 생활하는 사람들'이다. 최근 일고 있는 출국 열기와 비교해 조국으로 돌아오는 ABC는 중국 사람들에게 긍정적으로 받아들여지고 있다. 또 하이구이는 해외로 유학을 떠났다가 다시 귀국해 창업을 하는 사람들을 지칭하는 말이다. '龟'가 '归'와 발음이 같으므로 이렇게 말한 것이다.

⑤ 퍄오이쭈(漂一族)

말 그대로 '떠돌아다니는 사람들'을 말한다. 이들은 주거지가 고정적이지 않고 이곳저곳을 떠돌아다닌다. 이들은 주로 상하이나 베이징과 같은 대도시를 다니면서 일자리를 찾아다니는 사람들이다.

⑥ 라이샤오쭈(賴校族)와 샤오퍄오쭈(校漂族)

라이샤오쭈는 '학교에 의지하는 사람들'이란 뜻으로, 대학 졸업 후 취업에 실패하고 계속 학교에 남아 직장을 구하는 사람들을 말한다. 이들은 취직을 위한 외국어학원이나 인터넷 강의 시장의 급팽창 현상을 반영하고 있다.

이와 비슷한 용어로 샤오퍄오쭈도 있다. 이들 역시 이미 학교를 졸업했지만 취직을 못하여 학교나 학교 근처를 떠나지 못하고 있는 사람들을 말한다. 아직 사회화되지 못한 학교와 사회 사이에 끼어 있는 사람들을 말하는 것으로 '볜옌런췬(边缘人群)'이라고도 한다.

⑦ 이쭈(蚁族)와 난민쭈(难民族)

개미족이라는 의미의 이쭈는 '도시 속의 초라한 미개발 지역에 집중 거주하고 있는 대학 졸업생'을 말하는데, 주로 번듯한 직장을 구하지 못한 농민공의 자식들이다.

이와 더불어 난민쭈는 '방세를 못내 길거리로 내몰린 사람'을 가리킨다. 상하이나 베이징 등의 대도시가 날로 거대화 되고 인구가 집중되면서 집세도 날로 올라가는 통에 방세를 제대로 못 내고 길가에 내몰린 사람들이다.

⑧ 큰라오쭈(啃老族)와 자신쭈(夹心族)

큰라오쭈의 전신은 캥거루족(袋鼠族)으로서, '분가하여 독립할 나이가 되었음에도 불구하고 부모로부터 떨어지지 아니하고 생계를 의탁하고 있는 젊은 세대'를 일컫는 말이다.

또 자신쭈는 위로는 공양할 부모가, 아래로는 부양할 자식이 있는 샌드위치족(三明治族)을 말한다.

(2) 대중문화현상을 반영한 족

① 주이싱쭈(追星族)

주이싱쭈는 '스타를 쫓아다니는 사람들'을 일컫는 말이다. 이와 함께 팬을 가리키는 미(迷)도 많이 사용되는데, 잉미(影迷: 영화팬), 거미(歌迷: 가수 팬), 처미(车迷: 자동차광), 치우미(球迷: 축구팬) 등 다양한 '미'가 있다.

② 하한쭈(哈韩族)

우리나라에서도 익숙한 단어로, '한류 열풍을 쫓는 젊은이들을 칭하는 말'이다. 이와 함께 일본문화에 열광하는 하르쭈(哈日族), 해리포터(哈利波特)에 열광하는 사람들을 지칭하는 하하쭈(哈哈族)도 있다.

③ 화양난쯔(花样男子)

일명 '꽃미남'이다. 꽃미남들로 구성된 대만의 그룹인 F4를 형용하는 단어에서 점차 꽃미남을 지칭하는 대명사로 자리 잡았다.

④ 시하쭈(嘻哈族)

Hip-Hop족으로, 20세기 70년대 미국 흑인의 거리문화였다가 90년대 일본과 대만, 한국 등을 거쳐서 들어왔는데, 특히 한류(韩流)의 영향이 크다. 17~8세의 청소년들이 귀걸이, 코걸이, 배꼽걸이 등의 장식품을 한다. 한편, B-boy를 지칭하는 제우난하이(街舞男孩)도 젊은 이들의 대중문화현상을 반영하는 용어이다.

(3) 사회현상을 반영하는 족

① 러훠쭈(乐活族: LOHAS)

'건강과 친환경을 중시하는 로하스족'을 말한다. LOHAS는 'Lifestyle Of Health And Sustainability'의 약자이다. 유기농 농산물을 먹고 태양열을 쓰며, 대체의약품이나 요가 등의 건강요법에 관심이 많은 사람들이다. 한마디로 웰빙을 추구하는 이들을 이렇게 부른다. 중국에서도 녹색식품 등 환경관련 시장이 급팽창하고 있음을 시사한다.

② 딩크이쭈(丁克一族: DINK)

딩크가정(丁克家庭)이라고도 하며, '수입은 두 배지만 아이는 없다'는 뜻의 영문약자 DINK(Double Income No Kids) 또는 DINKY(Dual Income No Kids Yet)를 음차한 것이다. 아이가 없는 맞벌이 부부 또는 가정을 일컫는다.

③ 산훈쭈(闪婚族)

'만남에서 결혼까지 짧은 시간에 해치우는 번개식 결혼을 하는 사람들'을 일컫는 용어이다. 5초면 능히 사랑에 빠질 수 있고 3분이면 한바

탕의 열애를 하고 빨간 양탄자를 밟는 (결혼하는) 사람들이 도시에서 갈수록 늘어나고 있다.

④ 파오량쭈(泡良族)와 파오량난(泡良男)

'기혼 여성과 하룻밤 사랑을 나누는 사람을 지칭'하는 용어로, 이들은 하룻밤 쾌락을 목적으로 잠자리만 같이 하고, 섹스 이외 일체의 금품 행위를 하지 않는 것이 특징이다. 한편, 연애만 하고 결혼은 하지 않는 남자를 파오량난이라고 부른다.

⑤ 콰이산쭈(快闪族)

스마트 몹(Smart Mobs)을 말한다. 똑똑함(聪明)을 뜻하는 'Smart'와 군중 혹은 폭민(暴民)을 뜻하는 'Mobs'가 결합된 용어이다. 총밍바오민(聪明暴民: Smart Mob), 콰이산바오저우쭈(快闪暴走族: Flash Mob), 바오민(暴民), 총밍싱둥방(聪明行动帮) 등으로도 불린다. 이 용어는 미국의 하워드 라인골드(Howard Rheingold)가 2002년 10월 출간한 그의 저서 <스마트 몹(Smart Mobs)>에서 최초로 사용한 용어이다. 라인골드는 '스마트 몹'을 단일 지도자 없이 PDA·휴대폰·메신저·인터넷·이메일 등 첨단 정보통신 기술로 무장하여 디지털 네트워크를 활용해 스스로 조직화하는 새로운 유형의 사회집단이라 정의하고, 이들이 미래를 바꾸는 핵심 세력으로 등장했다고 주장했다. 이 외에 프리허그족(FREE HUGS)을 의미하는 바오바오쭈(抱抱族)도 있다.

⑥ 사이헤이쭈(晒黑族)

'사회의 어두운 이면을 폭로하는 네티즌'을 말한다. 각종 사회문제 및 공무원의 불법 부당행위나 수뢰 등이 웹상의 폭로에 의하여 처리되는 양상이 갈수록 늘어나고 있다. 역시 이러한 현상이 파생시킨 신조어로 런러우서우수어(人肉搜索)도 있다. 우리의 신상 털기와 비슷하며, 지치서우수어(机器搜索)와 상대되는 개념이다.

(4) 신세대 족

① 차오메이쭈(草莓族)와 쉐이미타오쭈(水蜜桃族)

딸기족이라는 의미의 차오메이쭈는 '80后(80년대 이후에 태어난 세대)'를 말하고, 젤리족이라는 의미의 쉐이미타오쭈는 '90后(90년대 이후에 태어난 세대)'를 말한다. 이 두 용어는 중국의 젊은 세대를 대표하는 '바링허우'와 '주링허우'가 서로의 정체성을 헐뜯으며 인터넷에서 공방을 벌이다가 나왔다. 바링허우는 주링허우를 젤리처럼 뚜렷한 형체가 없고, 여러 가지 색깔을 띠고 있어 도무지 종잡을 수 없다며 젤리로 비유했고, 주링허우는 바링허우를 딸기처럼 겉으론 탐스럽고 예쁘지만 금방 물러터진다며 딸기로 비유한 것이다.

② 페이터쭈(飞特族)

프리터(Freeter)족으로 영어의 '자유(free)'와 독일어의 '아르바이드(Arbeiter)'의 합성어이다. Freeter족은 장기적인 직장을 구하지도 않고 자신들이 돈을 필요로 하는 경우에만 일을 하는데, '여행을 즐기거나 혹은 집에서 칩거'할 정도의 돈이 모아질 때까지만 일을 하는 사람들이다. 중국의 페이터족은 '爱做就做 , 爱玩就玩 , 自由自在 , 不用老是要看老板脸色(일할 때는 일하고 놀 때는 놀며 자유자재하게 살면서 늘 사장 얼굴을 볼 필요는 없다)'고 주장한다.

③ 웨광쭈(月光族)

한 달 월급을 몽땅 소비하고 다음 월급날까지 빈털터리로 생활하는 사람들을 일컫는다. 이는 1977년 산아제한 이후 태어난 20~30대 외동(独生子女)들로서, 샤오황띠(小皇帝)로 부를 정도로 귀하게 자란 결과이다. 샤오황띠들은 1990년대 아동용품 시장의 큰 고객이었으며, 돈을 벌기 시작하면서 새로운 소비계층으로 부상하고 있다. 1977년부터 81년 사이에 태어난 외동들은 약 9,000만 명으로, 이 가운데 도시지역에 거주하는 웨광쭈 후보는 약 3,000만 명에 달할 것으로 추산된다.

④ 뒤서우쭈(剁手族)

뒤서우탕(剁手堂)이라고 하며, '손을 잘라야 멈출 수 있을 정도의 인터넷쇼핑 충동구매족'을 일컫는다. 한편, 매년 11월 11일을 '솔로(光棍)의 날'이라는 의미의 광군제(光节)로 명명하고, 이 날 외로운 솔로들을 위해서 미국 블랙 프라이데이처럼 대폭 할인행사를 한다. 광군제는 특히 뒤서우쭈에게는 견디기 힘든 날이 된다. 그래서 이 날 돈을 너무 많이 써서 흙만 먹고 살아야 된다는 뜻으로 '츠투(吃土)'라는 말이 유행하기도 한다.

⑤ 디터우쭈(低头族)

'고개를 숙인다'는 뜻으로 '스마트폰 중독자를 일컫는 말'이다. 길을 가면서 스마트폰을 보다가 많은 사고가 나자 충칭(重庆)에서는 스마트폰 전용 보도까지 만들었다. 엄지족을 뜻하는 무즈쭈(拇指族), '오타 치다'는 뜻의 '서우화(手滑), 인터넷 방화벽을 우회한다는 의미의 판챵(翻墙), 베이징을 의미하는 인터넷 은어 디두(帝都) 등도 자주 사용되는 스마트폰 용어이다. 이 외에 중국 정부의 인터넷 차단을 피하기 위해 민감한 단어라는 뜻의 민간처(敏感词)를 해음현상을 이용하여 민간처(敏感瓷)로 표기하기도 한다.

이밖에도 중국에는 다양한 '족'들이 있으며, 이런 '족'들은 유행에 따라 출현했다 사라지곤 한다. 다양한 키워드를 가진 계층이 등장하면서 중국의 대중문화 및 소비문화는 나날이 성숙해지고 있으며 또 다양해지고 있다. 지속적인 경제 성장과 산업의 고도화, 시장화와 도시화의 진전으로 인해 이후로도 중국에는 다양한 계층이 등장할 것으로 보인다.

제2장

중국의 대중가요

대중가요의 정의와 범주에 대해서는 이견의 여지가 없지 않지만 근대 이후 대중들이 향유하는 상업성을 띤 노래라는 점은 대체적으로 동의한다. 이런 점에서 구전을 통해 적층적으로 형성되는 근대 이전의 민요나 근대 이후의 구전가요는 대중가요에서 제외하는 것이 통설이다. 또 대중가요는 예술가곡의 상대적인 개념으로 유행가라고도 한다. 예술가곡이 예술성과 심미성에 가치를 두는 데 반하여 대중가요는 감각적인 대중성, 오락성, 통속성, 상업성에 기초를 두고 있다.

그러나 본 책에서는 대중문화(popular culture)를 수용하고 소비하는 대중의 측면에서 대중가요(popular song)의 논의 폭을 확장하고자 한다. 따라서 시공간을 넘어 중국 대중에게 의미를 가진 가요들이 이 장의 논의대상이다. 왜냐하면 대중이 향유하는 대중문화는 그 사회의 역사와 문화를 기반으로 한 축적의 과정을 거친 것이기 때문이다.

1. 중국 고대의 대중가요

중국 문학의 시조라는 『시경(詩經)』은 유가의 경전이기 이전에 민중들이 부르던 민가(民歌)를 수록해놓은 책이다. 따라서 『시경』에 수록된 노래야말로 중국 최초의 대중가요라고 할 수 있다. 다음은 『시경』의 제일 첫머리를 장식하는 「관저(關雎)」라는 노래이다.

關關雎鳩	구욱구욱 물수리는
在河之洲	강섬에서 울고
窈窕淑女	아리따운 아가씨는
君子好逑	사나이의 좋은 짝.
參差荇菜	올망졸망 마름 풀을
左右流之	이리저리 찾고
窈窕淑女	아리따운 아가씨를
寤寐求之	자나 깨나 그린다.
求之不得	그리워도 만나지 못해
寤寐思服	자나 깨나 이 생각.
悠哉悠哉	아아, 끝없는 그리움에
輾轉反側	이리 뒤척 저리 뒤척.
參差荇菜	올망졸망 마름 풀을
左右采之	이리저리 캐고
窈窕淑女	아리따운 아가씨를
琴瑟友之	거문고 타며 벗한다.
參差荇菜	올망졸망 마름 풀을
左右芼之	이리저리 고르고
窈窕淑女	아리따운 아가씨를
鐘鼓樂之	종 치고 북 치며 즐긴다.

총 3연으로 나누어진 이 노래는 첫째 연이 도입부이고, 둘째와 셋째 연은 각각 노래의 1절과 2절로 생각할 수 있다. 가사만 보아도 초보적인 압운(押韻)이나 쌍성(雙聲), 첩자(疊字), 첩운(疊韻) 등의 음악적 요소가 많이 보인다. 이 때문에 중국의 시를 '시가(詩歌)'라고 불렀던 것이다.

이런 점에서 중국 가요의 역사는 중국 문학의 역사와 함께 시작되었다고 할 수 있다. 다만 그 가사만 기록되어 있어 '가창'의 방법이 알려져 있지 않으니, 이렇게 가요의 역사를 추론할 수밖에 없다. 또 문자가 권력이던 고대에 사대부 문인 혹은 귀족 지식인이 문자를 독점하면서 대중들이 불렀던 노래는 기록되어 전하는 것이 많지 않다. 그렇지만 한(漢)나라 무제(武帝) 때 음악을 관장하는 악부(樂府)라는 관청이 설치된 덕분으로 당시 대중가요의 일부를 살펴볼 수 있다. 악부의 주요 임무 가운데 하나가 민가 채집이었고, 그렇게 채집된 민가를 '악부민가(樂府民歌)'라고 불렀다. 다음은 악부민가 가운데 하나이다.

上邪!	하늘이여!
我欲與君相知	그를 사랑하는 마음
長命無絶衰	영원히 변치 않겠어요.
山無陵	산이 평지가 되고
江水爲竭	강물이 마르고
冬雷震震	겨울에 천둥이 치고
夏雨雪	여름에 눈이 내리고
天地合	하늘과 땅이 합쳐지면
乃敢與君絶	비로소 그와 헤어지겠어요.

당시 이 악부의 수장이었던 이연년(李延年)은 한대를 대표하는 뛰어난 음악가이기도 했다. 그의 집안은 전통적으로 음악에 능했다. 그는 젊었을 때 법을 어겨 궁형을 받고 궁중에서 사냥개를 관리하는 직책을 맡고 있었는데, 워낙 음악에 능해 무제에게 발탁되어 악부를 맡게 되었다. 그는 궁정음악도 많이 작곡했지만 중국음악사에서 최초로 외국음악을 이용하여 작곡을 했던 사람으로 알려져 있다. 그는 노래 재능도 빼어났는데, 서양으로 말하면 거세된 남자가수인 카스트라토(castrato)라고 할 수 있다.8) 그는 일찍이 한 무제 앞에서 춤을 추면서 다음과 같이 노래했다.

北方有佳人	북방에 가인이 있으니
絶世而獨立	절세의 으뜸이라네.
一顧傾人城	한 번 돌아보면 성을 기울게 하고
再顧傾人國	다시 돌아보면 나라를 망하게 한다네.
寧不知傾城與傾國	성을 기울게 하고 나라를 망하게 함을 어찌 모르오리만
佳人難再得	가인은 다시 얻기 어렵다네.

절세미인을 형용하는 말로 자주 사용되는 경국지색(傾國之色)은 바로 이 노래에서 나온 것이다. 당(唐)나라를 배경으로 한 장이모(张艺谋) 감독의 「연인(戀人)」이라는 영화에도 기루(妓樓)에서 장님 기녀로 분한 장쯔이(章子怡)가 이 노래를 부르는 장면이 있다.

문학예술이 발달한 당대에는 이처럼 기녀들이 멀티테이너로 활약하며 가수의 역할을 했다. 특히 율시(律詩) 가운데 칠언절구(七言絶句)는 기녀들이 즐겨 노래하던 형식이었다. 기녀들은 자신들이 직접

작시하여 노래하기도 하고, 유명 문인들의 시를 노래하기도 했다. 노래 잘 부르는 기녀들은 문인들의 시를 널리 전파시켜 문인들의 명성을 높이는 미디어의 역할도 했다. 그에 따라 자신의 시가 기녀들에게 노래 불려 지기를 청하는 이들도 많았다.9) <집이기(集異記)>에 나오는 '기정화벽(旗亭畵壁)' 이야기는 가수로서의 기녀와 문인의 상호 의존적 관계를 잘 보여준다.

원진(元稹)과 백거이(白居易)의 여러 시 또한 음률에 맞춰 노래로 만들었다. 백거이가 항주(杭州)에서 벼슬할 때, 원진이 증시하기를 "영롱(玲瓏)에게 내 시를 노래하지 못하도록 하게나, 내 시는 모두 그대에게 보내는 이별 가사이니(休遣玲瓏唱我詩, 我詩多是別君詞.)"라고 했다. 백거이도 「취희제기(醉戱諸妓)」에서 "자리 위로 그대에게 주는 술잔 다투듯 날아다니고, 노래 가운데는 내 시를 많이 노래하네(席上爭飛使君酒, 歌中多唱舍下詩.)"라고 했다.

또 전해오는 말에 따르면 개원(開元) 때 시인 왕창령(王昌齡), 고적(高適), 왕지환(王之渙) 등이 술집을 찾아 술을 마시고 있었는데, 이원(梨園)의 영관(伶官)들도 기녀를 불러 함께 연회를 하고 있었다. 세 사람은 "우리들이 시명(詩名)을 날리고는 있지만 아직 누가 나은지는 정해지지 않았으니, 영기(伶妓)들의 가시(歌詩)를 보고서 우열을 가리자"고 몰래 약속했다. 한 영기가 왕창령의 절구 두 수를 노래하여 "寒雨連江夜入吳, 平明送客楚帆孤. 洛陽親友如相問, 一片氷心在玉壺.(찬비 내리는 강을 타고 밤에 오나라로 들어왔는데 동틀 녘 객을 보내니 초나라로 떠나는 돛은 외롭네. 낙양의 친구들이 안부 묻거든 한 조각 얼음 같은 깨끗한 마음이 여전 옥병 속에 있다고 전해주게나.)"라고 하고,

또 "奉帚平明金殿開, 强將團扇共徘徊. 玉顔不及寒鴉色, 猶帶昭陽日影來.(동틀 녘 빗질을 하며 금빛의 가을 궁전 문을 열고, 억지로 둥근 부채 들고서 함께 서성이네. 옥 같은 얼굴도 차가운 까마귀 빛을 따라가지 못하니 오히려 소양궁을 둘러서 해 그림자가 드리웠네.)"라고 했다. 또 한 영기는 고적의 절구를 노래하여 "開篋淚沾臆, 見君前日書. 夜台何寂寞, 猶是子雲居.(책장을 여니 눈물이 가슴 적시고, 그대가 지난날에 보낸 편지를 보노라. 무덤은 얼마나 적막한지, 마치 양자운(揚子雲: 揚雄)의 옛집 같구나.)"라고 했다. 왕지환은 "이번 기녀의 노래가 내 시가 아니라면 평생 그대들과 우열을 다투지 않겠네. 아니면 그대들이 차례로 상 아래에 엎드려 절을 해야 하니."라고 했다. 잠시 뒤 기녀가 "黃河遠上白雲間, 一片孤城萬仞山. 羌笛何須怨楊柳, 春風不度玉門關.(황하가 멀리 흰 구름 사이를 흐르고, 한 조각 외로운 성은 만길 높이의 산이 에워 쌓도. 오랑캐 피리소리는 하필 이별의 한을 노래한 '양류'곡을 연주하고, 봄바람도 옥문관을 넘지 못하네.)"라고 노래하자 왕지환이 두 사람을 놀리며 "촌놈들, 내 말이 맞지!"라고 했다. 이것으로 당대 영기가 당시 명사들의 시구를 가져다 가곡에 넣는 것이 일반적 풍속이었음을 알 수 있겠다.

세 시인은 이처럼 '기정(旗亭: 酒樓)'에서 기녀들에게 누구의 시가 인기가 있는지 벽에 표시를 하며 내기를 한 것이다. 앞에 등장한 원진의 시는 「증락천(贈樂天)」의 둘째 수이며, 백거이의 시는 「취희제기(醉戲諸妓)」이다. 그리고 왕창령의 시는 「부용루송신점(芙蓉樓送辛漸)」 첫째 수와 「장신추사(長信秋詞)」 셋째 수이며, 고적의 시는 「곡단부양소부(哭單父梁少府)」의 앞 네 구이고, 왕지환의 시는 「양주사(凉州詞)」 첫째 수이다. 결론의 언급대로 녕사들의 시구를 배악(配樂)

하여 노래하는 것은 당시의 '상속(常俗)'이었고, 기녀는 그 가수였던 것이다. 원진의 시에 나오는 '영롱(玲瓏)'은 백거이의 가기(歌妓)이며, 백거이의 시에서도 가기가 자신의 시를 노래 부른다고 했으니, 당시 기녀들의 가창이 매우 보편적이었음을 알 수 있다.

이처럼 '기정'에서 노래한 기녀들은 거기에 소속된 상업적 시기(市妓)라고 할 수 있으니, 왕유(王維)의 「송원이사안서(送元二使安西)」도 이러한 기녀들이 "당시 명사들의 시구를 가져다 가곡에 넣은" 전형적인 예이다. 이 시는 「양관곡(陽關曲)」 또는 「위성곡(渭城曲)」으로 불리면서 송별연에서 가장 많이 가창되는 이별 노래였다.

渭城朝雨浥輕塵,　위성(渭城)의 아침 비가 날리는 먼지를 적시니,
客舍靑靑柳色新.　여관의 버드나무 색은 파릇파릇 새롭네.
勸君更盡一杯酒,　그대여 술 한 잔 더하고 가시게.
西出陽關無故人.　서쪽으로 양관(陽關)을 나서면 아는
　　　　　　　　　이도 없을터이니.

'위성'은 장안 북쪽에 있는 함양(咸陽)으로서, 서역으로 여행하는 사람을 주로 여기에서 전송했다. 예로부터 중국에서는 길 떠나는 사람에게 버드나무 가지를 꺾어 주며 전송하는 풍습이 있었는데, 위성 주변에는 이 버드나무가 많았다고 한다. '양관'은 지금의 간쑤성(甘肅省) 둔황현(敦煌縣) 서북에 있는 관문으로, 옥문관(玉門關)의 남쪽에 있었기 때문에 이렇게 불렸다. 왕유는 음악에 정통했고 비파도 잘 탔는데, 당시 기녀들은 이 시의 마지막 구를 세 번 반복하는 '양관삼첩(陽關三疊)'의 창법으로 불렀다.

그러나 이러한 기녀들의 노래가 대중적이지는 않았던 것 같다. 그래서 당대 중엽부터 민간에서는 대중들이 즐기는 새로운 유행가가 생겨나기 시작했으니, 그것이 바로 사(詞)이다. 돈황문권(燉煌文卷) 속에서 발견된 민간사(民間詞)를 보면 당시에 민중들이 꽤 즐겨 불렀던 것으로 보인다. 사의 주제는 대부분 사랑, 이별, 눈물로 그 분위기나 정취가 오늘날의 대중가요와 거의 같다. 차이가 하나 있다면 오늘날의 유행가는 모두 한 곡조에 하나의 가사이지만 사는 한 곡조에 여러 개의 가사가 있다는 것이다.

당대의 승려들은 특히 노래와 이야기를 섞은 변문(變文)이라고 하는 독특한 장르를 개척했다. 변문은 일반인들이 이해하기 어려운 불경을 쉽게 이야기로 풀이 하다가 중간 중간 중요한 부분에서는 노래를 부르는 산문과 운문이 뒤섞인 독특한 형식이다. 우리나라의 판소리를 생각하면 쉽게 이해될 것이다. 이것은 후대 강창(講唱) 문학의 원류가 되었을 뿐 아니라 소설과 희곡 등에도 막대한 영향을 끼쳤다. 변문은 오랜 세월 알려지지 않았다가 20세기 초 돈황의 동굴에서 발굴된 돈황문권을 통해 세상에 알려지게 되었다. 이러한 강창에서의 노래는 대중들이 이야기를 이해하기 위해 들었던 것으로서, 대중들이 즐겨 불렀던 대중가요와는 성격이 다르다고 할 것이다.

당대에 이미 유행하기 시작한 민간가요인 사(詞)는 송대(宋代)에 이르러 많은 문인들이 적극적으로 창작하면서 중국문학의 중요 장르로 부상했다. 이런 사는 도시의 기루(妓樓)에서 기녀들이나 한량들이 부르기도 하고, 유명한 것은 전국적인 인기를 얻기도 했다. 당대의 칠언율시처럼 문인들이 작시히고 기녀들이 가창하는 양식이 된 것이다. 북송 중기의 유영(柳永)이라는 사 작가가 만든 노래는 우물가가 있는 곳이면 어디서나 들을 수 있었다고 할 정도로 널리 유행하기도 했다. 이전의 사 작가들이 대부분 작사만 했던 데 비해 그는 작사, 작곡, 노래, 연주 모두 능했던 한량으로 기녀들의 인기를 독차지했다고 한다. 그가 가난 속에서 쓸쓸하게 죽자 그의 노래를 좋아했던 기녀들이 장례비를 추렴하여 장사를 지내고 해마다 추모제도 지냈다고 한다. 그때도 요즈음과 같은 대중가요 스타가 있었던 것이다.

이밖에 송대는 본격적으로 도시인들을 대상으로 하는 공연예술이 자리를 잡기 시작한 시기다. 송대 대도시에 들어선 와사(瓦肆)와 구란(勾欄)은 시민의 문화 욕구에 의해 생겨난 복합 문화공간이었다. 와사는 전문 예인들이 활동하는 예술 공간이며, 구란은 그 안의 상설 무대이다. 즉, 와사는 쇼핑과 오락을 한꺼번에 해결할 수 있는 복합쇼핑몰이자 종합문화센터였으며, 구란은 그곳의 공연장인 셈이다. 구란에는 무대와 객석이 있었으며 담도 있고 문도 있어서 입장료를 내고 입장했다. 이러한 공간에서 수많은 예인들이 다양한 기예를 펼치며 관객들을 모았으니, 이곳은 당시의 연예계였다. 당연히 당시 유행하는 대중가요들도 이곳에서 자주 공연되었다. 기록에 따르면 당시 임안(臨安)에는 20여 개의 와사에다 백 개가 넘는 구란이 있었고, 구란마다 수백 명에서 수천 명의 관객이 공연을 보았다고 한다.10) 당시 항주성(杭州城) 안에 하루 관객이 2만에서 5만 명이나 되었으며, 연간 누적 관객은 700만에서 2,000만 명에 달했다고 한다.11) 이곳에서는 가수들의 노래 공연이나 이야기꾼들의 설화 외에 무용극, 가무희, 꼭두각시극 등의 다양한 형식의 잡희(雜戲)들이 상연되었다. 그 영향으로 남송 시기에는 어느 정도 정형화된 희곡도 나타나기 시작했다. 그것을 남희(南戲)라고 한다. 그러나 남송이 몽고에 망하자 남희는 꽃을 채 피우지도 못하고 쇠퇴한다.

원대는 희곡이 본격적으로 유행하기 시작한 시기다. 중국희곡은 기본적으로 가극이다. 원대의 희곡을 '잡극(雜劇)'이라고 부르는데, 그 노래의 성분을 곡(曲)이라고 부른다. 이것은 송대에 유행한 사를 뒤이어 새롭게 유행한 민간가요다. 송대의 노래였던 사도 당대의 노래였던 시에 비해 자유로운 형식이었는데, 원대의 곡은 사에 비해 훨씬 자유롭고 통속적인 노래였다. 그런데 잡극에서 사용하는 곡은 일반 대중가요로서의 곡과는 달리 여러 곡을 하나로 묶은 장편 곡으로서 이를 '투곡(套曲)'이라고 했다. 그리고 이 투곡을 구성하는 하나의 노래를 산곡(散曲)이라고 통칭했다.

음악적인 성분으로 보았을 때 송대의 남희가 남방의 음악을 사용한 것이라면 잡극은 북경을 중심으로 한 북방음악을 사용한 희곡이었다. 그리고 명대에 유행한 전기(傳奇)는 다시 남방음악을 사용한 희곡이었다. 특히 명대에는 아름다운 선율을 가진 곤곡(崑曲)이 등장하면서 가요로서도 더욱 각광받았다.

그러나 이러한 곤곡의 향유자는 대부분 지식인이나 귀족들이었다. 명대에 대중가요로 볼 수 있는 것은 오히려 민가라고 할 수 있다. 명대 민가집(民歌集)으로는 성화(成化) 연간(1465~1487)에 이미 『신편사계오경주운비(新編四季五更駐雲飛)』, 『신편제서상기영십이월새주운비(新編題西廂記詠十二月賽駐雲飛)』, 『신편태평시새새주운비(新編太平時賽賽駐雲飛)』, 『신편과부열녀시곡(新編寡婦烈女詩曲)』 등 네 종이 간행되었으며, 만명(晚明) 시기에는 또 풍몽룡(馮夢龍)의 『괘지아(掛枝兒)』와 『산가(山歌)』 등에 약 800여 수의 민가가 수록되어 있다. 다음은 『괘지아』에 수록된 「분체(噴嚏: 재채기)」라는 민가이다.

對妝臺忽然間打個噴嚏,	화장대 마주하고 별안간 재채기 한번
想是有情哥思量我.	아마도 다정한 님이 나를 그리워한다고
寄個信兒,	신호를 보내온 듯
難道他思量我剛剛一次.	설마 님이 겨우 한 번만 생각하셨을라구요.
自從別了你,	님과 헤어진 후
日日淚珠垂.	날마다 구슬 같은 눈물 흘려요
似我這等把你思量也,	내가 이처럼 님을 생각하니
想你的噴嚏兒常似雨.	당신의 재채기는 언제나 비오듯 할 거예요.12)

가사의 내용이 요즘 대중가요에 견주어도 손색이 없다. 통속적인 가사와 백화체(白話體)의 문장에서 알 수 있듯이 이는 분명 당시 대중들이 즐겨 불렀던 대중가요라 할 것이다.

청대 중기부터는 명대 곤곡의 귀족화에 대한 대안으로 새롭게 토속조(土俗調)를 이용한 희곡이 등장한다. 우리에게 널리 알려진 경극(京劇)도 그 가운데 하나다. 지금 중국에는 많은 지방희(地方戱)들이 있다. 지금도 상하이나 항저우(杭州) 등에는 월극(越劇), 홍콩을 비롯한 광둥성에는 월극(粵劇), 청두(成都)를 비롯한 쓰촨성에는 천극(川劇) 등이 공연되고 있다. 그러나 여전히 전통 곤곡을 애호하는 사람도 많은데, 특히 곤곡의 발생지인 쑤저우(苏州)와 난징(南京) 등이 그러하다.13)

명청대에는 희곡 가요 외에도 민간에서 간단한 악기 반주에 맞추어

긴 이야기를 펼치는 강창(講唱)도 지속적으로 발달했다. 강창의 여러 종류 가운데 가장 유명한 것은 탄사(彈詞)와 고사(鼓詞)다. 탄사는 비파와 같은 현악기를 반주악기로 사용하면서 노래와 이야기를 진행하는 것인데 주로 남방에서 유행했고, 고사는 북을 이용하여 노래와 이야기를 펼치는 것인데 주로 북방에서 유행했다. 형식으로 볼 때 우리나라의 판소리는 고사에 가깝다고 할 수 있다.

2. 서양음악의 유입과 현대 대중가요의 시작

1) 서양음악의 유입과 현대 창작가곡의 등장

19세기 후반부터 본격화되기 시작한 서세동점은 20세기 들어 더욱 속도를 내면서 음악계에도 서양음악의 영향력이 막강해졌다. 청말 이래로 하급관료 출신의 지식인 계급을 중심으로 싹튼 중국의 근대의식은 신해혁명에 의해 민주공화제의 중화민국이 건설되면서 한층 활발해졌다. 뒤이은 신문화운동은 과학과 민주를 제창함으로써 중국의 문화계는 문예부흥의 양상을 띠었다. 음악의 근대화 역시 이 시기에 시작되었다.

이 시기는 서방 자본주의 문화가 유입되면서 중국 전통문화와 충돌하였을 뿐 아니라 서서히 결합해 가는 형세였다. 당시에 이미 외국 곡에다 새로 가사를 붙여 군가(軍歌)와 학당가(學堂歌)로 사용하였으니,

샤오유메이(蕭友梅, 1884~1940)

「중국남아(中國男兒)」(작사 石更), 「한족역사가(漢族歷史歌)」(작사 王引才) 등이 그것이다. 이 노래들은 중국에서 서양음악 요소를 사용한 첫 예라 할 것이다. 이 시기에 서양음악을 받아들여 창작가곡을 시작한 대표적 음악가들로 샤오유메이(蕭友梅), 황쯔(黃自), 자오위안런(赵元任), 칭주(靑主), 천샤오

쿵(陳嘯空) 등을 들 수 있는데, 이들은 대부분 서양에서 유학을 한 음악인들이었다.

샤오유메이(1884~1940)는 음악 교육가이자 가장 이른 시기의 작곡가 가운데 한 사람으로서, 「질문(問)」, 「경운가(卿雲歌)」 등이 그의 대표작이다. 「경운가(卿雲歌)」는 순(舜) 임금이 군신과 함께 태평성대를 즐거워하며 불렀다는 노래다. 중화민국(中華民國)이 수립되었을 때 이를 채용해 국가로 한 적이 있다.

그는 초기 중국음악계에 많은 업적을 남겼는데, 그의 작품은 서양음악의 영향이 짙기는 하지만, 중국 전통음악도 소홀히 하지 않았다. 황쯔(1904~1938)는 체계적인 서양음악 훈련을 받은 작곡가로, 그의 「천륜가(天倫歌)」, 「장미의 세 가지 소원(玫瑰三愿)」 등은 당시 매우 유명했던 서정 가곡이다. 이밖에 언어학자로도 유명한 자오위안런(1892~1982)의 「베 파는 노래(賣布謠)」, 「어떻게 하면 그가 생각나지 않을지 가르쳐 주세요(敎我如何不想他)」, 칭주(1893~1959)의 「장강은 동으로 흐르고(大江東去)」, 천샤오쿵(1904~1953)의 「상루(湘累)」 등도 현대 창작가곡 초기의 우수한 작품들이다.

이 시기에는 이처럼 서양 유학파 출신들에 의해 서양음악이 중국에 소개되었고, 음악교육의 실행과 보급은 '5.4 신문화운동'의 일부로서 대중들에게 영향을 주었다. 특히 5·4운동 이후 전개된 반제, 반봉건의 대중운동 속에서 음악가들 역시 음악의 대중화라는 문제에 직면했다. 즉, 단순히 서양음악을 배워서 전하는 데 머무르지 않고 희곡, 설창, 민가 등 민속음악에 강한 애착을 보이는 일반 대중을 위해 음악의 대중화와 민족화를 고민하기 시작했던 것이다. 이 대중운동 안에서 발생한 음악운동을 '신음악운동'으로 부르는데, 이로 인하여 새로운 도시 문화 속에서 당시 시대상을 반영한 새로운 가곡도 대중들에게 널리 퍼지게 되었다.

이 시기는 현대창작가곡의 맹아기라고 할 수 있는데, 이 시기 창작 가곡은 두 가지 서로 다른 경향을 보였다. 하나는 서양가곡 창작유형을 채용하거나 모방한 것인데, 완전히 '서양화'된 작품도 다수 있었다. 다른 하나는 중국 전통음악, 특히 민간음악의 기질이 드러난 경우이다. 이 두 경향은 이후에도 한동안 가곡창작의 중요한 흐름이었다.

2) 현대 대중가요의 시작

리진후이(黎锦晖: 1881~1967)는 이 시기 현대 대중가요의 창시자였다. 그는 젊은 시절 신음악운동에 심취하였으며, 신음악과 신문화가 함께 협력 발전해야 한다고 주장하였다. 이런 의식을 바탕으로 그는 아동 가극(歌劇)과 가무(歌舞), 동요 등을 다수 창작하였다. 그의 작품들은 당시 한 시대를 풍미하였을 뿐 아니라 홍콩과 남양(南洋) 각지에 영향을 미쳤다. 「참새와 아이(麻雀與小孩)」, 「포도 선녀(葡萄仙子)」, 「신선 누이(神仙妹妹)」, 「가련한 추향(可怜的秋香)」, 「달 밝은 밤(月明之夜)」 등은 널리 유행한 대표적 동요들이다. 이 시기의 작품은 대부분 어린이의 창조력 계발과 반봉건을 주제로 하였으며, 가사가 대중적이어서 이해하기 쉬웠다. 동시에 그는 민간음악의 활용에도 뛰어났다. 그는 전통의 민가, 소조(小調), 곡패(曲牌) 등을 음악의 소재로 응용하였으니, 창작가곡의 민

리진후이(黎錦暉: 1881~1967)

리진후이(黎錦暉)는 후난(湖南) 샹탄(湘潭)에서 태어나 어릴 때부터 고금(古琴)과 악기 연주를 익혔다. 고향의 민간음악과 지역에서 유행하던 상극(湘劇), 화고희(花鼓戱), 한극(漢劇) 등의 희곡음악은 그에게 깊은 영향을 주었다. 1927년 그는 중화가무학교(中華歌舞學校)를 설립하고, 뒤에 또 중화가무단(中華歌舞團)을 조직하였다. 1929년 명월가무단(明月歌舞團)을 조직하고 전국 순회공연을 하였다. 1931년 명월가무단은 화련영업공사(聯華影業公司)에 병합된다. 1949년 이후에 그는 상하이미술영화제작소(上海美术电影制片廠)에서 작곡을 맡았으며, 1967년 상하이에서 세상을 떠났다.

족화라는 측면에서도 선구자였다.

그 후 그는 유행가 창작으로 방향을 바꾸면서 중국 현대대중가요의 선하를 열었다. 「가랑비(毛毛雨)」, 「누이야, 사랑해(妹妹我愛你)」는 그의 초기 유행가로서, 중국 현대대중가요의 탄생을 의미한다. 리진후이의 대중가요가 유행할 수 있었던 데에는 당시의 시대 사회적 배경이 있다. 당시 상하이는 이미 자본주의 상업화의 특징을 가지고 있었으며, 서양의 유행음악이 댄스홀, 영화, 방송 등의 매체를 통해 중국에 유입되었다. 따라서 시민들의 문화생활에도 유행음악에 대한 수요가 많았는데, 그의 유행가는 이러한 시대적 요구를 잘 반영하였던 것이다. 1928년 그는 중화가무단(中華歌舞團)을 조직하여 홍콩, 태국, 인도네시아, 말레이시아, 싱가포르 등지의 순회공연을 떠났는데, 「가랑비」 등의 유행가는 아동가요와 함께 주요 레퍼토리였다. 1929년 싱가포르에 체류할 때 그는 한 서점의 주문을 받아 한번에 100곡의 유행가를 만들어 상하이로 보냈다. 경제적 어려움을 타개하기 위해 만든 이 노래들은 대성공을 거두며 크게 유행했다. 이 노래들은 상하이문명서국(上海文明書局)에서 16권의 노래모음집으로 출판되었는데, 「도화홍(桃花紅)」, 「급행열차(特別快车)」 등이 바로 이때 만든 노래들이다.

1929년에 그가 조직한 명월가무단(明月歌舞團)은 중국 대중가요사에서 중요한 단체이다. 저우쉬안(周旋), 바이홍(白虹), 옌화(严华) 같은 제1대 스타와 리진광(黎锦光), 야오민(姚敏) 같은 유행음악 작곡가가 모두 이 가무단 소속이었다. 당시 신음악운동의 중심인물이었던 녜얼(聂耳) 또한 이 가무단에서 활동했다. 1931년에서 1936년 사이 리진후이는 또 「속세의 선녀(人间仙子)」 등 10여 편의 영화음악을 만들었는데, 그 중 대부분의 삽입곡이 유행가였다. 동시에 그는 댄스홀에서 쓰이는 음악도 만들었는데, 민간 선율을 재즈로 편곡하였다. 당시 백대(百代: EM), 승리(勝利) 등의 음반회사가 그의 유행가를 대량으로 녹음하여 제작하였다.

이러한 리진후이의 음악은 중국 유행음악의 기본 풍격이 되었다. 그것은 민간선율과 서양 춤곡의 리듬을 서로 결합한 것으로, 당시에는 주로 탱고와 폭스트롯이었다. 악기 배치도 미국 재즈 음악의 풍격을 모방하였다. 이에 「가랑비」, 「도화홍」, 「급행열차」 등 그의 대표작이 소시민의 저급한 취미에 영합하여 격조가 떨어지고 비속하다는 비판을 받기도 했다. 특히 녜얼은 이런 작품을 비판하는 글을 직접 쓰기도 하였다. 이처럼 그의 대중가요는 조잡하고 치기어린 면이 없지 않지만 외래 형식과 민족전통을 결합시키려 한 음악적 시도는 높이 평가할 만하다 할 것이다.

3. 항일전쟁 시기의 대중가요

1) 구국 민중가요의 등장

1931년 9월 18일 발발한 만주사변(滿洲事變)을 기점으로 중국대중가요는 새로운 성격을 갖게 된다. 일본 군국주의의 침략으로 민족의 위기감이 전에 없이 고조되었던 시기였으므로 대중가요도 항일 구국 운동을 따라 구국 노래운동이 전개되었다. 따라서 이 시기의 대중가요도 구국 민중가요가 대세를 이루었다.

이 시기 구국 민중가요 창작에서 가장 뛰어난 인물이 녜얼(聶耳)이었다. 2년 정도의 짧은 기간 동안 그가 쓴 30여 곡 대부분이 널리 애창된 성공작이었다. 「졸업의 노래(毕业歌)」, 「신여성(新女性)」, 「개척자(開路先锋)」, 「의용군행진곡(義勇軍進行曲)」 등은 행진곡 영역에서 선구자적 작품들이며, 「비화가(飛花歌)」, 「변방의 시골 여인(塞外村女)」 등은 독특한 풍격의 민가풍 서정가곡들이다. 특히 그의 「의용군행진곡」은 중화인민공화국 수립까지 길고 험난했던 해방전쟁 속에서 끊임없이 불렸고, 지금은 중국의 국가가 되었다.

그는 또 당시 많은 진보적 영화 주제가를 작곡하여 중국 사회주의 리얼리즘 음악의 선구자로 불리고 있다. 「남양을 이별하며(告別南洋)」, 「매낭곡(梅娘曲)」, 「쇠발굽 아래의 가녀(铁蹄下的歌女)」 등은 그의 대표적 영화 삽입곡들이다.

당시 구국 민중가요에 몰두하던 진보 음악가들은 영화 삽입곡과 행진곡이라는 두 창작 경향을 뚜렷하게 보여주고 있다. 런광(任光)과 안어(安娥)의 「어부의 노래(漁光曲)」, 「왕로오(王老五)」, 허뤼딩(贺绿汀)의 「사계가(四季歌)」, 「천애가녀(天涯歌女)」, 「봄에(春天裏)」, 「추수이인(秋水伊人)」, 류쉐안(刘雪庵)의 「언제 다시 오시나요(何日君再來)」 등은 모두 진보 영화를 위해 만든 삽입곡이다.

「대도행진곡(大刀進行曲)」, 「적의 후방으로 가다(到敵人后方去)」, 「유격대가(遊擊隊歌)」 같은 행진곡풍의 곡들 역시 매우 유행했다. 이 시기에 기초를 다진 행진곡은 훗날 '대열(隊列) 가곡'으로 불렸는데, 민족적 특징을 잘 표현했을 뿐 아니라 폭넓은 선율에 서정성이 풍부했다.

2) 항일전쟁과 내전 시기의 유행가

리샹란(李香兰, 1920~2014)

리샹란(李香兰)은 중국에서 출생한 일본인으로, 본명은 야마구치 요시코(山口淑子)이다. 전후에 일본으로 돌아가 정치계에 투신하여 일본 참의원이 되기도 했다.

1937년부터 중국 대륙은 본격적인 항일전쟁 시기로 진입하였다. 전쟁 기간 일본은 유행가의 선전 효과를 대단히 중시하였다. 만주국 시기(僞滿時期) 유명 가수 리샹란(李香兰)은 중국 대중가요사의 풍운아였다. 그녀는 전쟁 중에 「만주 아가씨(滿洲姑娘)」, 「금연가(戒烟歌)」, 「차이나의 밤(支那之夜)」, 「쑤저우 야곡(苏州夜曲)」 같은 다수의 유행가를 불렀는데,

모두 일본 군국주의 미화와 대동아 공영 선전에 목적을 두어 당시 중국인들의 원성을 샀으며, 중국 지식인과 민중들의 강렬한 반대를 불러일으켰다.

당시 활약하던 유행음악 작곡가로는 리진광(黎锦光), 천거신(陈歌辛), 야오민(姚敏), 량웨인(梁乐音), 옌궁상(严工上) 등이 있었다. 그 가운데 영향력이 가장 컸던 사람은 리진광과 천거신이었다. 리진광의 대표작으로는 「야래향(夜來香)」,「오월의 바람(五月的风)」,「미친 세상(疯狂世界)」,「빈랑을 따다(採檳榔)」 등이 있으며, 천거신의 대표작으로는 「곳곳에 장미가 피었어요(薔薇处处开)」,「어부의 딸(漁家女)」, 사랑의 불(恋之火)」,「높은 곳에서(高崗上)」 등이 있다.

이 시기에 중국 유행가는 약간의 기교적 진보는 있었으나 그다지 중요한 성취나 발전을 찾아보기는 힘들었으며, 전체적인 풍격이 초기의 틀을 넘지 못했다.

항일전쟁 이후부터 옌안(延安)을 중심으로 한 진보음악 종사자들은 계속해서 구국 노래운동의 방향을 따라 창작을 발전시켜갔다. 셴싱하이(冼星海)의 「황하대합창(黃河大合唱)」(작사 光未然), 정뤼청(郑律成)의 「옌안의 노래(延安頌)」(작사 莫耶), 리제푸(李劫夫)의「목동 얼샤오를 노래하다(歌唱二小放牛郎)」 등을 비롯하여 「군민대생산(軍民大生産)」,「남니만(南泥灣)」, 그리고 가극 『백모녀(白毛女)』와 『유호란(刘胡兰)』 등이 대표적이다. 이 작품들은 모두 구국 노래운동의 발전 추세를 선명히 보여준다.

일본이 패망한 후 전개된 공산당과 국민당의 내전 시기에는 또 「해방구의 하늘(解放區的天)」,「그 산은 좋은 곳(山那边好地方)」,「우리

노동자들은 힘이 있어요(咱們工人有力量)」와 「승리행진곡(勝利進行曲)」 등 비교적 우수한 곡들이 출현했다.

전체적으로 보아 중국 현대대중가요는 발생부터 1949년 중화인민공화국 수립 전까지는 반봉건과 식민지라는 특수한 역사 환경 때문에 그 발전이 불완전하였다. 이 시기 유행음악은 선천적으로 토대가 부실하였고 식민지 정서가 짙었다. 아울러 대중화도 미비하여 향유 계층도 제한적이었다. 따라서 작품 소재의 폭이 좁았고, 활기도 없었으며, 취향은 통속적이었다. 거기에다 가창은 부자연스럽고 억지스러웠으며, 제작기술도 미숙하였다. 이것이 당시 중국대중가요의 현실이었다. 그렇지만 그런 와중에서도 시대와 사회의 요구에 따라 끊임없이 변화하고 노력하여 나름의 기틀을 다졌다고 할 것이다.

4. 건국에서 개혁개방 이전(1949~1977) 시기의 대중가요

1949년 중화인민공화국이 수립되면서 대중가요는 혁명을 노래하는 '군중가곡'의 막강한 작가대오를 형성하였다. 「조국을 노래하다(歌唱祖国)」에서 「우리는 큰길을 간다(我們走在大路上)」에 이르기까지, 왕화(王华), 리제푸(李劫夫), 취시셴(瞿希贤), 푸겅천(傅庚晨) 등의 작곡가들이 행진곡 방면에서 큰 성취를 이루었다. 천천겅(陈晨耕), 탕허(唐河), 푸린(傅林), 위추(遇秋), 뤼위안(吕远) 등의 부대작가(部隊作家)는 '신민가(新民歌)' 창작에서 뛰어난 실력을 보였고, 레이전방(雷振邦), 스푸(石夫) 등은 소수민족 음악의 운용에서 독특하고 남다른 성취를 이루었다. '음악무도사시(音樂舞蹈史詩)'라 일컬어진 「동방홍(東方紅)」과 「장정(長征)」, 조가(組歌)[14]와 가극(歌劇) 「홍호적위대(洪湖赤衛隊)」, 「강저(江姐)」, 「붉은 노을(红霞)」 등의 대형 성악곡들도 대중에게 비교적 큰 영향을 주었다.

이처럼 이 시기는 여전히 행진곡과 신민가(新民歌) 창작이 중심을 이루었다. 이 가운데 행진곡은 「한 세대 한 세대 다음 세대로(一代一代往下传)」처럼 점차 서정성에 치중하였다. 신민가는 「꽃은 어이하여 이리 붉은지(花儿为什么这样红)」처럼 민간소재를 변화 발전시킨 것과 「Kelamayi의 노래(克拉瑪依之歌)」처럼 민간음악 기초 위에 재창작한 것 등 두 가지 경향이 있었다. 이밖에 「나는 조국의 푸른 하늘을 사랑해요(我爱祖国的蓝天)」 같은 왈츠곡, 「팔월대보름 달은 밝고(八月十五月兒明)」 같은 설창가곡(說唱歌曲)도 비교적 빼어난 작품이다. 「마오주석, 우리 마음의 태양(毛主席, 我們心的太阳)」을 대표로 하는 송가(頌歌)류의 대형 서정가곡도 독특한 체제로 발전하였다.

이러한 여러 풍격의 노래는 민족화라는 뚜렷한 성취를 보여주었다. 선율은 중원지역의 민간음악이나 소수민족 음악을 소재로 하였다. 악기편성도 민족악대(民族樂隊)를 사용하거나 관현악대를 사용하였으며 수법도 비교적 전통적이었다. 당시에도 텔레비전 방송국은 가장 주요한 전파매체였으며, 군중의 집단 가송(歌頌)은 가장 보편적인 음악 생활 방식이었다. 이 시기의 가창은 민족 창법과 미성 창법을 서로 결합하는 경향이 강했는데, 구스쥔(贾世駿), 마위타오(马玉涛), 왕쿤(王昆), 궈란잉(郭兰英), 궈쑹(郭頌), 후쑹화(胡松华), 뤼원커(呂文科)처럼 크게 대중의 사랑을 받은 일군의 가수들이 있었다.

1966년부터 시작된 문화대혁명은 문화의 암흑기였다. 그러나 혁명을 노래하는 군중가곡(群衆歌曲)은 멈추지 않았다. 1966년에서 1972년까지는 주로 '마오주석(毛主席)'의 어록가곡(語錄歌曲)이나 홍위병가곡(紅衛兵歌曲)이었다. 널리 유행한 곡으로는 「마오주석은 우리 마음속의 붉은 태양(毛主席是我們心中的红太阳)」, 조가(組歌) 「정강산의 길(井岡山的道路)」등이 있다.

문혁의 기운이 약해진 1972년을 기점으로 서정적 노래가 환영받기 시작했다. 당시에 발행된 가곡집 『전지신가(戰地新歌)』에는 「당의 태양 빛이 조국을 비춘다(党的阳光照耀祖国)」, 「웅위한 천안문(雄伟的天安门)」, 「나는 이 푸른빛 바다를 사랑해요(我愛这蓝色的海洋)」, 「홍성가(紅星歌)」, 「북경송가(北京頌歌)」 등이 수록되어 있다.

이 시기에 주목할 만한 것으로는 '지식청년(知識青年)'이라 불리는 청년 노동자와 학생을 주체로 하는 사회적 음악문화이다. 지식청년은 당시의 특수한 역사 속에서 탄생한 단어로, 1970년을 경계로 하여 대체로 '라오산제(老三屆)'와 그 다음의 '신산제(新三屆)' 두 부류로 나눌 수 있다. 이들의 문화가 탄생시킨 것이 '지청가곡(知青歌曲)'이다. 지청가곡은 1960년대 말 1970년대 초에 시작되었다. 1968년부터 시작된 '상산하향(上山下鄉)'의 하방(下放)은 모든 청년 학생들의 진로였다. 상산하향

라오산제(老三屆)는 문화대혁명의 광풍이 절정에 달한 1966, 1967, 1968년경에 중·고교를 졸업한 세대를 일컫는 말이다. 이들은 졸업 후에는 곧바로 오지로 하방(下放)을 떠났기 때문에 대학에는 가보지도 못했다. 소위 홍위병 세대라고 보면 되겠다. 신산제(新三屆)는 라오산제와 상대되는 용어로, 1966, 1967, 1968년경에 소학교를 졸업하고 1969년 가을에 중학교에 입학한 세대를 말한다. 제3대(홍위병 세대: 1960년대 청년시절에 진입한 세대)와 제4대(60년대 출생하여 1980년대 청년시절에 진입한 세대) 사이에 있는 세대이다.

은 중화인민공화국에서 기관의 간부나 청년 지식인들이 지방으로 내려가 노동자 농민과 노동을 함께 하고 이것을 통하여 사상성을 높이고자 하는 것을 일컬었다.

초기의 혁명열정이 아직 식지는 않았지만 불투명한 앞날에다 고향을 떠나야 하는 그들의 심리상태는 복잡할 수밖에 없었다. 이 시기에 몇몇 사람들은 펜을 들어 노래를 만들기 시작하였으니, 「안녕, 북경(再見吧, 北京)」, 「난징의 노래(南京之歌)」, 「충칭 지청의 노래(重庆知青之歌)」, 「풍진전가(豊鎭戰歌)」 등은 모두 이런 심리상태를 묘사한 초기의 지청가곡이다. 그 후 가혹한 현실과 암울한 미래 속에서 지식청년들의 가치관 혼란과 방황을 반영한 노래들이 나온다. 「나는 자본가의 딸(我是一個資本家的女兒)」, 「쇠사슬(锁链)」, 「압록강의 밤(鸭绿江之夜)」, 「인생길(人生路)」 등은 그러한 의식을 반영하여 유행한

노래들이다.

지청가곡의 멜로디 풍격은 대체로 전통 서정가곡에 가까웠고, 종종 전통가요나 대중가요의 가사 혹은 조성을 차용하기도 했다. 이 작품들은 서정성이 짙고 수법 상에서 비교적 전통적이지만, 모두 강한 대중문화 색채와 대중가요의 속성을 띠고 있다. 이들이 대중가요의 속성을 갖고 있다는 것은 창법 때문이다. 이 곡들은 모두 자연성(自然聲)으로 노래해야 그 의미를 전달할 수 있으며, 미성 혹은 민가 창법으로는 불가능하였다. 이것은 분명한 유행가의 속성이라고 할 수 있다.

요컨대, 지청가곡에서 보이는 창작의 민간성, 주제나 내용의 시대성, 멜로디의 서정성, 가창 및 반주의 통속성 등은 모두 이후 중국 대중가요의 창작과 특징 형성에 큰 영향을 끼쳤다. 1975년에는 이른바 '반격우경번안풍(反擊右傾飜案風)' 운동으로 인해 노래는 거의 맥이 끊어졌다. 문화대혁명 말기인 1975년에 그 문제점을 바로잡고자 하는 덩샤오핑의 시도를 막기 위해 모택동이 발동한 것이 소위 '批鄧, 反擊右傾飜案風'이다.

이에 따라 전국은 다시 혼란에 빠져들었고, 1976년 1월 저우언라이가 사망하자 사인방(四人幫)은 탈권(奪權)을 음모하였다. 그 해 4월 전국에서는 천안문 사건으로 대표되는 저우언라이 추도와 사인방 반대의 혁명운동이 발생하였다. 「무산계급 문화대혁명이 좋아(无产阶级文化大革命就是好)」는 문혁시기 마지막 정치 가요였다. 1976년 4월 5일 천안문 사건을 전후해서는 또 저우언라이(周恩來) 총리를 가송하고 그리워하는 일련의 노래가 등장하는데, 「총리를 그리며(怀念总理)」, 「동지에게 권함(劝同志)」 등은 한때 매우 유행하였다.

5. 대중가요의 현황

1) 덩리쥔(邓丽君)과 80년대 대중가요

덩리쥔(邓丽君)

대만 출신 덩리쥔(邓丽君)은 중국 대륙은 물론이고 홍콩, 대만, 싱가포르 등 중화권 전체에서 선풍적인 인기를 누린 중국 대중가요계의 최고 가수로서, 중국대중음악사의 새로운 장을 열었다. 그녀는 문혁 이후 신시기(1976~1989)의 중국 대륙인들에게 현대적 대중가요를 전파한 전도사이기도 했다. 「달빛이 내 마음을 대신하네요(月亮代表我的心)」의 엘레지, 「천언만어(千言萬語)」의 하소연, 「작은 도시 이야기(小城故事)」의 수수함에서 「길가의 들꽃을 꺾지 마세요(路边的野花不要采)」의 세태풍자까지 중화권의 수많은 대중들이 그녀로부터 위로받았다. 그녀의 노래 테이프는 1991년에야 합법적으로 중국 대륙에 들어오게 되었다. 그 후 덩리쥔의 노래는 중국 대중음악의 역사가 되어 지금까지 노래불리고 있다.

1979년 9월 발표된 「첨밀밀(甛蜜蜜)」은 중국 대륙에 널리 전파돼 인기를 누린 첫 번째 대중가요로서, 2008년 중국 매체 <난팡저우모(南方周末)>는 이 노래를 '개혁개방 30년 10대 명곡'으로 선정했고, 우리나라 매체 <뉴스핌>은 '한중수교 25년, 한국인이 사랑한 중화권 10대 가요'에도 선정하였다. 우리나라에는 1997년 개봉한 동명의 영화 <첨밀밀>의 OST로 뒤늦게 알려졌다.

「첨밀밀」외에 덩리쥔의 대표곡으로는 역시 영화 <첨밀밀>의 삽입 곡인 「달빛이 내 마음을 대신하네요」, 「야래향(夜來香)」등이 있다. 전자는 우리나라 사람들도 웬만하면 한번쯤 들어본 중국노래라고 할 정도로 많이 알려져 있으며, 「야래향」은 배우 문근영이 2005년 영화 <댄서의 순정>에서 깜찍하게 불러 인기를 모았다. 이 두 노래 역시 한중 수교 이후 한국인들이 가장 많이 부른 중국 노래로 꼽히고 있다.

덩리쥔은 중국 본토 공연을 앞둔 1995년 5월 8일 42세의 젊은 나이로 삶을 마감했다. 지금까지도 그녀는 중화권 가요계에 불후의 전설로 큰 영향을 미치고 있다. 덩리쥔 사망 20주기였던 지난 2015년에는 왕페이(王菲), 장쉐유(张学友) 등 유명 가수들이 헌정 앨범을 발표하기도 했다.

오늘날에도 인기 있는 몇몇 여가수들의 창법을 보면 덩리쥔의 흔적을 쉽게 발견할 수 있다. 그녀의 영향을 받아 성장한 포스트 덩리쥔의 양대 산맥은 리링위(李玲玉)와 양위잉(杨钰莹)이다. 리링위는 1980년대 중후반에 취입한 「첨첨첨(甛甛甛)」시리즈가 크게 히트했고, 뒤이어 더욱 청순하고 부드러운 이미지로 등장한 양위잉은 「월량선(月亮船)」으로 인기를 구가했다.

<난팡저우모>가 선정한 '개혁개방 30년 10대 가요'[15]에는 덩리쥔의 「첨밀밀」(1979)과 함께 뤄다유(罗大佑)의 「지호자야(之乎者也)」(1982), 리구이(李谷一)의 「향련(鄕戀)」(1983), 최건(崔健)의 「일무소유(一無所有)」(1986), 샤오후두이(小虎队)의 「풋사과 낙원(青苹果乐园)」(1988) 등 1980년대의 노래를 다섯 곡이나 선정했다.

뤼다유의 「지호자야」는 서정성과 비판성이 함께 어우러진 명곡으로 중국 대중가요를 한 단계 발전시켰다는 평을 받았으며, 리구이의 「향련」은 저속하고 퇴폐적인 노래라는 의미의 '황색가곡(黃色歌曲)'으로 비판받기도 했지만 문혁시기에 얼어붙었던 사회분위기를 해빙시키는 큰 역할을 했다. 또 대만 아이돌 그룹 샤오후두이의 「풋사과 낙원」은 젊은이의 낭만적 정서를 대변한 노래로서, 당시 대륙 젊은이들에게 큰 인기를 끌었다.

2) 최건(崔健)과 중국 록음악

최건(崔健, 1961~)

그러나 무엇보다 주목해야 할 노래는 1986년에 발표된 최건의 '아무 것도 가진 게 없다'는 뜻의 「일무소유」이다. 이 노래는 중국 최초의 록(Rock) 음악으로서 당시 중국 가요계를 발칵 뒤집어놓았다. 조선족 3세인 그는 1989년에 발표한 전집 「새로운 장정의 로큰롤(新长征路上的摇滚)」에 이르기까지 어두운 시대의 자아 각성과 개성 해방을 소리 높여 절규하여 중국 사회에 큰 충격을 주었다.

그는 대중가요가 사회를 계몽하고 대중을 각성시키는 대중문화의 효력을 지녔음을 직접 증명한 가수로 평가받는다. 실제로 1989년 6월 베이징 천안문사건은 그의 노래에 영향을 받은 중국 젊은이들의 민주화운동이라는 평을 받고 있다. 그의 「일무소유」가 시위현장에서 사회변혁의 테마곡으로 불리면서 서구 언론에서도 그를 주목하기 시작했다. 당시 서구 언론은 최건을 중국 체제에 맞서는 '반체제 가수'의 이미지로 윤색했다. 그는 실제로 천안문사건 당시 붉은 천으로 눈을 가린 채 노래를 부르며 시위현장에 있는 젊은이들의 분노에 연대감을 표시한 것으로 알려졌다. 이 때문에 중국에서의 활동은 한동안 제한되고 위축되었지만 서구에서는 이 때문에 오히려 인기가 급등했다. 최건의 음악은 독특한 매력을 가진 중국풍 록음악으로 인정받고 있다.

이처럼 중국의 록음악은 억압적 사회에 대한 비판 혹은 갈망의 기폭제였다. 억압되었던 중국의 젊은이들이 폭발적인 록음악을 매개로 자유의 열망을 분출한 것이다. 이후 사회의 변화와 발전 속에서 록음악도 중국 대중가요사의 한 부분을 차지하게 되었으니, 1993년 록세트 (Roxette)의 성공적인 공연이 그 증거라 할 것이다.

대표적인 중국의 록 가수나 그룹으로는 더우웨이(窦唯), 장추(张楚), 허융(何勇), 탕차오(唐朝), Beyond 등이 있으며, 헤이바오(黑豹), 우바이(伍佰), ANODIZE, 차오자이악대(超载乐队), ADO, 왕융(王勇) 등이 큰 인기를 얻고 있다. '개혁개방 30년 10대 가요' 나머지 다섯 곡 가운데 Beyond의 「대지(大地)」(1990)와 장추의 「고독한 사람은 수치스럽다(孤独的人是可耻的)」(1994) 등의 록음악이 꼽힌 것도 록음악의 큰 흐름이 형성되었음을 알게 해준다.

1992년 시장경제의 도입으로 대중가요는 점차 산업과 오락으로서의 존재 가치를 인정받게 되었고, 홍콩, 대만, 일본, 서구 등을 모방하면서 차츰 발전의 기반을 마련하게 되었다. 앞서 언급한 헤이바오 같은 대륙의 록그룹이 1991년 대만의 록 레코드에서 앨범을 발표하여 큰 인기를 누리자 이에 자극을 받아 1992년부터 광저우 등지에서 스타시스템을 도입하기도 했다. 이것은 대중가요시장이 형성되었음을 의미하는데, 이 과정에서 록음악이 큰 역할을 한 것이다.

3) 90년대 이후의 대중가요

장쉐유(张学友, 1961~)

「축복」은 가수 장쉐유의 대표곡이다. 그는 뛰어난 가창력과 곡 해석력으로 '가신(歌神)'이라는 찬사를 받는다. 우리나라 가수 황치열이 중국판 '나는 가수다(我是歌手)'에서 불렀던 「줄곧 너였어(一路上有妳)」, 세계적인 밴드 마이클 런스 투 락(Michael Learns To Rock)이 「Take me to your heart」로 리메이크했던 「이별의 키스(吻別)」가 모두 그의 노래다. 1994년 베이징어로 발표된 「축복」은 같은 해 각종 음악 차트를 휩쓸었고, 지금까지도 그의 중국어 앨범 중 최고의 곡으로 꼽힌다. 노래 가사에 헤어지는 이의 앞날을 축복하는 내용이 담겨있어 졸업 같은 작별의 순간 혹은 콘서트 마지막 곡으로 많이 불린다.

1990년대는 중국이 본격적으로 개혁 개방을 한 시기이다. 따라서 이 시기의 대중가요는 이전과는 달리 자본주의의 상업적 속성을 강하게 띠면서 다양하게 발전하였다.

'한국인이 사랑한 중화권 10대 가요'에는 90년대 인기가요 두 곡이 선정되어 있는데, 장쉐유(张学友)의 「축복(祝福)」(1994)과 리밍(黎明)의 「사랑한 후에(心连心在跳)」(1998)이다. 이 두 사람은 궈푸청(郭富城), 류더화(刘德华)와 함께 사대천왕(四大天王)으로 불리는 홍콩 대중문화계의 최고 스타이다. 사대천왕은 영화와 가요를 넘나들며 활동하는 멀티엔터테이너로서 이들의 노래는 중국 대륙 뿐 아니라 우리나라를 비롯한 아시아 전역에서 큰 인기를 누렸다. 이들이 부른 발라드는 록음악과 함께 중국 가요계의 양대 축을 형성했고, 지금까지도 큰 영향을 미치고 있다. 사대천왕의 뒤를 이은 대표적인 발라드의 황제는 대만 출신 장신저(张信哲)를 꼽을 수 있다.

이처럼 개혁 개방이 본격화 되자 앞서 발전한 홍콩과 대만의 가요가 먼저 대륙을 휩쓸었다. 중국 대륙 가요계도 이의 자극을 받아 점차 자생적 힘을 축적하기 시작하면서 중국대중가요는 본격적인 발전 궤도에 진입하게 되었다.

'개혁개방 30년 10대 가요'의 나머지 세 곡은 왕페이(王菲)의 「하늘(天空)」(1994)」, 저우제룬(周杰伦)의 「기원전의 사랑(爱在西元前)」(2001), 저우윈펑(周云蓬) 의 「중국아이(中国孩子)」(2007) 등이며, '한국인이 사랑한 중화권 10대 가요'의 나머지 일곱 곡은 저우화젠(周华健)의 「친구(朋友)(1997), 양천강(杨臣刚)의 「쥐가 쌀을 좋아하듯(老鼠爱大米)」(2004), 저우제룬의 「칠리향(七里香)」(2004), 천이쉰(陈奕迅)의 「오랜만예요(好久不见)」(2007), 취완팅(曲婉婷)의 「나의 노래 소리에(我的歌声里)」(2012), TFBOYS의 「청춘수련책자(青春修炼手册)」(2014), 쉐즈첸(薛之谦)의 「배우(演員)(2015) 등이다.

이들 가운데 남녀 중화권 최정상급 가수로는 저우제룬과 왕페이를 꼽을 수 있다.

「칠리향(七里香)」의 저우제룬은 이론의 여지가 없는 중화권 최정상급 가수이다. 대만 출신인 그는 2000년 데뷔 후 지금까지 꾸준히 사랑 받는 가수로, 작사, 작곡에 능한 실력파 뮤지션이다. 히트곡도 「야곡(夜曲)」, 「도향(稻香)」, 「곽원갑(霍元甲)」 등 셀 수 없이 많다. 한국에서는 영화 <말할 수 없는 비밀>(2007)의 주인공으로 기억하는 사람들도 많다. 당시 저우제룬은 시나리오 작업부터 연기, OST 작곡, 감독 등을 모두 도맡아 화제가 됐으며, 특히 극 중 '피아노 배틀 장면'은 국내 CF에 등장하거나 패러디 될 정도로 깊은 인상을 남겼다.

왕페이는 중국 음악계의 천후(天后)라고 칭해지는 중화권을 대표하는 최고의 국민가수다. 덩리쥔 이후 최고의 가수로 평가받으며 '왕페이가 없다면 중국과 홍콩 가요계를 논할 수 없다.'고 평가되기도 한다. 모든 중화권에서 성공을 거두었고 연기활동과 일본진출에도 성공하여 국제적인 인지도도 높다. 한국에서는 왕자웨이(王家卫) 감독의 <중경삼림>에 출연하여 배우 왕징원(王靖雯)으로 많이 알려졌다. 2000년 3월 왕페이는 기네스북에 앨범 판매량이 가장 많은 홍콩 여가수로 이름을 올렸는데, 2000년 3월까지 20장의 앨범이 970만 장이나 판매되었다. 그녀의 대표작은 수없이 많지만 우리나라 사람들에게는 「몽중인(梦中人)」, 「팥(紅豆)」 등이 유명하다.

그 외 「친구」의 저우화젠은 1991년 발표한 앨범 <날 기쁘게 하고 슬프게 해요(让我欢喜让我忧)>로 연간 200만장 판매고를 기록하며 중국 가요계의 대표주자가 되었다. 「쥐가 쌀을 좋아하듯」의 양천강은 '모바일 스타 가수'라는 신조어를 만들어낸 장본인이다. 이 노래를 발표하기 전까지만 해도 무명가수였던 양천강은 2004년 중국에서 유행하던 통신사 서비스를 활용, 휴대폰으로 노래를 녹음해 올려 스타덤에 올랐다. 「쥐가 쌀을 좋아하듯」은 이처럼 온라인상에서 빠르게 전파되며 인기를 얻었으며, 당시 개별곡 월간 다운로드 횟수 600만회로 기네스 신기록을 세웠다.

「청춘수련책자」의 TFBOYS는 중국을 대표하는 아이돌그룹으로, 2014년 당시 최연소 아이돌그룹(99~00년생)으로 데뷔하였다. 지금은 수많은 여성 팬을 거느리고 있는 중국 최정상급 아이돌그룹이 되었다. 꽃미남 외모에 수준급 노래 실력으로 멤버 모두 '중국 연예계 인기스타 랭킹' 상위권에 이름을 올릴 만큼 뜨거운 인기를 누리고 있다. 「남은 여름(剩下的盛夏)」, 「총애(宠爱)」, 「마법의 성(魔法城堡)」 등과 같은 히트곡이 있으며, 그룹 활동뿐만 아니라 솔로곡 발표, 연기, 예능 등으로 활발한 행보를 이어가고 있다.

4) 최근의 가요순위 차트

2002년 12월 2일부터 시작한 중앙인민방송국(中央人民广播电台)의 '뮤직라디오(音乐之声: MusicRadio)' 프로그램에서는 2002년부터 매년 <뮤직라디오 중국 탑 차트(Music Radio中国TOP排行榜)>를 발표하고 시상식을 거행하고 있다. 2002년과 2003년은 '뮤직 인 중국유행가곡 차트(Music IN中国流行歌曲榜)'라는 이름으로 발표했으나 2004년부터 지금의 이름으로 바뀌었다. 특히 2002년도 차트는 인터넷에 두 가지 버전이 있고 차이도 제법 심한데, 하나는 시상식 버전이고, 또 하나는 뮤직 라디오(Music Radio) 공식 사이트 버전이다. 전자는 가수 위주의 시상식 버전이고, 후자는 노래 위주의 순위이므로 본 책에서는 후자를 따랐다. 아울러 연도마다 선정 내용에 약간의 차이가 있다.

이 행사는 보통 '중국 본토(內地)'와 '홍콩 대만(港台)'으로 양분하여 '인기가요(金曲)'를 10곡에서 15곡 정도 선정하고 각 부문별로 별도 시상도 한다. 하지만 연도에 따라 지역 구분이 없는 경우도 있고, 또 남녀 인기가수를 기준으로 선정한 경우도 있다. 아래에서 연도별 선정 내용을 살펴보자.

연도	선정 내용	
	본토 10대 가요(内地十大金曲)	홍콩 대만 10대 가요(港台十大金曲)
2002	那英「如今」, 孙楠「拯救」, 羽泉「旅行」, 孙悦「哭泣的百合花」, 零点「相信自己」, 韩红「来吧」, 杨坤「无所谓」, 老狼「晴朗」, 满文军「我需要你」, 林依轮「如果爱搁浅」	周杰伦「半岛铁盒」, 孙燕姿「懂事」, 萧亚轩「爱的主打歌」, 陈慧琳「爱情来了」, 郭富城「爱情大舞台」, 莫文蔚「单人房双人床」, F4「绝不能失去你」, 陈冠希「Inever told you」, 许茹芸「祝福了」, 温岚「蓝色雨」
	본토 올해의 가요(内地年度金曲)	홍콩 대만 10대 가요(港台十大金曲)
2003	黄征「爱情诺曼底」, 羽泉「没你不行」, 胡彦斌「你记得吗」, 瞿颖「加速度」, 达达「南方」, 金海心「悲伤的秋千」, 朴树「Colorful Days」, 杨坤「月亮可以代表我的心」, 陈琳「不想骗自己」, 陆毅「非同寻常」	蔡健雅「无底洞」, 孙燕姿「遇见」, 陶喆「寂寞的季节」, 陈奕迅「十年」, 容祖儿「挥着翅膀的女孩」, S.H.E「Super Star」, 阿杜「坚持到底」, 周杰伦「东风破」, 王菲「将爱」, 范玮琪「那些花儿」
	본토 올해의 가요(内地年度金曲)	홍콩 대만 10대 가요(港台十大金曲)
2004	胡彦斌「宣言」, 赵薇「渐渐」, 许巍「曾经的你」, 孙楠「燃烧」, 汪峰「飞得更高」, 陈坤「烟花火」, 丁薇「再见我爱你」, 周彦宏「私人公园」, 满江「四舍五入」, 龙宽九段「我听这种音乐的时候最爱你」	张信哲「白月光」, 周杰伦「七里香」, 林俊杰「江南」, 刘若英「听说」, 孙燕姿「我的爱」, F.I.R「我们的爱」, 五月天「倔强」, 张韶涵「天边」, 房祖名「Little Boy」, 梁静茹「宁夏」

본토 올해의 가요(内地年度金曲)	홍콩 대만 10대 가요(港台十大金曲)
赵薇「我和上官燕」, 羽泉「哪一站」, 汪峰「怒放的生命」, 陈琳「雨夜」, 李泉「我真的不是故意的」, 黄征「地铁」, 陈倩倩「蓝颜知己」, 庞龙「我要抱着你」, 曹方「遇见我」, 何炅「想」, 秦海璐「爱有天意」, 杨坤「我比从前更寂寞」, 金莎「被风吹过的夏天」, 孙楠「只要有你一起唱」, 李健「向往」	孙燕姿「完美的一天」, 张韶涵「欧若拉」, 林俊杰「一千年以后」, 周杰伦「夜曲」, 光良「童话」, 范玮琪「如果的事」, S.H.E「不想长大」, 五月天「恋爱ING」, 陈奕迅「对不起谢谢」, F.I.R「千年之恋」, 刘德华「再说一次我爱你」, 王心凌「Honey」, 吴克群「大舌头」, 5566「好久不见」, 梁静茹「丝路」

(2005)

올해의 베스트 인기가요(年度最佳金曲)

(2006)
金海心「右手戒指」, 张靓颖「这该死的爱」, 周笔畅「别爱我像爱个朋友」, 庞龙「男人」, 羽泉「翅膀」, 胡彦斌「皇帝」, 李宇春「冰菊物语」, 韩雪「竹林风」, 水木年华「Forever Young」, 1983「对不起我爱你」, 光良「约定」, 范玮琪「一个像夏天 一个像秋天」, 周杰伦/费玉清「千里之外」, 张信哲「做你的男人」, 品冠「无可救药」, 蔡依林「舞娘」, 陶喆/蔡依林「今天你要嫁给我」, 张惠妹「我要快乐」, 吴克群「男佣」, 游鸿明「白色恋人」, 张韶涵「隐形的翅膀」, 梁静茹「亲亲」, F.I.R.飞儿乐团「飞行部落」

본토 올해의 가요(内地年度金曲)	홍콩 대만 올해의 가요(港台年度金曲)
马天宇「该死的温柔」, 何洁「明明不是Angel」, 黄雅莉「蝴蝶泉边」, 薛之谦「你过得好吗?」, 李宇春「漂浮地铁」, 陈楚生「原来我一直都不孤单」, 俞灏明「如果, 可以爱你」, 花儿「穷开心」, 水木年华「借我一生」, 杨坤「牧马人」, 周笔畅「WOW」, 胡彦斌「男人KTV」, 赵薇「天使旅行箱」, BOBO「光荣」, 俞思远&BIZ「心里有个他」	罗志祥「一只独秀」, 梁静茹「崇拜」, SHE「中国话」, 五月天「天使」, FIR「月牙湾」, 孙燕姿「我怀念的」, 张震岳「思念是一种病」, 陈奕迅「爱情转移」, 范玮琪「是非题」, 蔡健雅「达尔文」, 王心凌「爱的天灵灵」, 蔡依林「爱情任务」, 张学友「好久不见」, 游鸿明「倦鸟余花」, 张惠妹「如果你也听说」

(2007)

올해의 가요(年度金曲)

(2008)
五月天「你不是真正的快乐」, 萧亚轩「I'll be there」/「冲动」, 吴克群「为你写诗」, 陈奕迅「路……一直都在」, 周杰伦「稻香」, 方大同「LOVE SONG」, 王若琳「迷宫」, 信「集乐星球」, 萧敬腾「王子的新衣」, 林俊杰/阿SA「小酒窝」, SHE「酸甜」/「宇宙小姐」, 王力宏「心跳」, 罗志祥「Hot Shot」, 飞轮海「新窝」, 梁静茹「今天情人节」/「满满的都是爱」

본토 올해의 가요(内地年度金曲)	홍콩 대만 올해의 가요(港台年度金曲)
2009 李宇春「下个，路口，见」，陈坤「蔷薇刑」，张杰「穿越人海」，黄征「我是谁的谁」，李健 「璀璨」，羽泉「我们」，丁当 「我爱他」，青鸟飞鱼「怪怪女」，周笔畅「你们的爱」，刘力扬 「礼物」，乔任梁「梦想的窗」，关喆 「菊」，胡彦斌「空位」，男才女貌 「男左女右」， Super Junior-M「Super Girl」	萧亚轩 「闪闪惹人爱」，陈奕迅「给你」，萧敬腾 「王妃」，品冠 「大富翁」，温岚 「D.I.S.C.O.」，飞轮海「越来越爱」， 张悬 「Beautiful Woman」，郭静「在树上唱歌」，林俊杰 「第几个一百天」，林宥嘉 「说谎」，信 「火烧的寂寞」，张韶涵「白白的」， F.I.R. 「荆棘里的花」，方大同「为你写的歌」，蔡依林「花蝴蝶」

본토 베스트 가요(内地最佳金曲)	홍콩 대만 베스트 가요(港台最佳金曲)
2010 张杰「这就是爱」， 尚雯婕「候鸟」，孙楠「坦白」，周笔畅「鱼罐头」，水木年华「启程」， 韩庚「SAY NO」，陈楚生「浮光」，谭维维「如果有来生」，李霄云「你看到的我是蓝色的」，郁可唯「指望」，魏晨「千方百计」，M.I.C.男团「ROCKSTAR」，许飞「左半边翅膀」，满江「最美的时光」，牛奶咖啡「早上好」	蔡依林「美人计」，罗志祥「爱的主场秀」， 梁静茹「情歌没有告诉你」，S.H.E 「SHERO」，田馥甄「LOVE」，谢安琪「兰花指」，倪安东「散场的拥抱」，莫文蔚「宝贝」，吴克群「爱我恨我」，黄小琥 「没那么简单」，萧亚轩「潇洒小姐」，郭采洁「烟火」，张芸京「相反的我」， 严爵「谢谢你的美好」，徐佳莹「惧高症」

본토 올해의 가요(内地年度金曲)	홍콩 대만 올해의 가요(港台年度金曲)
2011 尚雯婕「我就这样」， 羽泉「奋斗」，魏晨「破晓」， 何洁「小永远」，丁当「 一半」，胡夏「爱夏」，汪峰「存在」，周笔畅「黑苹果」，李健「心升明月」，牛奶咖啡「明天，你好」， 陈楚生「思念一个荒废的名字」，郁可唯&林凡「听你说」， 谭维维「我是怎么了」，李宇春「对不起，只是忽然很想你」，张杰「最接近天堂的地方」	黄小琥「重来」， 田馥甄「My Love」，萧亚轩「我爱我」， 蔡健雅「说到爱」，孙燕姿「当冬夜渐暖」，陈奕迅「孤独患者」，林俊杰「学不会」，张惠妹「我最亲爱的」，罗志祥「独一无二」，戴佩妮「光着我的脚丫子」，苏打绿「你在烦恼什么」， 萧敬腾「狂想曲」，范玮琪「最重要的决定」，五月天「我不愿让你一个人」，林宥嘉「晚安」

인기가요 수상 명단(金曲获奖名单)

2012

何洁「请不要对我说Sorry」, 张韶涵「淋雨一直走」, 尚雯婕「最终信仰The Faith」, 徐佳莹「不难」, 李宇春「再不疯狂我们就老了」, 潘玮柏「24个比利」, 黄雅莉「年轮」, 张悬「玫瑰色的你」, 丁当「好难得」, 韦礼安「还是爱着你」, 魏晨「V Space」, 张信哲「空出来的时间刚好拿来寂寞」, 郁可唯「失恋事小」, 萧亚轩「Super Girl 爱无畏」, 李霄云「可能」, 严爵「暂时的男朋友」, 曲婉婷「我的歌声里」, 黄小琥「对爱期待」, 张杰「天空」, 杨丞琳「忘了」, 潘辰「更爱」, 林宥嘉「勉强幸福」, 胡夏「燃点」, S.H.E「心还是热的」, 牛奶咖啡「你不能爱我」, 王心凌「变成陌生人」, 至上励合「还好有你在」, 蔡依林「大艺术家」, 莫艳琳「我不能哭」, 范玮琪「最亲爱的你」

올해의 베스트 인기가요(年度最佳金曲)

2013

张杰「爱，不解释」, 魏晨「光」, 尚雯婕「小星星The Star」, 谭维维「拥抱」, 郝云「如果来生还能遇见你」, 周笔畅「Running Away」, 羽泉「回家乡」, 曲婉婷「爱的海洋」, 陈翔「搜」, 胡夏「爱情离我一公尺」, 刘思涵「拥抱你」, 姚贝娜「心火」, 薛之谦「丑八怪」, 吉杰「痛啊博博」, 秦勇「一起长大」, 罗志祥「爱投罗网」, 林俊杰「修炼爱情」, 田馥甄「你就不要想起我」, 周蕙「我看见的世界」, 陶晶莹「真的假的」, 蔡健雅「Easy Come Easy Go」, 杨丞琳「天使之翼」, 黄小琥「放心不下」, 白安「是什么让我遇见这样的你」, 周华健「泼墨」, 苏打绿「我好想你」, 伍佰 & China Blue「我们注定在一起」, 严爵「好的情人」, 萧煌奇「好好先生」, 谢安琪「眼泪的名字」

본토 올해의 가요(内地年度金曲)	홍콩 대만 올해의 가요(港台年度金曲)
魏晨「帽子戏法」, 李宇春「1987我不知会遇上你」, 李琦「唱给十年后的自己」, 华晨宇「Let you go」, 羽泉「Paradise」, 丁当「甩开」, 郁可唯「原谅不美好」, 李荣浩「喜剧之王」, 李玉刚「莲花」, 牛奶咖啡「偶尔还是想起你」, 张玮「阴谋」, 多亮「一回神」, 左立「晚安宝贝」, 黄雅莉「Q」, 李泉「最好的幸福」	陈奕迅「你给我听好」, 林俊杰「可惜没如果」, 白安「接下来是什么」, 潘玮柏「小丑」, 韦礼安「狼」, 孙燕姿「克卜勤」, 王心凌「陈淑芬与林志豪」, 蔡依林「第三人称」, 莫文蔚「看看」, 方大同「危险世界」, A-Lin「罪恶感」, 徐佳莹「寻人启事」, 郭静「即溶爱人」, 杨乃文「未接来电」, MP魔幻力量「我还是爱着你」

2014

	본토 올해의 가요(内地年度金曲)	홍콩 대만 올해의 가요(港台年度金曲)
2015	鹿晗「勋章」, 刘惜君「莫忘空城」, 张玮「遗世独立」, 羽泉「不停地不停地不停地」, 汪苏泷「银河」, 李霄云「字词句」, 薛之谦「演员」, 李健「美若黎明」, 魏晨「白日梦想家」, 何洁「光一样神奇」, 尚雯婕「时间的力量time will tell」, 霍尊「卷珠帘>, 小霞「舍不得」, 好妹妹乐队「西窗的雨」, 周笔畅「翻白眼」	温岚「放闪」, 刘若英「我要你好好的」, 严爵「Something」, 萧敬腾「一次幸福的机会」, 罗志祥「致命伤」, 林俊杰「不为谁而作的歌」, 品冠「年少时代」, 吴汶芳「孤独的总和」, G.E.M.邓紫棋「新的心跳」, 黄小琥「心酸的成熟」, Selina任家萱「看我的」, 戴爱玲 & A-Lin「我不离开」, 吴克羣「你是我的星球」, Ella陈嘉桦「信爱成瘾」, 杨丞琳「点水」
	본토 최고남여가수	홍콩 대만 최고 남여가수
2016	张杰「我想」, 魏晨「Where Went Yesterday」, 薛之谦「初学者」, 苏醒「爱人: LOVER」, 满江「Mr.Man」, 李荣浩「有理想」, 许嵩「青年晚报」, 郭顶「飞行器的执行周期」 / 丁当「当我的好朋友」, 李宇春「野蛮生长」, 谭维维「夏长」, 张靓颖「心电感应808」, 陈粒「小梦大半」, 郁可唯「00:00」, 张碧晨「开往早晨的午夜」, 周笔畅「两陷」, 尚雯婕「Black & Golden 黑金」, 阿肆「我愚蠢的理想主义」, 程璧「早生的铃虫」	毕书尽「I'm Bii To THE DOUBLE L」, 韦礼安「硬戳」, 林宥嘉「今日营业中」, 信「大爷门」, 方大同「JTW西游记」, 曹格「我们是朋友」, 陈势安「亲爱的偏执狂」, 古巨基「让时间说爱」, 吴建豪「音乐不羁」 / 杨乃文「离心力」, 杨丞琳「年轮说」, 田馥甄「日常」, 郑秀文「我就是爱你不害怕」, 张韶涵「全面沦陷」, 魏如萱「末路狂花」, 戴佩妮「贼」, 孙燕姿「彩虹金刚」, 容祖儿「一百个我」, 王菀之「之乎者也」
	최고 남자가수	최고 여자가수
2017	陈奕迅「C' mon in~」, 潘玮柏「iIIi异类」, 汪苏泷「莱芙」, 许魏洲「THE TIME」, 薛之谦「渡」, 张信哲「拥恒」	A-Lin「A-LIN同名专辑」, 窦靖童「Kids Only」, 彭佳慧「我想念我自己」, 孙燕姿「跳舞的梵谷」, 谢春花「知非」, 周笔畅「Not Typical」

이상 2002년부터 2017년까지 최근 16년간의 인기 가수와 가요들이다. 이 가운데 쑨옌쯔(孫燕姿)와 천이쉰(陈奕迅)은 가장 꾸준히 활동하며 인기를 누린 가수들로서, 각각 아홉 번과 여덟 번 이름이 올랐다. 저우제룬(周杰伦)은 2002년부터 2008년까지 여섯 번 이름을 올렸고, 쉐즈첸(薛之谦)과 장제(张杰)는 다섯 번, 장신저(张信哲)와 쑨난(孙楠)도 네 번씩 이름을 올렸다.

제 **3** 장

중국의 영화

1895년 프랑스의 뤼미에르(Lumière) 형제에 의해 탄생한 영화는 그 이듬해인 1896년 8월 11일, 상하이(上海)의 유이춘(又一村)에서 '서양영희(西洋影戱)'라는 이름으로 중국에 처음 소개되었다. 영화는 그 탄생과 함께 서구의 동양 침략과 맞물려 식민지 정책의 첨병 구실을 하는 매체로 중국에 수용되었다. 당시 중국은 서구 열강들의 침탈이 극에 달했던 시기였고, 제국주의 국가들이 중국 내에 조차권을 하나씩 가질 때마다 중국의 경제와 정치 체제는 붕괴의 위기에 몰리고 있었다.

뤼미에르 형제와 최초의 영화<기차의 도착>

이러한 역사적 상황은 중국 영화사에도 그대로 투영되고 있다. 1911년 청나라의 몰락 이전 대부분의 영화제작과 상영은 외국인들에 의해 이루어졌다. 간혹 영화를 보여주었던 상하이 등지의 극장들은 모두 외국인 소유였으며, 처음으로 영화관을 개장한 사람도 외국인이었다. 그리고 영화의 제작도 제임스 리칼튼(James Richalton)에 의해 처음으로 시작되었다. 그는 1897년 에디슨의 단편 영화를 중국으로 들여왔고, 그 해 에디슨 회사의 카탈로그를 위해 열 편 이상의 영화들을 찍었다. 이 초기의 작품들은 거의 기록영화나 뉴스영화였는데, 이 영화들이 중국에서 상영되었다는 흔적은 찾아볼 수 없다.

중국인들도 점진적으로 영화를 제작하기 시작하여, 1905년 중국 최초의 영화 <정군산(定軍山)>이 베이징의 펑타이(丰泰) 사진관 직원들에 의해 만들어졌다. 더욱 의미 있는 것은 당시 중국 영화제작의 중심이 된 아시아 필름 컴퍼니(Asia Film Company)가 미국인 벤자민 브로드스키(Benjamin Brodsky)에 의해 세워졌다는 것이다. 브로드스키는 1913년 미국으로 돌아가면서 그 회사를 중국인에게 넘겨주었다.

따라서 중국영화는 1905년을 영화 출발의 원년으로 삼는다. 아래에서 중국 영화의 역사를 감독의 세대를 중심으로 맹아기와 발전기로 양분하여 살펴보고, 중국 영화의 특징과 대표작도 함께 일별한다.

1. 중국 영화의 맹아기

1) 제1세대(1905~1931)

탄신페이(譚鑫培, 1847~1917)

중국영화 연출의 대부,
장스촨(张石川, 1850~1954)

1905년 베이징 펑타이 사진관에서 경극 배우 탄신페이(譚鑫培)를 주연으로 내세워 그의 연기 장면을 찍어 만든 <정군산(定軍山)>이 중국 최초의 영화이다. 그 외 상하이, 광둥, 홍콩 등지에서 영화가 제작되었으나 경극이나 간단한 풍경을 영상으로 찍는 정도였다. 그 후 1913년에 중국 영화의 개척자로 일컬어지는 장스촨(张石川)과 정정치우(郑正秋)가 공동 제작한 <철없는 부부(难夫难妻)>를 시작으로 영화에 드라마적 요소가 가미되기 시작했다.

1922년에는 장스촨, 정정치우, 저우젠윈(周剑云) 세 사람이 영화사 밍싱(明星)을 설립했다. 그들은 배우양성학교를 설립하는 한편, 밍싱에서 <고아구조기(孤兒救祖記)>(1923)를 제작하여 크게 흥행시켰다. 이에 따라 영화사 설립 붐이 일어났으니, 1922년에서 1926년 사이에

175개의 영화사가 설립되었다. 1925년에는 톈이(天一), 1930년에는 렌화(联华) 등의 주요 영화사가 설립되면서 중국 영화는 새로운 국면을 맞이한다. 이 시기 최대의 히트작은 단연 무협시리즈 <불타는 홍련사(火烧红莲寺)>(1928)로서, 통속영화에 불을 지피며 영화를 대중적 오락으로 거듭나게 했다.

그러나 전체적으로 보면 1920년대 중국 영화산업은 미국 영화가 지배하고 있었다고 할 것이다. 예를 들어 1929년 중국에서 제작된 영화는 50편을 넘지 못했고, 이 영화들이 경쟁해야 했던 영화시장에는 450편으로 추산되는 수입영화들이 있었다. 이 수입영화의 90%가 미국영화였다. 1933년도 이와 비슷하였으니, 중국 영화사가 자체적으로 만든 영화는 67편(이 중 14편이 무성영화)이었고, 500편의 미국 영화와 100편의 다른 나라 영화가 수입되었다.

2) 제2세대(1931~1949)

중국의 제2세대 영화는 1931년 청부가오(程步高)와 장스촨(张石川: 감독을 겸함)이 공동 제작한 중국 최초의 유성영화 <여가수 홍모란(歌女紅牧丹)>을 시초로 꼽을 수 있다. 흥미로운 사실은 유성영화의 등장이 처음에는 오히려 중국의 영화산업을 궁지로 몰아넣었다는 점이다. 초기의 유성영화 작품이 흥행에서 실패를 거듭한 까닭은 당시 진부했던 영화 제작기술에도 문제가 있었지만, 중국 각 지방의 수많은 방언 때문에 관객들에게 내용을 제대로 전달할 수 없었기 때문이었다. 그래서 실질적인 유성영화의 시대는 좀 더 기다려야 했다.

그럼에도 영화 기술의 발전과 시대 상황의 변화는 1930년대 상하이를 중심으로 중국의 영화산업을 빠르게 변모시켰다. 자생적으로 구축된 영화산업 인프라를 바탕으로 할리우드를 답습한 멜로드라마는 물론 코미디에서 뮤지컬 영화에 이르기까지 다양한 장르의 영화가 제작되어 양적으로나 영상 예술적 측면으로나 비교적 높은 역량을 과시하며 중국 영화의 발전을 가속화 시켰다.

한편, 이 시기에는 오락적인 상업영화 외에도 당시의 현실을 반영한 사회성 짙은 영화들이 많이 제작되었다. 의식 있는 감독들은 정치적 혼란과 일본 침략으로 야기된 국가의 위기 상황에서 영화를 통해 일반 대중을 각성시키고자 노력하였다. 이 시기를 대표하는 감독으로 청부가오, 선시링(沈西苓), 차이추성(蔡楚生), 스둥산(史東山), 페이무(費穆), 쑨위(孫瑜), 위안무즈(袁牧之), 정쥔리(鄭君里), 우융강(吳永剛) 등을 들 수 있다.

영화 <어부의 노래(漁光曲)>, 1934)   영화의 황제 김염(金焰, 1910~1983)

이들은 주로 30~40년대부터 영화를 찍기 시작하여 이후에도 작품 활동을 계속하였다. 차이추성 감독, 왕런메이(王人美) 주연의 <어부의 노래(漁光曲)>(1934), 위안무즈 감독, 저우쉬안(周璇) 주연의 <거리의 천사(馬路天使)>(1936), 부완창(卜万蒼) 감독, 김염(金焰)과 롼링위(阮玲玉) 주연의 <세 명의 신여성(三個摩登女性)>(1933), 우용강 감독, 롼링위 주연의 <신녀(神女)>(1934) 등은 배우의 걸출한 연기와 감독의 뛰어난 역량을 보여준 작품들로서, 작품성에서도 매우 높은 성취를 보여주었다.

이 시기 '영화 황제'라 불리며 최고의 인기를 구가한 배우는 김염(金焰: 1910~1983)이었다. 서울에서 태어난 그는 독립운동을 하던 아버지를 따라 중국으로 건너가 영화에 입문하게 된다. 1929년 상하이에서 쑨위 감독에 의해 발탁되어 무성영화 <들꽃(野草开花)>(1930)에서 당시 최고의 인기를 누리던 여배우 롼링위와 함께 주연으로 스타의 길을 걷게 된다. 이후 항일영화의 고전으로 꼽히는 <대로(大路)>(1934)에서 열연하며 자신의 입지를 굳혔다. 녜얼(聶耳)이 작곡한 이 영화의 주제가 「대로가(大路歌)」도 민중가요로서 널리 애창되었다.

1937년 중일전쟁이 발발하자 영화산업은 급격히 위축되었다. 영화사들은 문을 닫거나 아니면 임시 수도였던 충칭(重庆) 등지로 옮겼다. 충칭 시대의 영화는 선시링의 <중국의 아들 딸(中华兒女)>(1939), 스둥산의 <우리의 땅을 지키자(保卫我们的土地)>(1936), 잉윈웨이(应云卫)의 <800인의 용사(八百壯士)>(1938)와 같이 애국심을 고취하는 데 초점이 맞춰질 수밖에 없었다.

마침내 일본의 항복으로 제2차 세계대전이 끝나자 뿔뿔이 흩어졌던 영화인들은 상하이로 속속 모여들었다. 이어진 국공내전(國共內戰)의 전쟁통에도 스둥산의 <구름과 달 아래 팔천 리 길(八千里路雲和月)>(1947), 차이추성의 <봄날 강물은 동쪽으로 흐르고(一江春水向東流)>(1947) 등 일제 침략기의 민족적 비극과 사회문제를 다룬 작품이 출현하였다.

영화 미학적으로 볼 때, 이 시기는 연극과 영화의 유사성이 강조되었던 때로서, 특히 1930년대에는 작가나 연출가 혹은 배우들 자체가 위의 두 예술 장르를 겸하거나 넘나드는 활동을 벌이고 있었다. 1932년 공산당은 문학 서클의 전위조직의 하나로서 최초의 영화조직을 만들었다. 좌익작가연맹이 영화조(电影組)를 만들었다는 것은 그들이 영화의 대중적인 힘을 정치적 도구로 인식했음을 의미한다. 따라서 이 조직에 속한 진보적 영화 지식인들은 당시의 사회문제를 다룬 '진지한' 영화들을 만들 수 있었다. 그러나 당시의 공산당과 진보적 영화 제작 담당자들이 영화산업 자체를 장악하고 있었던 것은 아니다. 그리고 '진보적' 혹은 '좌익'으로 일컬어진 영화 예술가들도 반드시 당시의 공산당 이데올로기나 당의 지도력에 대해서만 묘사한 것도 아니었다. 영화사적으로 이 시기는 무성영화에서 유성영화로의 전환, 영화제작자와 관객의 계급적 변화 같은 기술적이면서도 사회적인 측면에서의 발전이었다.

193,40년대는 영화를 관람하는 관객층도 영화를 만드는 예술가들만큼이나 제한적이었는데, 그들은 주로 상하이 같은 개항지에 거주하는 사람들이었다. 따라서 1945년 이전까지 중국 본토에서의 영화산업은 상하이를 중심으로 그곳 특유의 영화를 내놓았다. 영화 역사학자

제이 레이다(Jey Leyda)가 말한 것처럼, 그러한 예외적이고 쓰라렸던, 또 어렵고도 때로는 피나는 상황들이, 이전에 나온 영화들보다 우수하고, 동시대의 주류 영화들보다도 우수하며, 또 많은 점에서 중국혁명의 승리 이후에 만들어진 어떤 영화들보다도 우수한, 가장 흥미 있는 불굴의 영화들을 내놓은 것이다. 원시적인 기재들과 내전, 일본의 침공, 기아상태 속에서도 연간 물밀듯이 들어오는 할리우드 영화에 영향을 받아, 서구화된 취향이 여기에 가미된 것 또한 무시할 수 없다.16)

당시 중국 영화들은 서구의 취향이나 장르, 심지어 음악까지도 그대로 따르는 등 모방의 단계에서 벗어나지 못하였지만 나름의 인기를 구가하며 성공적인 발전 궤적을 가진 것으로 보인다. 이것은 영화가 다른 생활방식, 즉 현대와 전통의 다른 특징들을 대조시킴으로써 극적 재미를 불러일으켰기 때문일 것이다. 하지만 당시의 정치 상황에 무관할 수 없었던 좌익 지식인들은 가장 민족적이고 민중적인 영화를 만들고자 했으며, 그래서 당시에 나온 리얼리즘 영화는 멜로드라마 이야기 구조 속에서도 농촌의 피폐상이라든가 도시 빈민의 생활 등을 그렸던 것이다.

3) 제3세대(1949~1966)와 문화대혁명 시기(1966~1976)

학자에 따라 1949년 이전을 제1세대로 보고, 이 시기를 제2세대 (1949~1966)와 제3세대(1966~1977)로 양분하기도 한다.

1949년 중화인민공화국의 수립과 함께 영화산업은 국유화되어 국가정책의 선전을 우선적으로 표방하게 되었다. 즉, 사회주의 리얼리즘을 선전하는 미디어로서의 역할이 첫 번째 임무였다. 따라서 중화인민

공화국 수립 이후 한동안 많은 다큐멘터리 영화와 극영화들이 만들어
졌다. 예를 들면 링즈펑(凌子风)의 <중국의 딸들(中华女兒)>(1949),
왕빈(王滨)의 <다리(橋)>(1950), 청인(成荫)의 <강철전사(鋼鐵戰
士)>(1950)를 시작으로, 사멍(沙蒙)과 린빈(林杉)의 <상감령(上甘
嶺)>(1956)과 류페이란(刘沛然)의 <임해설원(林海雪原)>(1960) 등
중국공산당의 혁명적 위업을 칭송하는 제재들이 대부분이었다.

문화대혁명(1966~1976), 마오쩌둥에 의해 주도된 극좌 사회주의운동

이처럼 제3세대 영화의 특징은 사회주의 체제의 우월성을 선전하는
혁명영화가 주류를 이루었고, 미학적으로는 사회주의 리얼리즘을 준
수하면서 민족적 특징을 부각시키는 영상을 추종하였다. 수이화(水华)
의 <백모녀(白毛女)>(1950), <임씨네 가게(林家铺子)>(1959), 추이웨
이(崔嵬)의 <청춘의 노래(青春之歌)>(1959)와 <소년병 장가(小兵张
嘎)>(1963), 셰테리(谢铁骊)의 <이른 봄(早春二月)>(1963), 셰진(谢
晋)의 <여자농구팀 5번(女篮五号)>(1957) 등은 당시 사회주의 리얼리
즘의 수작으로 꼽힌다.

문화대혁명 시기는 모든 것이 정치적 판단에 따라 규정되는 시기였
다고 할 수 있다. 영화도 예외가 아니었다. 따라서 일반적으로 중국 영
화사에서는 이 시기를 구체적으로 언급하지 않는 경우가 많다. 그러나

쑨위 감독의 <무훈전(武訓傳)>을 둘러싼 비판으로 촉발된 사상논쟁이 문화대혁명의 시발점이 되었다는 사실은 중국영화사에서 간과할 수 없는 대목이다. 아울러 비록 이 시기에 제작된 영화가 정치적 선전에 치우쳐 영화의 예술적 자율성이 말살되긴 했지만, 영화를 선전매체로 적극적으로 활용했다는 점에서 이 시기의 영화가 지니는 역사적 의미를 되돌아 볼 필요가 있다.

문화대혁명 시기의 영화는 시대적 상황이 증명하듯이 극히 제한적으로 제작되었다. 1968년 만들어진 다큐멘터리 형식의 <위대한 성명(伟大的声明)>을 제외하고 1970년까지 제작된 극영화는 거의 찾아보기 어렵다. 1970년, 전직 영화배우 출신의 장칭(江靑)이 혁명모범극인 이른바 '양판희(樣板戱)'를 영화로 제작하도록 지시함에 따라 셰테리의 <지략으로 취한 위호산(智取威虎山)>이 제작되었다. 이 영화를 시발로 청인의 <홍등기(紅燈記)>, 셰진 등이 공동 연출한 <해항(海港)>(1974)이 차례로 제작되었다. 그러나 이러한 혁명모범극 영화는 형편없는 졸작이었다.

문화대혁명의 열기가 다소 진정된 후반기로 접어들면서 영화에 대한 정치적 간섭도 줄어들었다. 1973년부터 문화대혁명이 끝나는 1976년까지 3년간은 량팅뒤(梁廷铎), 셰진의 <새싹(春苗)>(1975), 리원화(李文化)의 <결렬(決裂)>(1976) 등 79편의 극영화가 제작될 정도로 본래 모습을 점차 회복하게 된다.

이처럼 1949년 중화인민공화국 수립 이후 정치, 경제, 사회, 문화 각 방면에서의 일대 개혁이 이루어졌고, 그 여파는 영화계에도 큰 영향을 미쳤다. 1966년 장칭(江靑)에 의해 영화 제작이 중단되어 1967

년에서 1969년 사이에는 한 편의 영화도 제작되지 않았다. 그 이후 몇몇 영화들이 나왔지만 수준이 현격히 떨어지는 졸작들이었다. 이 시기 중국의 영화산업은 사회주의 건설의 기치를 내건 대약진운동의 일환이었고, 그래서 중국영화사에서는 암흑기라 할 것이다.

2. 중국 영화의 발전기

1) 제4세대(1976~1982)

베이징영화학교 정문과 학교 로고

제4세대의 주역은 주로 60년대 베이징영화학교(北京电影学院)를 졸업한 학생들이다. 그러나 그들은 정작 본격적인 영화 작업을 착수하기도 전에 문화대혁명이라는 풍파를 만나 좌절하고 만다. 그리고 오랜 시간을 기다려 문화대혁명의 종결과 함께 마침내 자신들의 영화를 찍을 기회를 맞이하게 된다. 이들은 어떻게 보면 중국 영화사에서 본격적으로 체계적인 영화수업을 받아 배출된 전문 인력에 속한다. 그들이 학습한 영화이론과 방법은 당시 소련과 동구의 영향을 받아 사실주의적 색채가 짙다. 따라서 그들의 영화는 스토리의 구성과 영상에 있어 사실주의 기법에 따른 논리적이며 안정된 연출력을 보여주고 있다.

대표적인 감독으로는 <바산에 내리는 밤비(巴山夜雨)>(1981)와 <성남의 옛이야기(城南旧事)>(1982)의 우이궁(吳貽弓), <오래된 우물(老井)>(1987)과 <변검(變臉)>(1996)의 우톈밍(吳天明), <샹의 소녀

샤오샤오(湘女蕭蕭)>(1986), <향혼녀(香魂女)>(1992)의 셰페이(謝飞), <뜻대로(如意)>(1982)의 황젠중(黃健中), <화혼(畵魂)>(1993)의 황수친(黃蜀芹) 등이 있다.

제4세대 감독들은 문화대혁명으로 고통을 당한 불운한 세대들이지만, 혁명 이후 탄탄한 영화 지식을 바탕으로 혁명 기간의 예술적 공백을 메우고 제5세대의 영상예술을 이끌어 내는 중개 역할을 했다.

2) 제5세대(1982년 이후)

장이머우 감독과 영화 <붉은 수수밭>의 한 장면

문화대혁명 시기 정상적인 학교 운영을 할 수 없었던 베이징영화학교는 문혁이 끝난 1978년부터 신입생을 받아들여 1982년 첫 졸업생을 배출했다. 이들이 바로 제5세대라 불리며 중국 영화의 르네상스를 주도한 인물들이다. <황토지(黃土地)>(1984), <대열병(大列兵)>(1986)의 천카이거(陈凯歌) 감독, <흑포사건(黑砲事件)>(1985)의 황젠신(黃建新) 감독, <붉은 수수밭(紅高梁)>(1987)의 장이머우(张艺谋) 감독,

<말 도둑(盜马贼)>(1984)의 톈좡좡(田壮壮) 감독이 대표적이다.

이들 영화의 특징은 이데올로기에서 벗어나 중국의 역사와 민중의 삶에 대한 성찰을 보여주려 노력했다는 점이다. 제5세대 감독들은 기존의 영화와 다른 영상을 선보이며 세계 영화계를 깜짝 놀라게 했다. 단순히 줄거리에 의존하는 방식을 벗어나 화면과 색채를 통해 영상 언어의 탁월한 묘미를 화면에 진지하게 담아냈고, 중국의 향토적 서정과 민족적 정취를 예술적인 기교로 전달함으로써 중국 영화의 신기원을 이룩하였다.

천카이거 감독과 영화 <패왕별희>의 한 장면

이들이 세계 영화제에서 주목받기 시작한 시기는 1985년 천카이거가 감독을 맡고 장이머우가 촬영을 맡았던 <황토지>로 로카르노 영화제에서 입상하면서부터이다. 이에 앞서 중국 정부는 이 영화에 대해 상당히 불만을 표했지만 에딘버러와 로카르노에서의 잇단 성공을 목격하면서 '이해할 수 없는 일'이라며 난감한 표정을 지을 수밖에 없었다. 세계 영화인들은 이 새로운 영화에 깜짝 놀라며 천카이거라는 감독의 이름을 기억했고 비로소 중국영화의 존재를 인식하게 되었다. 이러한 성과는 일회성에 그치지 않고 우톈밍의 <오래된 우물>이 도쿄에서, 천카이거의 <대열병>이 몬트리올에서, 장이머우의 <붉은 수수밭>이 베를린에서, 천카이거의 <현 위의 인생(边走边唱)>(1991)이 칸에서, 장이머우의 <홍등(紅燈)>(1991)이 베니스에서 잇달아 수상하면서 중국 영화의 전성기가 시작되었다. 불과 5년 사이에 세계 유수의 영화제를 휩쓴 중국의 젊은 감독들을 사람들은 '중국의 제5세대 감독'이라고 불렀다. 이들에 대한 세계의 관심은 천카이거의 <패왕별희(覇王別姬)>(1993)가 칸에서 황금종려상을 수상하면서 절정에 이르렀다. 이 외에도 톈쫭쫭의 <푸른 연(蓝风筝)>(1993)이 도쿄영화제 그랑프리를, 장이머우의 <인생(活着)>(1994)이 칸영화제 심사위원 특별상을 받는 등 세계 유수의 영화제를 통해 위상을 드높였다.

3) 5세대 영화의 특징

중국의 제 5세대 감독들은 저마다 다른 개성의 소유자이다. 영화계에 입문한 시기와 세계무대에서 두각을 나타낸 시기가 비슷할 뿐, 그들을 하나로 묶을 수 있는 영화 이론적 토대나 작품들이 갖는 공통점을 찾기도 어렵다. 다만 기존 소재나 주제에 대한 불만, 영화 형식 및 표현력의 차이, 중국 관객들이 익숙해 있던 전통적 스타일에 대한 거부를 통해서 5세대 감독들은 신선하고 파격적인 작품을 계속 내놓았다. 그들의 영화는 완결된 이야기 구조나 전통적인 양식에 함몰되지 않고 자신들의 의식이 드러나는 영상에 집착하였다. 또한 그들은 멜로드라마적 분위기의 전복을 강조하였으며, 정치적으로 민감한 주제를 언급할 수 없었으므로 중국인의 민족성과 중국문화의 전통을 주로 다루었다.

서구 영화인들은 이 새로운 감독군을 가리켜 '중국의 선봉파'라고 부르기도 한다. 그러나 20년대 프랑스의 '아방가르드(Avantgarde: 선봉파)'나 60년대의 '누벨바그(nouvelle vague: 새로운 물결)', 70년대 독일의 새로운 영화와 달리 그들은 어떤 '선언'도 한 적이 없다. 그들을 하나로 모을 수 있는 공통점은 '혁명 후의 사회 현실을 직시하고 과거를 반성하는 것'이며, 이와 아울러 역사적인 상황에 의해 좌절되는 인간상, 여성의 지위 향상 문제, 세대 간의 갈등, 사고방식과 생활 방식의 변화, 그리고 그 변화의 절실한 필요성 등을 담아내었던 것이다.

이러한 소재와 표현 기법에 있어서 제5세대 감독들은 자신들의 현실 감각에서 비롯되는 사실적인 묘사를 주로 사용하였다. 우톈밍의 <오래된 우물>이나 천카이거의 <아이들의 왕(孩子王)>같은 영화들은 일상생활의 세밀한 그 무엇을 아주 담담하게 담고 있는 작품들이다. 이 일상의 연결에서 관객은 비일상적이거나 시간의 축적에서 우러나는 발견, 변화의 순간 등을 포착하게 되는 것이다. 이미 있던 소재나 모티브, 그리고 이야기 구조에 대한 이들 세대의 공통된 불만은 그들로 하여금 전통적 스타일, 예를 들면 서사 형식과 연결성을 중시하는 이야기 전개, 유형화한 인물형, 전형성에 기초한 인물의 몸짓이나 말 등을 비껴 나가거나 거기에 정면으로 도전하게 만들었다. 이것이 관객들에게 당혹감과 신선함을 주고 불가해하다는 느낌을 갖게 만든다.

기교 없는 화면과 불균형의 공간 구도 등도 이 세대 영화들의 특징이다. 그전 세대들의 영화는 몽타주(montage)의 연결성을 중시하였다. 그래서 작품의 시공간적 내용이 쇼트의 연결에 결정적인 기준이었고, 화면구도, 조명, 렌즈의 원근 조작 등도 모두 이를 따랐다. 그러나 5세대의 감독들은 구도의 불균형을 두려워하지 않으면서 '박진감'을 더하기 위해 다소 모순되는 듯한 '일상'도 그대로 드러내는 것이다.

광선과 색채의 독특한 도입도 5세대 감독들의 특징이다. 그들은 전통적인 이야기 서술 방식에 의존하지 않는 시청각적 표현을 개발, 적용시켜 왔다. 5세대 감독들은 지난 세대들이 무의식으로 따랐던 영화적 관행과 인습들에 대해 근본적인 의문과 비판을 가한다. 그래서 인물이 잘 보이지 않을 정도의 어두운 화면도 과감히 수용하였고, 또 색채가 상징하는 의미도 이끌어 내었다. <황토지>의 갈색, <흑포사건>의 빨강색과 흰색, <붉은 수수밭>의 붉은 색 등은 영화 자체 내에서 고유한 의미로 되살아나는 것이다.

일반적으로 1989년 천안문(天安門) 사건까지를 제5세대 영화의 존속기간으로 평가한다. 이들의 영화는 외국에서는 높은 평가를 받았지만 정부의 탄압을 받아야 했다. 또한 천안문 사태 이후 후대의 젊은 감독들에게는 영화제용 영화이며 중국의 역사와 풍경을 이국적으로 보이게 만드는 오리엔탈리즘이라는 비판도 받아야했다. 제5세대 감독들은 천안문 사태 이후 대부분 중국을 떠나 외국자본에 의해 영화를 만들고 있다.

4) 제6세대(1989. 6. 4 천안문사태 이후)

제5세대를 이어 천안문사태를 겪은 90년대 중반의 신흥 감독들은 이전 세대의 감독들과 전혀 다른 뚜렷한 개성을 나타내며 등장했다. 대개 1960년 이후 출생한 이들은 기존 질서에 저항하는 반역을 기치로 '지하영화' 또는 '제6세대'라 명명되며 주로 도시를 중심으로 일어나는 사회적 변화에 주목하여 새로운 영상미학을 창조하는 데 주력하였다. 이들은 1989년 베이징영화학교를 졸업하고 1990년 이후 등장한 감독들로서, 현재 중국인들의 삶을 사실적으로 보여준다.

제5세대에 대한 극복과 천안문사태 이후 달라진 중국의 현실을 정면으로 다룬 <광장(廣場)>, <아들들(兒子)>의 장위엔(张元), <소무(小武)>의 자장커(贾樟柯), <주말정인(週末情人)>, <쑤저우허(苏州河)>의 로우예(娄烨) 등이 그 대표적 감독들이며, 이 외에 우웬광(吴文光), 왕샤오솨이(王小帥), 왕취안안(王全安), 왕차오(王超) 등도 유명하다. 이들은 지하활동이나 사회적 금기의 범위를 지속적으로 탐구하며 전위적, 언더그라운드적인 성격을 띠는데, 지나치게 실험적이고 예술성에 치우친다는 비판을 받기도 한다.

이러한 작품 경향 때문에 중국 내에서는 영화작업에 어려움을 겪는 경우가 많다. 그래서 이들은 주로 외국 자본으로 자신의 창작활동을 지속하는 한편, 영상을 통한 확고한 메시지 전달을 위해 노력하고 있다. 따라서 이들의 영화는 상업적 영화와는 일정한 거리가 있어, 주류영화에 편입하지 못하는 한계를 지녔다. 그럼에도 그들의 영화는 세계적으로 꾸준하게 주목을 받고 있다. 그 가운데 자장커는 베니스영화제에서 <스틸라이프(三峽好人)>(2007)로 황금사자상을 받는 등 독특한 영상화법으로 관심을 끌고 있다.

5) 제7세대(2000년대 이후)

2000년대에 들어서면서 중국의 영화 제작환경과 배급체계에 많은 변화가 생겼다. 이에 따라 다양한 형태의 새로운 영화들이 신예 감독들에 의해 만들어졌다. 일명 '신생대(新生代)'라 불리는 이들은 제6세대와도 궤를 달리하며, 디지털 시대에서 자라난 자신들의 영상 미학을

루촨 감독과 영화 <난징, 난징!>의 한 장면

영화 속에 과감하게 수용하였다. 제7세대로 명명할 수 있는 이들은 또 '포스트 6세대'로도 불리는데[17], 대개 1970년대 이후 출생한 감독들로서, 영화의 상업성과 관객의 요구에도 적극적이다. 그 대표적인 감독들로는 류하오(刘浩), 우스셴(伍仕贤), 장양(张扬) 등을 들 수 있다. 또 <크레이지 스톤(疯狂的石头)>(2006)의 닝하오(宁浩), <사라진 총(寻枪)>(2001), <난징, 난징(南京! 南京!)>(2009)의 루촨(陆川)도 두각을 나타내는 감독들이다.

이들은 제6세대 감독들과 나이나 경력에서는 별 차이가 없지만 영화를 바라보는 시각은 큰 차이가 있다. 이들 신세대 감독들은 특히 시장의 변화와 관객의 수요에 민감하게 반응한다. 제6세대로 불리는 자장커, 장위엔, 왕샤오솨이 등이 '사회주의 시장경제 체제'의 주변에 처한 이들의 분노를 담아냄으로써 '체제 비판적'이라는 딱지를 받았다면, 이들은 오히려 중국 영화시장의 진입을 위해 고투하고 있다. 제6세대 감독들이 '지하영화'를 만든 뒤 칸, 베를린, 베니스 등 국제영화제 수상을 통해 국내시장에 진입하는 우회로를 선택했다면, 이들은 굳이 국제영화제를 겨냥하지 않고 지금 현재의 중국 관객과 호흡하길 더 원한다. 제6세대 감독들이 사회 주변에 눈길을 돌리고 그에 대한 감독의 개성 있는 표현을 중시했다면, 이들은 '우리 할머니도 즐겁게 볼 수 있는' 영화를 만들겠다는 대중 노선을 분명히 밝히고 있다. 이른바 '주류 영화계'에 편입해 들어가는 대신 제작자의 입김에서 자유로운 독립 제작 형식을 선호한다는 공통점이 있지만 이들 제7세대 감독들이 제6세대와 근본적으로 다른 것은 늘 관객과 시장을 염두에 둔다는 점이다.

현재 중국 영화는 확실히 어느 특정한 양식이 흐름을 좌우하는 양상에서 벗어나 다양한 관점과 자유로운 형식으로 상호 경쟁하고 있다 할 것이다.

* 세대별 감독 및 대표작[18]

세대	감독	대표작
제1세대	정정치우 (鄭正秋)	<철없는 부부(難夫難妻)>(1913), <고아구조기(孤兒救祖記)>(1923)
	장스촨 (張石川)	<불타는 홍련사(火燒紅蓮寺)>(1930), <여가수 홍모란(歌女紅牧丹)>(1931)
제2세대	페이무 (費穆)	<작은 도시의 봄(小城之春)>(1948)
	차이추성 (蔡楚生)	<어부의 노래(漁光曲)>(1934)
	우융강 (吳永剛)	<신녀(神女)>(1934)
	정쥔리 (鄭君里)	<까마귀와 참새(烏鴉與麻雀)>(1949)
제3세대	수이화 (水華)	<백모녀(白母女)>(1950), <임씨네 가게(林家鋪子)>(1959)
	링쯔펑 (凌子風)	<홍기보(紅旗譜)>(1960), <루어투어샹쯔(駱駝祥子)>(1982), <변성(邊城)>(1984)
	셰진 (謝晋)	<여자농구팀 5번(女籃五號)>(1957), <천운산 전기(天雲山傳奇)>(1980), <부용진(芙蓉鎭)>(1986)
제4세대	우이궁 (吳貽弓)	<바산에 내리는 밤비(巴山夜雨)>(1981), <성남의 옛이야기(城南舊事)>(1983)
	우톈밍 (吳天明)	<오래된 우물(老井)>(1987), <변검(變臉)>(1996)
	황젠중 (黃健中)	<뜻대로(如意)>(1982), <설(過年)>(1991)
	셰페이 (謝飛)	<샹의 소녀, 샤오샤오(湘女蕭蕭)>(1986), <향혼녀(香魂女)>(1992)
제5세대	장이머우 (張藝謀)	<붉은 수수밭(紅高粱)>(1987), <국두(菊豆)>(1990), <연인(十面埋伏)>(2004)
	천카이거 (陳凱歌)	<황토지(黃土地)>(1984), <패왕별희(覇王別姬)>(1993), <무극(無極)>(2005)
	톈좡좡 (田壯壯)	<푸른 연(藍風箏)>(1993)
	우쯔뉴 (吳子牛)	<난징(南京)1937>(1995), <국가(國歌)>(1999), <영웅 정성공(英雄鄭成功)>(2001)
	황젠신 (黃建新)	<흑포사건(黑炮事件)>(1985)
제6세대	장위안 (張元)	<북경녀석들(北京雜種)>(1993), <동궁서궁(東宮西宮)>(1996), <녹차(綠茶)>(2003)

	왕차오 (王超)	<안양의 고아(安陽嬰兒)>(2001), <럭셔리 카(江城夏日)>(2006)
	로우예 (婁燁)	<소주하(蘇州河)>(2001), <자호접(紫蝴蝶)>(2003), <여름궁전(頤和園)>(2007)
	왕취안안 (王全安)	<투야의 결혼(圖雅的婚事)>(2007)
	왕샤오솨이(王小帥)	<북경자전거(十七歲的單車)>(2001),<상하이 드림(青紅)>(2005)
	자장커 (賈樟柯)	<소무(小武)>(1999), <세계(世界)>(2006), <스틸라이프(三峽好人)>(2007)
	추이쯔언 (崔子恩)	<야경(夜景)>(2004), <세상에서 가장 큰 집을 가진 남자(獨生子, 向上向下向前向后向左向右)>(2007)
	루촨 (陸川)	<커커시리(可可西里)>(2004), <난징, 난징(南京!南京!)>(2009)
	닝하오 (寧浩)	<몽골리언 핑퐁(綠草地)>(2004), <크레이지 스톤(狂的石頭)>(2006)
제7세대	리우하오 (刘浩)	<북쪽으로(向北方)>(2014), <사랑의 중독(老那)>(2010), <더 포잇(诗人)>(2018)
	데이얀 엉 (伍仕賢)	<버스44(車四十四)>(2001), <독자등대(獨自等待)>(2005), <영웅이 되고 싶은 남자(形影不离)>(2012), <위시드(反轉人生)>(2017)
	장양 (张杨)	<지난날(昨天)>(2001), <노인요양원(飛越老人院)>(2012), <영혼의 순례길(岡仁波齊)>(2015), <산을 그리다(火山)>(2018)

장이머우

천카이거와 함께 중국 5세대 감독으로 꼽히는 대표적인 감독이다. 어린 시절 방직공장, 농촌에서 오랜 세월을 보내다 1978년 베이징영화학교 촬영과에 입학하면서 영화인으로서의 길을 가게 된다. 졸업 후에 천카이거 감독의 영화 <황토지> 등의 촬영을 맡아 이름을 알리기 시작한다. 그는 1987년 <붉은 수수밭>으로 화려하게 데뷔하는데 이 영화로 베를린 영화제 금곰상을 수상한다. 그 이후의 작품 <홍등>, <국두>에서도 데뷔작과 마찬가지로 중국의 색인 강렬한 붉은 색조로 아름다운 영상미를 선보인다. 이 영화로 장이머우와 배우 공리는 깐느, 베를린에서 계속적으로 수상하여 세계적인 명성을 얻게 된다. 그러나 너무 형식에 치우친다는 비난에 장이머우는 현실의 역사에 눈을 돌린 <귀주이야기>, <인생> 등을 만들었으며, <책상서랍 속의 동화>도 좋은 반응을 이끌어냈다.

천카이거

일찍이 장이모 감독과 함께 중국 5세대 감독의 선두주자이자 중국 영화를 세계에 널리 알린 명망 있는 감독이다. 그의 영화적 자산은 문화대혁명의 상처에 있으며, 그때 느낀 역사적 체험이 녹아있는 영화들을 많이 만들었다. 그의 84년 첫 작품 <황토지>는 대지에 터 잡고 사는 농민들의 시점에서 그들의 적나라한 삶과 고난을 다루었다. 이 영화는 지식인이 느끼는 혁명의 정감과 실제 농민들이 느끼는 정서 사이의 괴리를 짚어내며, 문화대혁명의 잘못된 점을 비판하고 있다. 그 때문에 중국 당국의 제재를 받았고, 이에 천카이거는 좀 더 우회하는 길을 택한다. 92년에는 <현 위의 인생>에서 중국 대륙의 아름다움, 도교의 마음, 그리고 권위의 부정과 자유인의 초상을 그렸다. 이때부터 형식미에 눈뜨며, 주제와 함께 독특한 스타일의 영상에 관심을 가지게 된다. 그런 징후가 강해진 것은 93년 <패왕별희>이다. 중국 전통의 경극을 바탕으로 중국 현대사의 질곡과 이성애, 동성애의 문제에 접근했다. 이 영화는 주제 자체가 많이 퇴색되고, 중국 당국의 입맛에 맞아떨어지는 쪽이었다. 하지만 영상의 스타일은 경극이란 화려한 소재에 걸맞았다. 이 영화로 칸 영화제 대상을 수상하였다. 국제적인 성가를 얻자, 그는 중국의 문물을 바라보는 서양인들의 시각, 즉 오리엔탈리즘으로 중국의 신비화된 왜곡을 꾀한다는 인상을 줬다. 96년 <풍월>이 그 대표적인 예이다. 화려한 스타일 속에 역사는 사라지고, 탐미적 영상은 힘을 잃었다는 평가이다. 이제는 중국이란 좁은 공간을 벗어났지만, 그가 어느 방향으로 향할지는 예측하기 어렵다.

3. 최근 중국 영화의 특징

탄생 초기 중국 영화는 전통예술을 담고 기록하는 부수적인 도구에 불과했다. 그러나 1919년 5·4 운동 이후 지식인들을 중심으로 영화를 통한 선전기능과 대중교육의 효과에 주목하게 되면서 영화의 사회적 기능이 강조되기 시작했다. 1920~ 30년대 대도시를 중심으로 할리우드를 모방한 오락적 상업영화가 다양하게 제작되고 상영되기도 했지만, 그 과정에서도 좌익영화 또한 일정한 영향력을 발휘하였다. 항일운동을 거치면서 공산당의 입지는 더욱 높아졌고, 중국 영화는 혁명을 선전하는 역할을 수행하기에 급급하였다.

이러한 영화계의 상황은 대체로 1980년대까지 지속되었으며, 이로인해 중국 영화는 전반적으로 사회적 기능과 역사적 사실을 충실히 반영하는 효능적 측면에 기여해 왔다고 할 수 있다. 특히 이러한 점은 중국 영화를 규정하는 뚜렷한 특징이 되기도 하는데, 중국 영화에 시대상을 반영한 작품이 많은 것도 이와 무관하지 않다. 중국 영화를 통해 중국의 역사와 현실을 들여다 볼 수 있다는 것도 이러한 점 때문이다. 중국 영화는 직간접적으로 특정한 시대의 역사현실을 생생하게 반영하고 있어 중국의 근현대사를 살필 수 있는 좋은 자료가 된다.

영화감독들의 작품 경향도 시대에 따라 뚜렷한 차이를 보이는데, 이러한 특징은 중국 영화의 시대를 분류하는 주요한 기준이 되기도 한다. 특히 1919년 5·4 운동, 1927년 장제스(蔣介石)의 4·12 반공 쿠데타, 1966년 문화대혁명, 1989년 6·4 천안문 사태 등은 영화감독들의 의식과 표현에 큰 영향을 미쳤고, 이는 중국 영화사를 구분 짓는 세대 구분의 기준으로도 응용되고 있다.

오늘날의 중국영화 역시 사회적 이데올로기가 절대적 영향을 미치고 있지만, 개혁개방 이후 막대한 자본력을 바탕으로 영화의 흐름이 서서히 변하고 있다. 특히 영화산업은 황금알을 낳는 거위로 인식되어 막대한 자본과 인력이 모이는 대중예술의 상징이 되고 있다. 따라서 최근의 중국영화는 지역적으로 대륙을 넘어 중화권을 묶는 인프라 구축을 통하여 세계 영화 시장에 대항하는 한편, 우리나라나 일본과의 합작을 통해 영상산업의 활로를 적극적으로 모색하고 있다.

1) 다펜(大片: 블록버스터)의 대거 출현

중국 최고의 흥행작 <전랑 2>와 2018년 흥행작들

오늘날 중국영화는 블록버스터가 붐을 이루고 있다. 할리우드 영화에 대항하기 위한 포석으로 세계적인 중화권 감독과 유명 배우 및 영화분야의 최고 실력자들이 대거 참여해 중국 영화산업의 부흥에 매진하고 있는 것이다. 이에 해당하는 영화로는 장이머우(张艺谋) 감독의 <황후화(满城尽带黄金甲)>(2006)를 필두로 펑샤오강(冯小刚) 감독의 <집결호(集結號)>(2007), <대지진(唐山大地震)>(2010), <1942>(2012), 우위썬(吳宇森) 감독의 <적벽대전(赤壁)>(2009), 장이머우 감독의 <진링의 13소녀(金陵十三釵)>(2011), 우징(吳京) 감독의 <특수부대 전랑2(戰狼2)>(2016), 장이머우 감독의 <그레이트 월(长城)>(2016), 천카이거 감독의 <요묘전(妖猫传): 레전드 오브 더 데몬 캣>(2017) 등을 들 수 있다.

이러한 대규모 영화의 제작 배경에는 중국영화의 기술적 성장과 자본력, 그리고 거대한 시장규모 등이 있다. 특히 우리나라 특수효과 팀이 <적벽대전>과 <대지진> 등의 제작에 참여한 것에서 보듯이 우리의 영화제작기술도 중국 블록버스터 영화 발전에 한 몫하고 있다.

하지만 류전웨이(刘镇伟) 감독의 <무림축구(仙球大战)>(2017)가 할리우드 히어로를 표절해 혹평을 받았고, 중국영화사상 최대 규모의 제작비 7억 5,000만 위안을 투자한 장펑(张鹏) 감독의 <아수라(阿修羅)>(2018)가 개봉 3일 만에 흥행 저조로 막을 내리는 등 중국의 블록버스터 영화는 여전히 갈 길이 멀다.

2018년과 2019년에는 중국판 블록버스터와 홍색영화의 기조가 더욱 강화되었다. 2018년에는 <오퍼레이션 레드 시(紅海行動)>, <당인가탐안(唐人街探案) 2>, <전랑(战狼) 2>, <나는 약신이 아니다(我不是药神)> 등이 큰 인기를 끌었다. 2019년에 개봉한 <나타지마동강세(哪吒之魔童降世)>은 판타지코믹 애니메이션으로 1억 3,900만 명의 관객에 매출액은 49억 7,200만 위안으로 1위였고, <유성지구(流浪地球)>는 인류 멸망에 처한 지구를 지키는 중국인민의 모습을 담아 46억 6,000만 위안을 벌었다. <나와 나의 조국(我和我的祖国)>은 중국의 역사적 순간을 총 7개의 에피소드에 담은 소위 '주선률(主旋律)영화'이다. <미친 외계인(疯狂的外星人)>은 외계인이라는 중국에서 금기시하는 주제를 코믹하게 다루면서 미국을 조롱하고 풍자하고 있다.

<나타지마동강세>　　　<유성지구>　　　<미친 외계어>　　　<홍해행동>

2) 펑샤오강(冯小刚)의 도시영화와
　저우싱츠(周星驰)의 희극물

펑샤오강 감독과 배우 겸 감독인 저우싱츠는 중국 영화계의 흥행 마술사이다. 이들의 영화는 중국에서 최고의 인기를 얻으며 중국영화의 아이콘으로 자리 잡고 있다.

펑샤오강은 처음에 비교적 소자본으로 젊은 세대의 감수성에 어울리는 통속적 멜로물을 만들어 흥행에 성공하였다. 이른바 '허수이펜(贺岁片)'으로 일컬어지는 새해 특선영화는 그의 트레이드마크로서 젊은 층을 중심으로 폭발적인 인기를 구가하였다. <올 때까지 기다려줘(不見不散)>(1998), <휴대폰(手机)>(2003) 등 시대를 풍미한 그의 영화는 가벼운 터치와 신세대적 감성 그리고 감흥 넘치는 대사로 특히 중국 영화 팬들을 사로잡았다. 그의 작품은 변화하는 도시 젊은이들의 생활과 의식을 잘 보여주고 있으며, 중국적 사고방식을 현대적으로 잘 표현하여 중국 대중영화의 선두주자가 되었다.

홍콩을 중심으로 활약하던 저우싱츠는 대륙에서도 새로운 바람을 일으키고 있다. 이전까지 홍콩 영화에서 보여주었던 이른바 '모레이타우(無厘頭)'로 불리는 황당한 줄거리와 난센스로 일관하는 영화는 대륙에서도 커다란 호응을 불러일으켰다. 그의 작품마다 배어 있는 특유의 익살과 해학은 중국인의 감성을 자극하며 하나의 주류를 형성하였다. 이러한 인기의 비결은 단지 그의 영화가 장난기와 눈요기로만 채워지는 것이 아니라 독특한 그만의 스타일 속에서 중국인들이 공감할 수 있는 익숙한 정서를 표출해내기 때문이다. 그것은 개혁개방과 경제성장 과정에서 파생된 삶의 그늘을 그의 웃음을 통해 달래고자 하는 대중들의 염원을 반영했기 때문일 것이다.

3) 주선율(主旋律) 영화의 새로운 시도

주선율 영화는 사회주의 이데올로기와 애국주의를 계도하기 위해 제작된 영화를 지칭한다. 주선율 영화는 1942년 '연안문예강화(延安文藝講話)'에서 비롯된 사회주의 예술 창작지침에 뿌리를 두고 있으며, 덩샤오핑의 개혁 개방 정책의 연장선에서 등장하였다. 영화계에서는 1987년 전국 극영화 창작자 회의에서 처음으로 주창되었다. 이는 개혁 개방으로 촉진된 영화의 대중화에 대한 정책적 판단이었다.

주선율 영화는 중국 공산당의 정책을 선전하는 임무를 기본 취지로 하며, 더 넓게는 사회주의 윤리의식을 강조하고 국가와 가족 등 집단주의를 고취하는 영화가 여기에 해당한다. 따라서 영화의 내용은 당과 국가를 미화하고 선전하는 일정한 패턴으로 구성된다. 우리나라 6, 70년대 국책 영화가 국민을 통제하고 대중을 교화시키기 위한 목적을 지닌 것과 유사한데, 여전히 중국영화에서 차지하는 비중이 제일 높다.

중국의 주선율 영화를 할리우드 영화와 비교해보면, 할리우드의 등장인물이 심리적 인과관계에 영향을 받는다면 주선율 영화는 역사적 합법칙성에 따라 행동하며, 할리우드의 목표지향성이 서사 견인의 요인이라면 주선율 영화는 역사적 책무와 인물의 애국주의가 스토리를 전개한다. 또 할리우드의 주인공이 개인적 욕망을 성취하기 위해 노력한다면 주선율 영화의 주인공은 개인적 욕망보다 역사적 소명의식이나 국가 이미지 제고 및 영웅주의에 충실하다. 아울러 주선율 영화는 역사적 사실에 근거하여 자막과 내레이션을 통해 서사를 완결하며 연대기적으로 전개된다.

그런데 최근에는 주선율 영화가 기존의 패턴을 벗어나 새로운 시도를 하고 있다. 경우에 따라서는 경계가 모호한 주선율의 요소를 가미한 영화가 만들어지기도 한다. 그 특징을 살펴보면 첫째, 영화의 내용 면에서 당과 정부 정책을 수용하면서도 다양한 소재와 재미를 추구한다는 점이다. 둘째, 주선율 영화도 막대한 자본을 들여 블록버스터 형태로 제작되고 있으며, 마지막으로 지명도 높은 감독과 배우들을 캐스팅하여 주선율 영화의 관념을 깨고 새로운 형태의 정책 영화로 승부한다는 점이다.

최근에 제작된 장이머우의 <영웅(英雄)>(2002), <운수요(雲水謠)>(2006), <건국대업(建國大業)>(2009), <공자(孔子)>(2010), <건

당위업(建黨偉業)>(2011), <오퍼레이션 레드 씨(紅海行動)>(2017)와 같은 영화가 이러한 경향을 잘 보여주고 있다. <영웅>은 무협영화의 협의(俠義) 정신과 주선율 영화의 중화주의, 그리고 다민족 일국가의 국가 이데올로기가 충돌하며, <공자>는 공자의 학자적인 캐릭터 보다 난세를 헤쳐 나가는 영웅이자 지략가의 면모가 혼재되어 있다. 특히 40억 위안 가까운 흥행수입을 올린 <오퍼레이션 레드 씨>는 중국 해군의 영웅적 활약상을 그린 영화로, 최근 남중국해에서 미국과 신경전을 벌이고 있는 중국의 중화주의를 대변한 영화라고 할 수 있다.

4) 독립영화의 발전과 예술성

영화 <여름궁전>과 <색.계> 포스터

표현의 자유를 둘러싼 정부와의 충돌은 영화계에서 종종 발생하는 일이다. 특히 중국에서 사회문제를 영상을 통해 직설적으로 표출하는 것은 결코 쉬운 일이 아니다. 베이징 올림픽을 앞두고 선정적 표현과 베이징의 어두운 현실을 카메라에 담아 문제가 된 리위(李玉) 감독의 <사과(苹果)>(2007)와 천안문 사건을 배경으로 한 로우예 감독의 <여름궁전(頤和園)>(2006) 등의 상영금지, 그리고 리안(李安) 감독의 <색계(色戒)>(2007)에 출연한 여주인공 탕웨이(湯唯)에 대한 활동제재는 중국의 검열제도와 그에 따른 중국 정부와 영화계의 갈등을 보여주는 대표적 사례이다. 그럼에도 영화 본연의 예술적 가치를 추구하는 감독과 제작자들은 이에 개의치 않고 영화를 통해 사회적 메시지를 전달하는 데 노력하고 있다. 특히 상업 영화를 거부하고 독립영화나 예술영화에 몰두하는 감독들은 더욱 그러하다.

천안문의 6월이 피로 물들었던 1989년, 베이징영화학교를 갓 졸업한 스물여섯의 장위안(张元)이 <엄마(妈妈)>라는 영화를 발표하였는데, 이것이 중국 최초의 독립영화이다. 이 영화는 장애인 문제를 비판적으로 다루었다는 이유 때문에 당국에 의해 상영금지 처분을 받았다. 그러나 1991년 이 영화는 낭트 삼대륙 영화제에서 심사위원 대상을 수상하면서 국제적 관심을 끌게 되었고, 이후 스위스 영화제, 베를린 영화제, 에딘버러 영화제 등에서 연이어 수상하면서 장위안 감독은 세계적인 명성을 얻게 됐다. 그 후 제6세대의 대표 주자인 자장커(贾樟柯)를 비롯하여 로우예(娄烨), 왕샤오솨이(王小帅), 왕취안안(王全安), 왕차오(王超), 추이쯔언(崔子恩), 허이(何一), 왕쉬(王朔), 장원(姜文) 등이 출현하였는데, 이들은 대부분 1989년 6월의 베이징을 직접 목도한 이들이었다. 이들은 도시 공간을 배경으로 젊은이들의 고뇌와 사랑, 그리고 사회주의가 공론화를 꺼리던 돈, 섹스, 마약 등의 문제를 직접 들고 나와 중국의 어두운 현실을 카메라에 담기 시작했다.

독립영화는 보통 자본으로부터의 독립을 전제로 한다. 그러나 중국의 독립영화는 자본도 문제지만, 권력으로부터의 독립이 더 큰 화두였다. 무엇보다 국가권력으로부터의 독립이 중요했다. 영화의 제작에서 상영에 이르기까지 줄곧 '허가'의 도장을 받아야만 하는 체제 속에서 중국 영화인들은 늘 자기검열을 할 수밖에 없었다. 그래서 중국의 독립영화는 '지하영화(地下电影)'로 불린다. 국가권력 못지않게 영화계 내부 권력을 축적해 가고 있던 선배들, 즉 '제5세대'로부터의 독립도 중요한 일이었다. 장위안을 필두로 등장한 감독들을 '제6세대'라 불렀지만, 그 명칭은 '제5세대의 아들'이라는 함의를 내포하기에 중국 독립영화의 아이콘 자장커는 이를 단호히 거부하기도 했다.

이런 방식으로 중국 독립영화는 국가권력으로부터의 독립과 선배 세대로부터의 독립, 나아가 세대라는 이름으로 중국영화사를 재단하는 관습으로부터의 독립, 더불어 관습화된 텍스트로부터의 독립, 일부 타협적 모습을 보인 동료들로부터의 독립을 지향해 왔다. 많은 독립영화 감독들이 제5세대가 그러했던 것처럼 중국 내부에서의 '거부'를 발판으로 서양에서 호명되고 '승인'된 뒤 다시 내부로 귀환하여 승인되는 절차를 거치고 있다.

거부와 승인이라는 순환의 정치학을 거치면서 스스로 권력이 되어 가고 있지만, 최근 중국의 독립영화는 다큐멘터리나 극영화 등 장르를 가리지 않고 경계를 넘나들고 있다. 특히 자장커 이후 다큐멘터리, 혹은 다큐멘터리적 기법의 활용은 중국 독립영화의 큰 흐름으로 자리 잡았다. 그리고 주류 영화들은 결코 흉내 낼 수 없는 중국인들의 구체적인 삶의 모습을 세밀한 방식으로 기록하고 있다.19)

최근에는 작품성과 함께 흥행에도 성공한 독립영화가 생겨나고 있다. 리위(李玉) 감독의 <관음산(观音山)>(2010), 텅화타오(滕华涛)의 <실연33일(失恋33天)>(2011)이 많은 관객을 모았고, 티베트 현지 주민을 배우로 기용한 기록영화 <영혼의 순례길(冈仁波齐)>(2015)도 인기를 끌었다. 그 외 캠퍼스 소재 영화 <섬광소녀(闪光少女)>(2017)는 청년 세대의 민족음악과 서양음악에 대한 생각을 그려내 호평을 받았으며, 왕샤오솨이의 <중국의 자화상(我的中国)>(2018)은 베이징 거리의 사람들, 가뭄에 속 타는 농부, 사라지는 공장의 노동자, 화려하게 치장된 해변의 관광객, 지진 피해를 복구 중인 건설노동자, 그물을 수선하는 어부, 무대에 오를 채비를 마친 무용수 등 현대 중국의 초상을 그려내어 2018년 부산국제영화제에서 화제를 모으기도 했다.

4. 홍콩영화

홍콩영화의 역사는 아시아 영화의 역사이기도 하다. 홍콩에서 처음 영화가 상영된 것이 1896년이니, 홍콩영화의 역사는 120년을 훌쩍 넘는다. 홍콩영화계는 중국의 보통화

홍콩의 4대천왕 장쉐유, 류더화, 궈푸청, 리밍

(普通話) 문화와 광동어(廣東語) 문화, 그리고 미국문화와 일본문화가 교차하는 복잡다단한 곳이다. 애초에 혼혈이라는 운명을 타고난 홍콩영화는 여러 문화가 혼재된 다양한 장르를 탄생시켰다.

홍콩에서 영화는 곧 장르영화다. 장르는 상업영화를 위한 것이다. 홍콩영화에서 장르영화가 유독 발달했다는 것은 홍콩영화계가 철저히 상업적인 목표로 움직여왔다는 것을 반증한다. 무협영화, 쿵푸영화, 멜로물, 홍콩 느와르, 강시(僵尸)영화, 코믹물, SF영화, 심지어는 설날용 코미디영화까지, 장르를 통해 쌓인 홍콩영화는 그야말로 다양한 장르의 수많은 영화를 탄생시켰다.

홍콩영화는 확고하게 정착된 장르뿐만 아니라 세계 2, 3위를 다투는 제작편수로 인해 '아시아의 할리우드'라는 확고부동의 위치를 차지하게 되었다. 비록 찬사와 비판이 엇갈리기도 했고, 홍콩이 중국으로 반환된 후 많은 스타들이 홍콩을 떠나 이제는 인기가 예전 같지 않지만 여전히 우리들의 기억 속에 많은 홍콩 영화의 장면들이 떠오르고 있다.

홍콩영화가 장르영화로 굳어진 것은 독특한 스타시스템에 기인한다. 어떤 배우가 어떤 장르에 나오는가에 따라 영화의 상업적 가치와 재미가 이미 결정되는 것이다. 홍콩 배우가 대부분 가수 겸업인 것도 특이한 현상이다. 배우 겸 가수인 장쉐유, 류더화, 궈푸청, 리밍 등 이른바 4대천왕이 있고, 그 아래로 진청우(金城武), 우치룽(吳奇隆), 린즈잉(林志穎), 쑤유펑(苏有朋) 등 4소천왕도 있다. 홍콩의 스타시스템은 영화시장과 음반시장을 양 날개로 하여 전천후 스타들을 키워냈다. 숱한 인기가수들을 영화배우로 변신시켰는데, 메이옌팡(梅艶芳), 장쉐유, 장궈룽(张国荣) 등은 가창력 있는 톱 가수이면서 연기력도 최상급이었다. 발라드의 제왕이라는 대만의 왕제(王杰)는 <지존무상(至尊無上)2>(1991)에서 주역을 맡았고, 알란탐(譚詠麟) 역시 <강호정(江湖情)>(1988) 등에서 주연을 했다.

반대로 영화배우에게 노래를 시키는 것도 중요한 사업이다. 우첸렌(吳倩莲)은 <천장지구(天若有情)>(1990)로 데뷔한 후 가수로도 데뷔하였다. 홍콩 배우들 중에서 노래 부르기에 큰 신경을 쓰지 않는 배우는 청룽(成龙)과 저우룬파(周润发) 등 몇 명에 지나지 않는다. 그러나 근래 들어 가수들의 영화 진출은 별로 좋은 성적을 거두지 못하고 있다. 한때 4소천왕이라고 불리던 이들도 마찬가지다. 귀여운 소년 같은 린즈잉은 결국 영화배우로는 자리를 찾지 못했고, 우치룽도 마찬가지였다. 진청우만이 신비로운 분위기로 홍콩은 물론 일본에까지 어필하였다. 그리고 가수 왕페이 정도가 배우로의 변신에 성공했다.

다음에서 홍콩영화의 대표적인 장르를 무협영화와 홍콩 느와르, 코미디물과 멜로물로 나누어 차례로 살펴본다.

1) 무협영화와 홍콩 느와르

무협영화는 홍콩영화계의 주류였으며 세계에 홍콩영화를 각인시키는 역할을 해왔다. 홍콩 무협영화는 1920년 상하이에서 제작된 <불타는 홍련사(火烧红莲寺)>에서 출발한다. <불타는 홍련사>는 처음으로 근대 무협소설을 영화화했고, 18편의 시리즈로 만들어진 무협영화의 선구자이다. 홍콩영화가 무협영화로 시작한 것은 강대국들의 무력 다툼에 의해서 졸지에 영국의 '양자'가 된 홍콩의 역사와 관련이 있다. 자신들의 의지와는 상관없이 힘센 자의 손에 좌우되는 홍콩의 운명은 힘의 논리가 지배하는 '무림'과 같았을 것이다. 홍콩의 대중은 무협영화에서 자신들의 현실을 보았고, 그들을 구원해줄 영웅을 갈구한 것이다.

쇼 브러더스(Shaw Brothers)와 골든 하베스트(Golden Harvest)

무협장르는 60년대에 들어서 확고하게 자리 잡는다. 후진취안(胡金銓)과 장처(张彻)를 필두로 한 쇼 브러더스(Shaw Brothers) 소속 감독들이 주도한 무협영화 바람은 이후 홍콩영화의 뿌리가 됐다. 후진취안의 <대취협(大醉俠)>(1966), <용문객잔(龍門客棧)>(1967), <협녀

(俠女)>(1969), 장처의 <의리의 사나이 외팔이(獨臂刀)>(1967), <금연자(金燕子)>(1968) 등은 엄청난 인기를 누렸다.

1970년대에는 골든 하베스트(Golden Harvest)의 전성기였다. 할리우드의 단역 배우였던 리샤오룽(李小龙)을 발굴해 <당산대형(唐山大兄)>(1971)을 제작하면서 골든 하베스트는 일대 도약의 계기를 맞았다. 리샤오룽의 무협은 60년대의 무협과는 달랐다. 드라마보다는 권법에 중점을 둔 그의 액션은 홍콩 무협영화의 경향을 바꿔놓았다. <정무문(精武門)>(1972), <용쟁호투(龍爭虎鬪)>(1973) 등의 영화로 커다란 성공을 거둔 골든 하베스트는 리샤오룽 사망 후에도 홍콩 굴지의 영화제작사로 발돋움했다.

1980년대 이후 홍콩영화가 이룬 산업적 성취와 아시아 영화에 미친 영향력은 엄청났다. 1980년대 골든 하베스트는 또 하나의 쿵푸 스타 청룽(成龙)을 발굴해 성공가도를 이어갔다. 리샤오룽에 비해 청룽은 무지막지한 싸움꾼이 아니라 웃음과 인간미를 겸비한 새로운 액션 영웅의 면모를 보여주었다. 리샤오룽처럼 좀처럼 허점을 보이지 않는 절대 강자가 아니라 쓰러지고 터지면서도 오뚝이처럼 일어나는 불굴의 낙천성이 청룽의 트레이드 마크였다. <취권(醉拳)>(1979)류의 권법영화로 출발해 <쾌찬차(快餐車)>(1984), <프로젝트A(Project A)>(1983), <폴리스 스토리(警察故事)>(1985) 등의 현대물로 발전해 간 청룽은 현재까지 홍콩 영화계가 배출한 최고의 스타로 평가받고 있다. 홍진바오(洪金宝), 위안바오(元彪) 등도 청룽과 함께 인기를 구가한 액션 스타였다.

<동방불패>와 <신용문객잔> 포스터

　1990년대의 무협영화는 또 이전 시기와는 다른 몇 가지 장르적 특성이 있었다. 첫째, SFX형식과의 결합이다. 쉬커(徐克) 감독이 <촉산(蜀山)>(1983)을 제작해 싹을 틔운 SFX무협물은 <신용문객잔(新龍門客棧)>(1992), <동방불패(東方不敗)>(1992), <백발마녀전(白髮魔女傳)>(1993)에서 절정을 이룬다. 둘째, 비윤리적 내용의 등장이다. <소호강호(笑傲江湖)>(1990)나 <동방불패>에서처럼 '보물'을 얻기 위해 사부가 제자를 배반하거나 생명의 은인을 배신하기도 한다. 선과 악의 구분이 모호해지고, 영웅적인 인물이 점차 스크린에서 사라졌다. 셋째, 보통화(普通話)와 광동어 두 개의 언어로 제작되는 경향이다. 홍콩반환을 의식한 듯 새로운 줄서기가 시작된 것이다. 넷째, 리메이크의 유행이다. 홍콩영화계는 옛것만큼 아름다운 것은 없다고 주장하며 <황비홍(黃飛鴻)>(1991), <백발마녀전>, <천녀유혼(倩女幽魂)>(1987) 등을 부활시켰다.

　무협영화를 뒤이어 세계 영화 팬에게 홍콩영화를 강하게 각인시킨 것은 소위 '홍콩 느와르'이다. '느와르'는 프랑스어로 검은색이라는 뜻이다. 그래서 범죄조직을 다룬 영화를 '필름 느와르'라고 불렀으며, 따라서 홍콩 느와르는 홍콩의 암흑가, 주먹세계 등을 다룬 영화를 말한다. 홍콩 느와르란 용어는 '필름 느와르'에 홍콩이라는 지역성을 첨가한 것으로, 우리나라에서 만든 신조어이다. 홍콩 느와르의 뿌리는 홍콩의 독특한 갱스터 영화이다.

홍콩 갱스터 영화의 출발은 1974년 이탈리아 마피아를 소재로 한 우쓰위안(吳思远) 감독의 <홍콩소교부(香港小教夫)>였다. 이후 홍콩 갱스터 영화는 홍콩치안부와 홍콩마피아 흑사회(黑社會)와의 대결을 주로 다루고 있다. 초기 갱영화인 <성기다루(成記茶樓)>(1974), <대독후(大毒后)>(1976) 등은 흑사회 인물들을 묘사한 정도의 수준이었다. 본격적인 갱영화의 탄생은 덩광룽(邓光荣)이라는 갱영화의 스타가 등장하면서부터다. 홍콩 암흑가의 신화적 인물인 마씨 형제를 다룬 <백분쌍웅(白粉雙雄)>(1978), 암흑가의 의리를 다룬 <가법(家法)>(1979), 일본과 싸우는 흑사회의 모습을 그린 <노발태양기(怒拔太陽旗)>(1983) 등을 거치면서 홍콩 갱영화는 점차 홍콩 느와르의 특징을 갖추게 된다.

홍콩 느와르의 시작을 알린 영화는 1986년 우위썬(吳宇森) 감독의 <영웅본색(英雄本色)>이다. 몸으로 싸우는 권법 액션이 아니라 총을 들고 싸우는 총기 액션을 선보인 <영웅본색>은 짙은 허무주의를 바탕에 깔고 중국으로의 반환을 앞둔 홍콩인의 가슴을 파고들었다. 이 영화를 계기로 범죄세계를 무대로 남성적 유대감을 강조하는 액션물을 지칭하는 홍콩 느와르(Hongkong noir)라는 신조어가 생겨났다.

<영웅본색>류의 홍콩 느와르가 양산되어 붐을 이루는 한편, 그 영향을 받은 새로운 감독들도 속속 등장했다. <열혈남아(熱血男

兒)>(1988), <아비정전(阿飛正傳)>(1990)의 왕자웨(王家卫) 감독이 대표적이며, <지하정(地下情)>(1986), <롼링위(阮玲玉)>(1991) 등의 관진펑(关锦鹏) 감독도 주목받았다. 이들은 서구 영화의 영향을 받은 전혀 다른 색깔의 영화를 만들었다.

홍콩 느와르는 홍콩 암흑가의 이야기를 다루면서도 갱영화와는 다른 지형을 갖고 있다. 첫째, 일련의 홍콩 느와르는 미학적 측면에서 갱영화와 확연히 다르다. 우위썬(吳宇森)의 특허품인 슬로 모션이나 카메라 초점의 극단적인 이동, 빠른 컷 그리고 풀 쇼트와 근접 쇼트의 교차편집은 홍콩 느와르의 작가적 표현능력을 보여준다. 이 형식은 홍콩 느와르의 공식이 된다. 둘째, 홍콩 느와르는 정서상 낭만주의와 교차한다. 속세의 가치와 평가를 부단히 뛰어넘는 사랑과 우정, 그리고 타락한 세상에 맞서려는 무모한 의협심은 비장미에 가까울 정도다. <첩혈쌍웅(牒血雙雄)>(1989)에서 경찰과 킬러는 법을 넘어선 우정을 보이고, <첩혈가두(牒血街頭)>(1990)에서 끝까지 우정을 지키려는 량차오웨이(梁朝伟)의 눈물어린 복수는 차라리 낭만적이고 아름답다. 홍콩 느와르의 의리와 우정, 복수는 철저히 동양적인 주제이며, 형식 또한 중국 경극의 우아하고 고풍스러운 움직임에 영향 받은 것이다.

1990년대 홍콩 느와르는 사실적인 전기물이 각광받았다. 흥행은 물론 비평에서도 좋은 평가를 얻은 판원제(潘文杰)의 <파호(波豪)>(1991)에 이어 <뇌락정구(雷洛情仇)>(1991), <이락부기안(李洛夫奇案)>(1993) 등이 나왔다. 폭력조직의 두목이나 암흑가와 밀착한 경찰 등 홍콩을 떠들썩하게 했던 범죄자들의 전기였다. 그러나 21세기가 가까워지면서 이전의 홍콩 느와르와 갱영화는 한낱 장난이 되어 버렸다. 류웨이챵(刘伟强) 감독의 <고혹자(古惑仔)>(1996)가 대표적인 예이다. 만화를 원작으로 한 이 영화는 카리스마를 가진 인물이 아닌 수다쟁이 호남이 주인공이며, 밑바닥에서 최고 권력에 이르는 신분상승을 다루었다.

1980~90년대를 풍미하던 홍콩영화의 기세는 1997년 중국 반환 이후 현격히 꺾여버렸다. 이러한 추세는 무협영화와 홍콩 느와르도 마찬가지였다. 2000년대 들어 <무간도(無間道)>(2002), <흑사회(黑社會)>(2005) 등이 등장하여 재도약의 기대를 갖게 만들었지만 예전 같은 활력을 되찾지는 못했다.

2) 코미디물과 멜로물, 그리고 남성성의 부재

홍콩영화의 최고 흥행 장르는 코미디물이다. <최가박당(最佳拍擋)>(1982)은 1993년 이전까지 최고의 흥행수입을 올린 홍콩영화였으며, 2, 3위 역시 <최가박당2(最街神通)>와 <최가박당여황밀령(最佳拍擋女皇密令)>이었다.[20] 20위 안에 코미디물은 무려 11개나 차지해 홍콩 코미디물은 곧 흥행이라는 공식이 가능할 정도였다.

홍콩 최초의 코미디물은 1909년 아세아영화사가 만든 <오리구이를 훔치다(偷烧鸭)>이며, 코미디 장르가 도약한 시기는 50년대부터이다. 당시 인기 신문연재소설이었던 <경기일기(經紀日記)>를 각색해 자본주의적 현실 속에 젖어든 홍콩인들의 자화상을 담은 <경기랍(經記臘)> 시리즈가 그 시작이었다. 이 영화는 강한 자만이 살아남을 수 있는 사회에서 물신주의에 얽매인 중개이이 주인공으로서, 사회성이 매우 짙은 코미디였다. 1950년대는 중국의 공산화와 한국전쟁의 반사이익으로 홍콩이 자본주의의 새로운 메카로 떠오른 시기였다. 이 때문에 물신주의와 극단적 경쟁주의에 따른 사회적 폐해가 지적됐다. <경기랍>을 비롯한 사회성 코미디물은 당대 홍콩인들의 정서를 정확하게 반영한 장르였던 것이다. 1960년대의 흥행작은 <난형난제(難兄難弟)>이다. <난형난제>는 <경기랍>과 같이 중개인을 다루면서 안정된 보통사람에 대한 희망, 과다소비의 혐오 등 소박한 자본주의 상을 제시하고 있다.

그 후 리샤오룽의 '쿵푸'에 의해 잠시 주춤했던 코미디물은 1970년대 말에 들어서 재기를 한다. 쿵푸와 타협을 한 쿵푸 코미디물과 도시 생활을 다룬 코미디물이 주된 흐름이었다. 청룽과 홍진바오의 <취권(醉拳)>, <귀타귀(鬼打鬼)> 등은 무술과 코믹을 섞어 대히트를 쳤고, <미스터 부>, <최가박당> 시리즈 등은 도시에서 벌어지는 갖가지 일을 뒤섞어놓아 대중의 인기를 모았다. 워낙 코미디를 좋아하는 중국인인지라 코믹 요소가 끼어들지 않는 장르가 없을 정도였다.

1990년대에는 코미디 장르를 쥐고 흔드는 스타가 등장했다. 청룽이 온몸을 다쳐가며 연기할 때 시늉 하나만으로 관객을 빨아들인 저우싱츠(周星馳)이다. 기존 영화를 패러디하고, 현대 홍콩인들의 가려운 곳을 긁어주는 저우싱츠에 의해 홍콩 코미디영화계가 평정되었다. 대표작인 <도성(賭聖)>, <도학위룡(逃學威龍)>을 비롯해 <식신(食神)>, <소림축구(少林足球)>에 이르기까지 낮은 제작비로 엄청난 흥행성공을 거두었다.

이러한 홍콩 코미디물의 성공은 피나는 노력의 산물이다. 시시각각 변하는 관객들의 정서를 자극하기 위해서는 끊임없는 변신이 필요하다. 최고 흥행작인 <최가박당>은 007 시리즈를 패러디 하면서 홍콩 특유의 유머로 장식하였다. <미스터 부>는 리샤오룽을 포함한 수많은 스타와 장르를 이용하여 나름의 웃음을 만들고 있다. 할리우드의 유머가 전 세계에서 통하는 보편적인 유머를 고민한 결과이듯이 홍콩 코미디물도 수많은 장르를 혼합하고, 할리우드를 모방하면서 굳건히 그 우세를 유지했던 것이다.

홍콩의 멜로물도 나름의 영역을 차지하고 있다. 멜로드라마는 불안하고 메마른 정서를 환상과 감상의 공간으로 인도한다. 홍콩의 멜로드라마는 대부분 가족을 소재로 하거나 연인과의 사랑을 그리고 있다. 홍콩 멜로물의 특징은 다른 장르와의 융합에 있다. 류전웨이(刘镇伟) 감독의 <화기소림(花旗少林)>(1994)은 사랑을 그린 멜로드라마이지만, 홍콩 느와르의 총격전과 <소오강호(笑傲江湖)>(1990)의 무협이 있고, 소림사에서 벌어지는 유머가 있다. 게다가 초능력자가 주인공이고, 하늘을 나는 장면은 SF영화이다. 이쯤 되면 장르라는 척도는 무용지물이 되고 만다.

1990년대 홍콩 멜로물의 대표 감독으로는 쩡즈웨이(曾志伟), 천커신(陈可辛), 리즈이(李志毅) 등이 있다. 천커신의 <첨밀밀>(1996)은 홍콩 금상장(金像奖) 시상식에서 9개의 상을 받기도 했다. 한편, 당시 홍콩멜로물의 경향에서 주목할 만한 것은 동성애를 다룬 작품이다. 동성애 영화라기보다 동성애에 근접한 영화로 볼 수 있는데, 덩지천(邓寄尘), 량싱보(梁醒波), 신마쯔(新馬仔) 등이 대표적 감독들이다. 천커신 감독도 <금지옥엽2(金枝玉葉2)>에서 남장 여인과의 동성애를 그려내었다. 이들의 감정은 성의 구분을 넘어서 진실하게 표현되었고, 국경은 물론 '성'도 초월할 수 있는 것이 사랑임을 보여주었다. 칸에서 감독상을 수상한 왕자웨이(王家卫)의 <해피투게더(春光乍泄)>도 그러하다.

홍콩영화는 1997년 홍콩의 중국 반환 이후 한동안 침체되었고, 2003년경에야 겨우 움직이기 시작했다. 그런데 이 시기에는 이전의 여러 영화와는 달리 남성성의 부재가 두드러졌다. 이 시기 홍콩영화 속의 남자는 무능한 남자이거나 마초영웅이었고, 아니면 도피주의자였다.

무능한 남자는 성적 혹은 경제적으로 초라해진 남자를 의미하는데, 펑하오샹(彭浩翔)의 <대장부(大丈夫)>를 들 수 있다. 그리고 마초영웅은 과장되게 묘사되는 경향을 보였다. 두치펑(杜琪峰) 감독의 <무적의 소림쿵푸 마스터(大隻佬)>의 경우, 스트립 댄서로 일하는 류더화의 육체는 특수 분장으로 엄청나게 과장돼 있다. 한마디로 비정상적인 캐릭터에 집중하며 현실에서는 존재할 수 없는 이상적 남성상에 매달리고 있는 것이다. 도피주의자형 역시 남성성의 부재를 상징하는데, '키덜트(kidult)' 현상의 전형을 보여 주는 구더자오(谷德昭) 감독의 <행운초인(行運超人)>이 그 대표적 예이다.

이처럼 남성성의 부재 혹은 부정적 묘사와는 반대로 강인한 여성상이나 여성성의 긍정적 가치를 강조하는 현상은 두드러졌다. 리먀오쉐(黎妙雪) 감독의 <꿈꾸는 풍경(恋之风景)>이나 얼둥성(爾冬陞) 감독의 <잊을 수 없어(忘不了)>, 그리고 린차오셴(林超賢) 감독의 <천기변(千機變)>등이 그 예이다. 이들 작품이 인기를 끌었던 또 다른 이유는 이

제 홍콩에서 여성 관객이 열광할 만한 새로운 남성 아이돌 스타가 눈에 띄지 않는다는 데도 있다. 홍콩영화의 주요 관객층인 여성 관객들이 이제는 <천기변>의 주인공인 중신퉁(鍾欣桐)이나 차이쥐옌(蔡卓姸), 혹은 장보즈(张柏芝)에 더 열광한다. 2003년 자살과 암으로 타계한 장궈룽과 매이옌팡의 빈자리는 그래서 홍콩영화의 한 시대가 저물어 가고 있음을 보여 주는 상징적 사건이 됐다. 홍콩영화의 침체기와 남성성의 부재는 우연이 아닌 것으로 보인다.

3) 홍콩영화의 쇠락과 홍콩영화의 미래

1997년 홍콩의 중국 반환 이후 홍콩 영화는 과거의 활력을 잃었으며 영화 산업도 침체에 빠졌다. 1990년대 말 눈에 띄는 감독이라고는 <메이드 인 홍콩(香港製造)>(1997)의 천궈(陳果) 정도이다. 이 시기에 천커신의 <첨밀밀>을 필두로 홍콩 반환의 어두운 미래상을 반영한 멜로물이 잠시 붐을 이룬 적이 있었고, 2000년대에 <무간도>의 열풍이 불기도 했지만 홍콩 영화는 예전의 활기를 찾지 못했다.

홍콩 영화 침체의 표면적인 원인은 중국 반환 이후 영화인들이 홍콩을 떠난 것을 들 수 있지만 근본적인 원인은 변화에 실패했기 때문이라 할 것이다. 홍콩 영화계가 중시한 것은 장르였다. 쇼 브러더스의 무협으로 출발해 골든 하베스트의 쿵푸 영화, 홍콩 느와르로 불린 갱스터 액션, 판타지 무협, 멜로, 코미디, SF까지 홍콩 영화가 건드리지 않은 장르는 없다. 하지만 이는 다시 약점이 되어 돌아왔다. 장르의 유행에 민감했던 홍콩 영화는 유사한 이야기나 스타를 우려먹는 경향이 있었고, 이것이 결과적으로 홍콩 영화의 생명력을 단축시켰던 것이다. 줄곧 변신을 거듭하며 참신하고 혁신적인 작품을 내놓던 홍콩 영화계가 기존의 내용과 배우들을 재탕하는 악순환에 빠져 과거 같은 창의력을 발휘하지 못했기 때문이었다.

궁극적으로 홍콩영화가 당면한 문제는 역시 경제적 측면이다. 홍콩 영화인들이 생각하는 홍콩영화의 미래는 중국 시장과의 '합작'이다. 중국 시장에 대한 기대는 2004년 1월 1일부터 시행에 들어간 중국-홍콩간의 경제협력강화협정 CEPA때문이다. CEPA(Closer Economic Partnership Arrangement)는 2003년 6월 29일 1차 협정이 체결되어 2004년 1월 1일부터 273개 업종에 대해 무관세 혜택을 주고, 18개 서비스 분야를 우선 개방했다. CEPA 가운데 영화와 관련된 항목을 보면 홍콩영화는 수입 쿼터의 대상에서 제외된다. 즉, 중국 대륙에서 홍콩영화는 더 이상 외국영화가 아니라는 의미이다. 또한 산업적 측면의 제약도 상당 부분 완화되거나 해제되었다.

우리나라가 과거에 그랬던 것처럼 홍콩영화에 대해 중국 대륙도 열광하고 있다는 점은 더욱 희망적이다. <영웅본색(英雄本色)>에서의 총격 장면, <아랑의 이야기(阿郎的故事)>의 주제가, <화양연화(花樣年華)> 속 장만위(张曼玉)의 치파오(旗袍), <무간도(無間道)>의 선악 대비 스토리라인 등 홍콩영화는 중국인들의 가슴속을 파고들며 깊은 여운을 남겼다. 특히 중국 대륙에 불어 닥친 <무간도>(2002) 열풍은 그 좋은 예이다. 개봉하자마자 박스오피스 순위에서 선두를 달리며 대륙에서만 1,000만 위안 이상의 수입을 올렸다. 이런 흥행 성공에는 량차오웨이(梁朝伟), 류더화(刘德华), 황추성(黃秋生) 등 영원한 스타로

군림하는 배우도 큰 몫을 했다.

그러나 이러한 시장성과 CEPA에도 불구하고 중국 시장이 홍콩영화의 새로운 돌파구가 될 수 있을지는 미지수이다. 그것은 CEPA에 붙는 단서 조항 때문이다. 홍콩영화가 수입 쿼터 제외 대상, 즉 국내작품으로 인정받으려면 중국과 홍콩의 합작이어야 하며, 자본의 제한은 없지만 출연진을 비롯한 스텝의 3분의 1 이상이 본토 사람이어야 한다. 또 이야기 소재의 제한은 없지만 반드시 본토와 관련이 있어야 한다는 것이다. 이것은 중국 당국이 마음만 먹으면 무슨 이유를 달아서라도 시장 진출을 막을 수 있다는 의미이다. 본토 시장을 위해 검열을 통과해야 하고, 자기검열까지 겹친다면 홍콩영화가 과연 자기 정체성을 지킬 수 있을지 의문스럽다.

실제로 2002년 <무간도> 열풍 이후의 영화들은 예전처럼 폭발적인 흥행력을 보여주는 작품이 없다. 특히 국산영화가 성장하고, 할리우드 직배가 대세가 된 우리나라에는 홍콩영화가 거의 들어오지도 못하고 있다. 광동어로 제작되는 영화는 세대교체도 잘 안 되고 있으며, 20대 홍콩 배우 중에서 장궈룽이나 저우룬파처럼 주목을 끄는 배우도 찾기 어렵다. 그러니 50대를 넘나드는 류더화나 량차오웨이, 리밍 등이 30대 역을 맡고 있는 형편이다. 특히 홍콩영화의 액션스타는 전쯔단(甄子丹)을 마지막으로 사실상 그 계보가 끊겼다. 물론 신진 액션배우들이 없는 건 아니지만 청룽, 리롄제, 전쯔단과 같은 압도적 위상과 인기를 지닌 액션스타는 찾아볼 수가 없다.

제작자이자 배우인 저우싱츠 정도가 대륙시장에 성공적으로 진입한 것으로 보인다. 홍콩 영화의 전성기가 지난 다음에 뜨기 시작한 그는 전반적으로 홍콩 영화가 쇠퇴하는 가운데서도 특유의 황당한 개그를 발전시켜 중화권 전체에 대성공을 거두었다. 독특한 유머 코드와 특수효과, 적절한 멜로를 버무려 팔릴 만한 작품을 만들어낸 그는 암흑기를 맞은 홍콩 영화계에서 홀로 빛나고 있다. 그는 2010년부터 보통화(普通話) 영화만 만드는 등 발 빠르게 대륙 시장을 겨냥하고 있다.

이처럼 홍콩 영화가 쇠퇴기에 접어들었기 때문에, 중화권 영화의 중심은 홍콩이 아니라 대륙으로 넘어갔다고 해도 딱히 부정하기 어렵다. 대부분의 홍콩 영화사도 현재 중국 자본에 넘어 갔고, 홍콩 영화인들도 거의 대륙에서 활동하는 현재의 상황을 볼 때, 1980년대처럼 홍콩 영화가 독립적으로 부활하기는 쉽지 않아 보인다. 현재는 홍콩의 연예인 지망생들도 대부분 대륙에서 데뷔하는 실정이다.

5. 중국영화 100년의 대표작 100편과 최근의 중국 흥행영화

1) 중국영화 100년의 대표작 100편

2005년은 중국영화사에 있어 매우 뜻깊은 한 해였다. 최초의 중국 영화 <정군산>이 제작된 지 꼭 100년이 되는 해였기 때문이다. 물론 <정군산>을 실제로 본 사람도 필름 자체도 남아 있지 않은 상황이라 영화의 실재 여부에 대해 회의적인 사람도 없지 않다. 그렇다고 <정군산>을 기점으로 백 번째 해를 헤아린 이벤트를 거부할 만한 뚜렷한 이유나 대안도 없기 때문에 2005년은 공식적으로 중국영화 탄생 100주년으로 장식되었다.

홍콩에서는 중국 영화탄생 100주년을 맞아 그 해 3월 14일 '중국 영화탄생 백주년 최고의 중화권 영화 백편(中國電影誕生一百年-最佳華語片一百部)'를 뽑았다. 홍콩영화금상장협회(香港電影金像獎協會)와 홍콩영화평론학회(香港電影評論學會)의 주관 하에 100명의 영화 감독, 평론가 및 문화관련 종사자를 초청하여 선정하였는데, 각 투표자들마다 20편을 뽑게 하여 다음과 같이 총 103편을 선정하였다.

순위	연도	제목	감독	지역
1	1948	<小城之春>(56표)	費穆	中國
2	1986	<英雄本色>(52표)	吳宇森	홍콩
3	1990	<阿飛正傳>(47표)	王家衛	홍콩
4	1984	<黃土地>(45표)	陳凱歌	대륙
5	1989	<悲情城市>(42표)	侯孝賢	타이완
6	1984	<省港旗兵>(41표)	麥當雄	홍콩
7	1967	<龍門客棧>(38표)	胡金銓	타이완
8	1982	<投奔怒海>(33표)	許鞍華	홍콩
9	1971	<俠女>(32표)	胡金銓	타이완
10	2000	<臥虎藏龍>(31표)	李安	홍콩/타이완
11	1937	<馬路天使>	袁牧之	中國
12	1991	<牯嶺街少年殺人事件>	楊德昌	타이완
13	1976	<半斤八兩>	許冠文	홍콩
14	1999	<槍火>	杜琪峰	홍콩
15	1967	<獨臂刀>	張徹	홍콩
16	1972	<精武門>	羅維	홍콩
17	1994	<陽光燦爛的日子>	姜文	대륙
18	1953	<危樓春曉>	李鐵	홍콩
19	1995	<西游記>	劉鎭偉	홍콩
20	1970	<董夫人>	唐書璇	홍콩
21	1988	<胭脂扣>	關錦鵬	홍콩
22	1994	<重慶森林>	王家衛	홍콩
23	1984	<似水流年>	嚴浩	홍콩
24	1985	<童年往事>	侯孝賢	타이완
25	1987	<紅高粱>	張藝謀	대륙
26	1981	<父子情>	方育平	홍콩
27	1947	<一江春水向東流>	蔡楚生	中國
28	1996	<甛蜜蜜>	陳可辛	홍콩
29	1934	<神女>	吳永剛	中國
30	1935	<大路>	孫瑜	中國
31	1979	<瘋劫>	許鞍華	홍콩
32	2002	<无間道>	劉偉强/麥兆輝	홍콩
33	1978	<醉拳>	袁和平	홍콩
34	1979	<蝶變>	徐克	홍콩
35	1994	<東邪西毒>	王家衛	홍콩
36	1997	<香港制造>	陳果	홍콩
37	1948	<淸宮秘史>	朱石麟	中國
38	1963	<梁山伯與祝英台>	李翰祥	홍콩

39	1967	<英雄本色>	龍剛	홍콩
40	1983	<新蜀山劍俠>	徐克	홍콩
41	1986	<恐怖分子>	楊德昌	타이완
42	1989	<喋血雙雄>	吳宇森	홍콩
43	1991	<黃飛鴻>	徐克	홍콩
44	1992	<阮玲玉>	關錦鵬	홍콩
45	1992	<秋菊打官司>	張藝謀	대륙
46	1950	<我這一輩子>	石揮	대륙
47	1959	<江山美人>	李翰祥	홍콩
48	1969	<冬暖>	李翰祥	타이완
49	1987	<秋天的童話>	張婉婷	홍콩
50	1987	<倩女幽魂>	程小東	홍콩
51	1959	<紫釵記>	李鐵	홍콩
52	1960	<人海孤鴻>	李晨風	홍콩
53	1965	<舞台姐妹>	謝晋	대륙
54	1987	<龍虎風云>	林岭東	홍콩
55	1993	<霸王別姬>	陳凱歌	홍콩/대륙
56	2000	<一一>	楊德昌	타이완
57	1955	<寒夜>	李晨風	홍콩
58	1967	<破曉時分>	宋存壽	타이완
59	1979	<空山靈雨>	胡金銓	타이완
60	1985	<警察故事>	成龍	홍콩
61	1993	<新不了情>	爾東升	홍콩
62	1993	<喜宴>	李安	타이완
63	2000	<站台>	賈樟柯	대륙
64	1960	<野玫瑰之戀>	王天林	홍콩
65	1960	<可怜天下父母心>	楚原	홍콩
66	1960	<難兄難弟>	秦劍	홍콩
67	1960	<第一類型危險>	徐克	홍콩
68	1983	<半邊人>	方育平	홍콩
69	2000	<榴槤飄飄>	陳果	홍콩
70	1933	<小玩意>	孫瑜	中國
71	1949	<哀樂中年>	桑弧	中國
72	1973	<七十二家房客>	楚原	홍콩
73	1982	<烈火青春>	譚家明	홍콩
741	1986	<戀戀風塵>	侯孝賢	타이완
75	1992	<92黑玫瑰對黑玫瑰>	劉鎭偉	홍콩
76	2002	<少林足球>	周星馳	홍콩
77	1937	<夜半歌聲>	馬徐維邦	中國
78	1974	<再見中國>	唐書璇	홍콩

79	1980	<撞到正>	許鞍華	홍콩
80	1985	<青梅竹馬>	楊德昌	타이완
81	1993	<藍風箏>	田壯壯	대륙
82	1948	<太太萬歲>	桑孤	中國
83	1957	<曼波女郎>	易文	홍콩
84	1959	<豪門夜宴>	李晨風 / 李鐵 / 吳回 / 羅志雄	홍콩
85	1972	<秋決>	李行	타이완
86	1986	<芙蓉鎭>	謝晋	대륙
87	1989	<賭神>	王晶	홍콩
88	1989	<旺角卡門>	王家衛	홍콩
89	1997	<春光乍泄>	王家衛	홍콩
90	2000	<花楊年華>	王家衛	홍콩
91	1948	<万家燈火>	沈浮	中國
92	1953	<中秋月>	朱石麟	홍콩
93	1955	<父母心>	秦劍	홍콩
94	1959	<林則徐>	鄭君里 / 岑范	대륙
95	1962	<紅樓夢>	岑范	대륙
96	1983	<打擂台>	黃志强	홍콩
97	1984	<上海之夜>	徐克	홍콩
98	1984	<五郎八卦棍>	劉家良	홍콩
99	1985	<黑炮事件>	黃建新	대륙
100	1992	<青少年哪吒>	蔡明亮	타이완
101	1993	<戲夢人生>	侯孝賢	타이완
102	1995	<女人四十>	許鞍華	홍콩
103	1998	<一個都不能少>	張藝謀	대륙

이상 103편 가운데 63편이 홍콩영화(두 편의 합작영화 포함)이며, 대만영화도 16편이나 되는데, 대륙 영화는 13편, 중국 영화(1949년 이전에 제작된 영화)는 11편에 불과하다. 이 조사가 홍콩에서 이루어졌으므로 다소 홍콩 영화에 편중되었다고 할 수 있겠다.

이 투표에서 50표 이상 득표한 영화는 1948년 <작은 도시의 봄(小城之春)>과 1986년 <영웅본색(英雄本色)>뿐이다. 홍콩의 왕자웨이(王家卫) 감독은 <아비정전(阿飛正傳)>, <중경삼림(重慶森林)>, <동사서독(東邪西毒)>, <열혈남아(旺角卡門)>, <해피투게더(春光乍泄)>,

<화양연화(花楊年華)> 등 6편이 뽑혔고, 홍콩의 쉬커(徐克) 감독은
<접변(蝶變)>, <촉산(新蜀山劍俠)>, <황비홍(黃飛鴻)>, <제일유형위
험(第一類型危險)>, <상하이 블루스(上海之夜)> 등 5편이 뽑혔다.

<아비정전(阿飛正傳)>

<중경삼림(重慶森林)>

<동사서독(東邪西毒)>

<열혈남아(旺角卡門)>

<해피투게더(春光乍泄)>

<화양연화(花楊年華)>

4편이 뽑힌 감독은 총 3명이다. <망향(投奔怒海)>, <풍겁(瘋劫)>,
<당도정(撞到正)>, <여인사십(女人四十)>의 홍콩 쉬안화(許鞍华) 감
독, <비정성시(悲情城市)>, <동년왕사(童年往事)>, <연연풍진(戀戀風
塵)>, <희몽인생(戱夢人生)>의 타이완 허우샤오셴(侯孝贤) 감독, <고

령가소년살인사건(牯岭街少年殺人事件)>,   <공포분자(恐怖分子)>,
<하나 그리고 둘(一一)>, <타이페이 스토리(青梅竹馬)>의 타이완 양
더창(楊德昌) 감독 등이다.

3편이 뽑힌 감독도 총 3명이다. <양산백과 축영대(梁山伯與祝英
台)>, <연의 황후(江山美人)>, <동난(冬暖)>의 타이완 리한샹(李翰祥)
감독, <용문객잔(龍門客棧)>, <협녀(俠女)>, <공산영우(空山靈雨)>의
타이완 후진취안(胡金铨) 감독, <붉은 수수밭(紅高粱)>, <귀주 이야기
(秋菊打官司)>, <책상 서랍 속의 동화(一個都不能少)>의 대륙 장이머
우(张艺谋) 감독 등이다.

그밖에 2편이 뽑힌 감독으로는 <황토지(黃土地)>, <패왕별희(覇王
別姬)>의 천카이거(陈凯歌) 감독, <무대자매(舞台姐妹)>, <부요인(芙
蓉鎭)>의 셰진(谢晋) 감독, <애락중년(哀樂中年)>, <태태만세(太太萬
歲)>의 쌍후(桑弧) 감독, <92 흑장미 대 흑장미(92黑玫瑰對黑玫瑰)>,
<서유기(西游記)>의 류전웨이(刘镇伟), <연지구(胭脂扣)>, <첨밀밀
(甛蜜蜜)>의 관진펑(关锦鹏) 감독, <희연(喜宴)>, <와호장룡(臥虎藏
龍)>의 리안(李安) 감독, <난형난제(難兄難弟)>, <부모심(父母心)>의
친젠(秦劍) 감독, <첩혈쌍웅(喋血雙雄)>, <영웅본색(英雄本色)>의 우
위썬(吳宇森) 감독, <메이드 인 홍콩(香港制造)>, <두리안 두리안(榴
槤飄飄)>의 천궈(陈果) 감독, <자채기(紫釵記)>, <한야(寒夜)>의 리천
펑(李晨風) 감독, <리틀 토이즈(小玩意)>, <대로(大路)>의 쑨위(孫瑜)
감독, <가련천하부모심(可憐天下父母心)>, <칠십이가방객(七十二家
房客)>의 추위안(楚原) 감독, <동부인(董夫人)>, <안녕중국(再見中
國)>의 탕수쉬안(唐书璇) 감독 등 12명이다.

이 영화들을 대상으로 다시 25,000명의 홍콩 시민들에게 설문조사를 진행했는데, 그 결과 홍콩 시민들이 가장 좋아하는 영화는 <패왕별희(覇王別姬)>였으며, <아비정전>, <영웅본색>, <무간도>, <해피 투게더>, <소림축구> 등이 뒤를 이었다. 그리고 가장 사랑 받는 감독으로는 우위썬(吳宇森)이 선정되었다.

그 외 가장 사랑 받는 남여 배우로는 각각 장궈룽(张国荣)과 장만위(张曼玉)가 선정되었으며, 남자배우로는 청룽, 리샤오룽, 리롄제, 저우싱츠, 저우룬파, 양차오웨이, 류더화, 리밍 등이 뒤를 이었고, 여배우로는 왕쭈셴(王祖贤), 린칭샤(林青霞), 메이엔팡(梅艳芳), 류자링(刘嘉玲), 궁리(巩俐), 중추훙(钟楚红) 등이 뒤를 이었다.

한편, 천카이거 감독의 <패왕별희>, 왕자웨이 감독의 <중경삼림>, 후진취안 감독의 <협녀>는 미국 <타임>지가 발표한 '세계 100대 가장 위대한 영화'에 선정되기도 했다.

2) 최근의 중국 흥행영화

세계적으로 영화의 흥행수입은 전산망을 통해 박스오피스로 집계되고 있다. 박스오피스는 처음에 '매표소'란 뜻으로 쓰였다가 그 의미가 확대되어 '영화 한 편이 벌어들이는 흥행 수익'을 뜻하게 되었다. 흔히 영화별 관객 수를 수치화 했다는 뜻으로 통용되는데 이를 통해 영화의 흥행가능성과 결과를 알 수 있다.

이런 점에서 중국의 '영화 박스오피스 데이터베이스(电影票房数据库: 58921.com)'를 활용하면 최근의 중국 흥행영화를 파악할 수 있다.

다음은 '중국영화 박스피스 순위(内地电影票房总排行榜)'의 2001년 부터 2018년까지의 탑5이다.

연도	중국 박스오피스 탑5 영화
2001	<珍珠港>, <大腕>, <特務迷城>, <我的兄弟姐妹>, <蜀山傳>
2002	<英雄>, <天脈傳奇>, <天下無雙>, <河東獅吼>, <周漁的火車>
2003	<手機>, <天地英雄>, <無間道3>, <飛龍再生>, <老鼠愛上猫>
2004	<功夫>, <十面埋伏>, <天下無賊>, <新警察故事>, <張思德>
2005	<無極>, <神話>, <七劍>, <頭文字D>, <情癲大聖>
2006	<滿城盡帶黃金甲>, <夜宴>, <霍元甲>, <寶貝計劃>, <傷城>
2007	<集結號>, <投名狀>, <色·戒>, <門徒>, <不能說的秘密>
2008	<非誠勿擾>, <赤壁(上)>, <畵皮>, <長江七號>, <功夫熊猫>
2009	<建國大業>, <十月圍城>, <赤壁(下)>, <三槍拍案驚奇>, <風聲>
2010	<唐山大地震>,<讓子彈飛>, <非誠勿擾2>, <狄仁杰之通天帝國>, <葉問2: 宗師傳奇>
2011	<功夫熊猫2>,<金陵十三釵>, <龍門飛甲>, <建黨偉業>, <失戀33天>

2012	<人再囧途之泰囧>, <十二生肖>, <畫皮2>, <一九四二(馮小剛)>, <寒戰>
2013	<西游降魔篇>, <致我們終將逝去的青春>, <狄仁杰之神都龍王>, <私人定制>, <中國合伙人>
2014	<心花路放>, <西游記之大鬧天宮>, <智取威虎山>, <爸爸去哪兒>, <分手大師>
2015	<捉妖記>, <尋龍訣>, <港囧>, <夏洛特煩惱>, <煎餅俠>
2016	<西游記之孫悟空三打白骨精>, <長城>, <湄公河行動>, <澳門風雲3>, <盜墓筆記>
2017	<戰狼2>, <羞羞的鐵拳>, <前任3：再见前任>, <功夫瑜伽>, <西游伏妖篇>
2018	<紅海行動>, <唐人街探案2>, <我不是藥神>, <西虹市首富>, <捉妖記2>
2019	<哪吒之魔童降世>, <流浪地球>, <我和我的祖國> <中國機長>, <瘋狂的外星人>

제**4**장

중국의 드라마

중국은 세계에서 드라마 제작 편수가 가장 많은 나라이다. 중국에 TV가 보급된 것은 서방 국가보다 20여 년 늦었지만 중국의 TV는 현재 세계에서 가장 많은 시청자를 거느리고 있다. TV 프로그램에서 드라마가 차지하는 비중은 2007년 현재 34.45%로 뉴스(11.9%)와 시사(8.14%)를 압도하고 있다. TV 드라마는 내용 전개와 방영 시간이 영화보다 훨씬 탄력성이 있어 다양한 분량의 드라마를 제작할 수 있을 뿐만 아니라 극장까지 갈 필요 없이 집안에서 볼 수 있기 때문에 매우 편리하다.

현재 중국에는 각 성(省)과 시(市)마다 TV 방송국이 있으며, 이곳에서 매년 수천 편의 TV 드라마를 제작하고 있다. 중국 드라마는 영상미가 빼어나고 스케일이 큰 대작이 많은데, 제작하고도 방영되지 못하고 묻히는 작품도 매년 수천 편이나 된다고 한다. 거대한 세트장과 의류 공장 같은 의상실, 철저한 고증, 엄청난 엑스트라 등도 중국 드라마의 특징들이다. 중국 드라마는 여전히 발전하는 과정에 있지만 갈수록 다른 나라 시청자들의 환영을 받고 있으며, 이에 따라 일본과 동남아 여러 나라에 수출되는 중국 드라마도 점점 늘고 있다.

1. 중국 드라마의 역사

다른 나라에 비해 중국의 드라마는 그 출발이 비교적 늦은 편이다. 중국 최초의 텔레비전 방송국인 베이징방송국(北京電視台: 현재의 CCTV)이 1958년 5월 10일 창설되었고, 그 해 6월 15일 20분짜리 단막극<차이빙즈 한 입(一口菜餅子)>을 방송하였다. 이것이 바로 중국 최초의 드라마이다. 중국의 드라마 역사는 대체로 네 단계로 나눌 수 있다. 저우싱(周星)은 2008년 중국 TV 탄생 50주년 및 개혁개방 30주년을 맞아 중국 드라마의 발전단계를 개혁개방 이전 20여년을 첫째 단계로, 개혁개방부터 1990년대 이전까지를 둘째 단계로, 1990년대를 셋째 단계로, 2000년대를 넷째 단계이다.

1) 초창기(1958~1977)

중국 드라마의 역사는 베이징방송국이 창설된 1958년부터 시작되며, 문화대혁명이 끝나는 1977년까지를 초창기로 볼 수 있다. 이 시기에 방송된 드라마의 수는 아주 적었다. 8년 동안 베이징방송국에서 방송된 드라마는 87편에 불과했으며, 내용은 일반적으로 영웅적인 인물을 찬양한 것에 편중되어 제재의 폭이 좁고 수준도 낮았다. 이 시기의 드라마는 예술이기보다는 정치선전이나 사상교육의 역할을 했다.

초창기 중국의 드라마는 최초의 드라마 <차이빙즈 한 입>부터 1966년 2월 2시간 분량의<초유록(焦裕祿)>에 이르기까지 모두 생방송드라마(直播劇)였다. 문혁이 시작되기 전까지 베이징방송국, 광둥방송국(廣東電視台), 상하이방송국(上海電視台) 등에서 각각 70여 편, 40여 편, 39편의 생방송드라마가 방송되었다. 문화대혁명기(1966~1976)에는 다른 예술분야와 마찬가지로 드라마도 거의 제작되지 못했다.

이처럼 개혁개방 이전 20여 년간은 중국 드라마의 초창기로서, 드라마는 국가의 정책을 설명하고 여론을 선도하는 정치적 도구였다. 따라서 드라마도 수량이 적고 예술성도 낮았다.

2) 발전기(1978~1991)

이 시기는 문혁이 끝나고 개혁개방 정책이 시작된 1978년부터 개혁개방 정책의 3단계 처리 정돈시기(1988~1991)가 끝나는 1991년까지이다.

중국의 개혁개방 정책은 시기별로 4단계로 나눌 수 있다. 제 1단계는 농촌 지역을 중심으로 이루어진 농업개혁시기(1979~1983)이다. 제2단계는 도시부문의 경제개혁을 중점으로 진행되었으며, 이 단계에서는 기업의 자율성과 효율성을 높이기 위해 가격, 세제, 금융개혁 및 대외무역 활성화 등이 추진된 도시상공업개혁시기(1984~1988)이다. 제3단계는 처리 정돈시기(1988~1991)로, 여러 가지 개혁으로 인한 인플레이션 심리가 조장된 것을 정리한 시기이다. 제4단계는 연안지역을 중심으로 대외개방정책을 적극적으로 실시했던 개혁심화·개방확대시기(1992~1997)이다.

문혁이 끝나면서 중국의 드라마는 서서히 회복되기 시작했다. 특히 눈에 띄는 변화는 드라마의 제작이 늘어난 것이다. 1983년 CCTV에서 방송된 드라마는 428편에 달한다. 종류와 양식, 예술성 면에서도 점차 풍부하고 다채로워졌으며, 형식도 TV 연속극, 다큐멘터리 드라마, 역사인물 드라마, 희극 드라마 등 다양하였다.

그러나 전반적인 창작 면에서 보면 여전히 호전되지 못하고 예술적인 수준도 높지 못했다. 1977년 11월 CCTV가 방송한 유고슬라비아의 <교입적후(巧入敵後)>는 문혁 후 방송된 최초의 외국 드라마였으며, 1978년 4월에는 최초의 칼라TV 드라마 <삼가친(三家親)>이 방영되었다. 그리고 1981년에는 최초의 연속극<적영십팔년(敵營十八年)>이 방송되었는데, 이 드라마는 중국 TV 연속극의 시작을 알린 작품이었다. 이 시기의 드라마는 제재가 협소하고 국가적 사상을 주입하는 도구적 드라마가 대부분이었지만 발전을 위한 디딤돌을 놓은 기간이라 할 수 있다.

<교입적후(巧入敵後)>와<삼가친(三家親)>

중국의 드라마가 본격적으로 발전하기 시작한 것은 개혁개방 정책의 2단계인 도시 부문의 경제개혁 시기부터였다. 도시의 상공업이 발

달하면서 도시민들의 문화적 욕구도 함께 상승하였고, 대중문화로서의 드라마에 대한 수요도 급증하였다. 이에 따라 이 시기에는 드라마의 수량도 대폭적으로 증가하였다. 1989년 전국적으로 2,035편의 드라마가 창작되었는데, 현실을 반영하고 보통 사람들의 헌신을 찬양한 것이 주종을 이루었다. 영상미를 추구하며 등장인물의 성격과 내면세계의 묘사를 중시하는 등 예술적인 면도 크게 향상되었으며, 시청자의 감상을 위한 배려나 반응도 매우 중요시 했다.

문화대혁명이 끝나고 덩샤오핑의 개혁개방정책이 시작되던 1980년대 초, 중국인들에게 큰 감동을 주었던 드라마가 일본의 베이징 침공 역사와 그 속에서 전변하는 인간의 운명을 묘사한 CCTV의 <사세동당(四世同堂)>이었다. 바로 문화대혁명의 희생자였던 라오서(老舍)의 3부작 장편소설을 각색한 이 드라마는 지금까지도 중국 TV드라마의 걸작으로 꼽히며, 장편 TV드라마의 서막을 연 작품으로 평가받는다. 이 드라마는 소인물을 통해 대역사를 서술하는 중국 전통소설의 서사방식을 영상으로 재현한 TV버전이었다.

1980년대 중국 학술계와 문예계는 개혁개방 이후 문화의 방향성에 대해 많은 논쟁을 벌였다. 이러한 문화논쟁은 물밀 듯 밀려오는 서구 문화와 상품경제를 놓고, 내적으로는 전통과 현대, 외적으로는 서구와 중국의 관계를 어떻게 정립하고 해결할 것인가 하는 중국 모더니티의 고민이었다. 따라서 1980년대 중국 TV방송계에 나타난 장사오린(張紹林) 현상도 이러한 사회 분위기에 비추어보면 우연한 사건이 아니었다. 장사오린 현상이란 장사오린 극본에 스링(石零)과 장지중(張紀中)이 각각 편집과 제작을 맡은 드라마 제작팀이 1980년대 중반 이후, 7

년 동안 7편의 CCTV 드라마를 제작했는데, 이 드라마가 모두 전무후무한 시청률을 올리며 중국 TV드라마를 이끈 대중문화현상을 말한다. 이 장사오린의 작품들은 모두 전통과 현대의 갈등과 융합을 다루고 있어 당시 시대 분위기를 잘 반영하였다.

중국 TV드라마 제작의 중심에 있었던 CCTV는 1980년대 중반 이후 중국 4대 고전소설을 드라마로 만들기 시작했다. 1986년 그 첫 작품인 <서유기(西遊記)>가 나왔고, 1987년에는 청대 고전소설 <홍루몽(紅樓夢)>이 제작되면서 '홍학(紅學)'이라 불리던 이 소설에 대한 논쟁이 재연되기도 하였다.

<홍루몽(紅樓夢)>과<서유기(西遊記)>

이처럼 이 시기는 시대성과 예술성을 강렬하게 표현하는 시기였다. 드라마도 현실생활의 모순과 해결해야 할 시대적 정치문제를 깊숙이 파고들었고, 전통과 현대의 충돌 같은 문화적 이슈도 천착하였다. 중국 드라마의 이러한 변화는 드라마에 대한 인식의 전환 때문이라 할 수 있다. 선전 도구로 간주하던 드라마를 대중예술로 인식하기 시작하면서 중국 드라마는 본격적으로 발전하기 시작한 것이다.

3) 홍성기(1992~2010)

홍성기는 개혁개방 정책의 제4단계 개혁심화 및 개방 확대가 시작된 1992년부터 제11차 5개년 경제계획(2006~2010)이 끝나는 2010년까지이다.

개혁개방 이후 자본주의 경제가 활성화 되면서 드라마도 급속히 발전하였다. 드라마 제작의 기술적 진보 뿐 아니라 양적으로도 크게 증가하였는데, 1996년 한 해에만 8,000여 편의 드라마가 제작되었다. 시대성이 강하고 다양한 예술성을 갖춘 우수한 작품들이 대량으로 쏟아져 나옴으로써 드라마 시청 열기도 한층 고조되었다.

대중문화가 본격적으로 성행하기 시작한 90년대는 민중 생활에 대한 표현이 주조를 이루었고, 시장경제 하의 대중적 이상이 범람하던 시기였다. 대중적 통속극이 큰 호응을 받았으며, 드라마의 연속극화가 자리 잡은 시기이기도 했다. 이에 따라 2000년대는 TV에서 드라마가 확고하게 자리를 잡게 되었다. 예술적으로도 성숙해진 드라마가 대중문화의 중심에 섰고, 고급문화와 상호 영향을 끼치면서 중국 드라마가 다원창작 단계에 접어들었다.

중국 드라마가 대중의 정서를 반영하기 시작한 것은 1990년에 방송된 통속극 <갈망(渴望)>부터라고 할 것이다. 이어진 <우리 아빠 우리 엄마(咱爸咱媽)>(1995), <수다쟁이 장다민의 행복한 생활(貧嘴張大民的幸福生活)>(1998), <빈 거울(空鏡子)>(2002), <유로근(劉老根)>(2002), <마대수(馬大帥)>(2004) 등도 민중의 생활을 사실적이고 친근하게 묘사한 생활 이야기로 각광을 받았다. 그리고 <편집부 이

야기(編輯部的故事)>(1992), <우리 집이 좋아(我爱我家)>(1994)에서 <취사반 이야기(炊事班的故事)>(2002), <우리 집 아들딸(家有兒女)>(2005), <무림외전(武林外傳)>(2006) 등에 이르는 코미디를 비롯하여, <三國演義(삼국연의)>에서 <사조영웅전(射雕英雄傳)>등에 이르는 고전소설 드라마와 무협드라마 등은 드라마의 지평을 더욱 확장시켰다. 이 외에 <신성(新星)>(1986), <창천재상(蒼天在上)>(1995), <영웅무회(英雄無悔)>(1996), <화평연대(和平年代)>(1996), <대설무흔(大雪無痕)>(2001), <사병돌격(士兵突擊)>(2006), <과벽모친(戈壁母親)>(2007), <흡동학소년(恰同學少年)>(2007), <틈관동(闖關東)>(2008), <대진제국지열변(大秦帝國之裂變)>(2009), <잠복(潛伏)>(2009), <여명지전(黎明之前)>(2010) 등 내용이 다양하고 예술성도 비교적 뛰어난 작품들도 많이 출현했다.

특히 1991년부터 3년여에 걸쳐 84부작으로 방송된 <삼국연의>는 규모로서는 건국 이후 최고의 대형 드라마였다. 중원 회복의 대통일 역사의식을 드러낸 이 드라마는 인물의 형상을 놓고 각 계층의 다양한 의견과 비판 제기로, 개혁개방 이후 점차 대중 소비문화 속으로 진입하던 중국 사회에 큰 파문을 일으킨 사회적 담화의 주된 텍스트였다.

이어 1998년 CCTV를 통해 방송된 드라마 <수호전(水滸傳)>은 당시 시청률 44%의 기록적인 수치로 중국 시청자의 폭발적인 인기를 끌었다. 광대한 가시청 인구를 가진 중국 TV문화의 위력을 보여주었을 뿐 아니라, 중국 사회와 문예계에 <수호전>의 판본 문제와 그 사상성에 대한 대논쟁을 일으키기도 했다.

CCTV는 시내암(施耐庵), 나관중(羅貫中)의 100회본 <충의수호전

(忠義水滸傳)>을 저본으로 삼았다. 그런데 이 판본은 70회본과 120회
본에 비해 송강(宋江)과 수호 인물들의 반항정신이 현저하게 희석되
어 있을 뿐 아니라 결말도 관군에 투항하는 것으로 끝을 맺는다. 이것
이 논쟁을 일으킨 것이다. 이 100회본은 소설 <수호전>이 보여주는
정신과 거리가 멀며, 농민혁명의 원작 정신을 왜곡시켰다는 일부 학자
들의 강력한 비판에 부딪혔고, 당시 연일 매스컴과 지면을 장식했다.
양산박(梁山泊)의 고향 산둥(山東) 지방에서는 새롭게 <수호전>을 제
작하자는 주장도 나왔다. 혁명 중에 마오쩌둥이 가장 애독한 책으로
알려진 <수호전>은 그동안 자유로운 해석이 어려웠다. 따라서 이러한
논쟁은 개혁개방의 사회 분위기 속에서 방송 드라마를 빌어 학문의 자
유를 표출한 것으로 이해할 수 있다.

이처럼 중국 고전문학의 드라마화는 전통문화의 현대적 해석이라
는 의미 외에, TV영상을 통한 국가이념과 정치적 가치관 형성에 밀접
하게 관계하고 있다. 고전소설 혹은 역사적 사건이나 인물을 각색한
역사극, 그리고 전통문화를 배경으로 하는 시대극 등은 최근까지도 중
국인들에게 단순한 오락물이 아니라 역사에 대한 해석이었다.

2000년대 들어서 CCTV는 드라마의 소재를 고전소설에서 무협소
설로 확대했다. CCTV의 무협드라마 제작은 영화 <와호장룡(臥虎藏
龍)>에 대한 서구의 찬사와 맞물려 중국 관객의 주목을 끌었다. 그 가
운데<소오강호(笑傲江湖)>는 방송 전부터 특히 주목을 받았다. 그것
은 중국인들에게 가장 널리 읽혀지고 있는 진융(金庸) 무협소설의 첫
드라마라는 점에서 더욱 그러했다.<소오강호>의 연출은 제4세대 영
화감독인 황젠중(黃建中)이 맡았으며, 방송 예고가 나간 후부터 엄청

난 논란을 불러일으켰지만 결과적으로 대성공을 거두었다.

이 드라마는 2001년 3월 26일부터 평일 2회씩 방송하여 4월 중순까지 CCTV 제1채널의 황금시간대를 통해 방송된다고 예고되었다. 그러나 예고가 나간 뒤 중국작가협회의 한 좌담회에서, 문학평론가이자 중국예술연구원 원장이었던 리시판(李希凡)이 공개적으로 이 드라마의 방송을 유보해줄 것을 요구했다. 그는 CCTV가<홍루몽>,<삼국연의>,<수호전>을 찍을 때 고문을 맡았으며, 고전문학작품의 각색에 대해 적극적이고 긍정적인 입장이었다. 그러나 무

> 진융은 신필(神筆)로 추앙 받는 무협소설의 최고 작가이다. 1955년 <서검은구록(書劍恩仇錄)>으로 등단한 후 1972년 <녹정기(鹿鼎記)>로 절필하기까지, 내놓는 작품마다 큰 사랑을 받았다. 그의 소설은 대륙을 넘나들며 가슴을 뛰게 하는 장대한 협객 이야기에, 송(宋), 금(金), 원(元), 명(明), 청(淸)의 역사와 동양철학이 절묘하게 버무려진다. 생생한 캐릭터 묘사도 압권이다. 대표작은 <사조영웅전(射雕英雄傳)>, <신조협려(神鵰俠侶)>, <의천도룡기(倚天屠龍記)>, <천룡팔부(天龍八部)>, <녹정기>, <소오강호> 등이다. 진융은 장편 12편, 단편 3편을 썼으며, 그 판매 부수가 모두 합쳐 1억 부를 넘으며, 해적판까지 포함하면 훨씬 웃돌 것이다. 중국에서는 그의 작품을 연구하는 '김학(金學)'이 있을 정도이니, 무협소설의 한계를 뛰어넘어 전통문학의 위치까지 올랐다고 할 수 있다. 미국에서도 그의 작품이 대학 교재에 실리고 각종 토론회가 열리기도 했다.

협물을 찍는 것은 전혀 찬성할 수 없다며 무협소설 속에 나오는 원한과 복수, 폭력과 살인 장면이 일반 시청자들에게 부정적 영향을 끼칠 것이라고 주장했다. 이어서 무협소설에 나오는 파벌은 유심주의(唯心主義) 역사관을 선양하는 것이며, 이처럼 역사적 진실에 위배되는 드라마가 청소년 교육에 이로울 수 없다고 주장했다. 반대 주장도 곧 제기되었다.<소오강호>는 무협소설 가운데 일급에 속하고 정의를 바로 삽고 인격직인 가치를 고취하는 작품으로, 드라마가 원작의 정신을 얼

마나 효과적으로 영상화하느냐가 문제이지, 무협소설의 TV드라마 제작이 문제될 것은 없다는 주장이었다. 이에 CCTV는 <소오강호> 방영 후 각계각층 시청자의 이견을 수렴할 것이라며 일단 방송을 강행하였다. 결과적으로 이 작품은 대성공을 거두었고, 이후로 무협드라마가 붐을 이루며 무협드라마의 전성기가 이어졌다.

그 후 진용 무협소설의 드라마 제작 붐이 일었다. 특히 2003년에 최고조에 달했으니,<사조영웅전>,<의천도룡기>,<서검은구록>,<천룡팔부>,<협객행(俠客行)>,<연성결(連城訣)>등 그의 소설 7편이 중국 시청자의 사랑을 받았다.

      <사조영웅전>   <의천도룡기>   <천룡팔부>

4) 변화기(2011~현재)

이 시기는 중국의 제12차 5개년 경제개혁이 시작된 2011년부터 현재까지이다. 2007년 처음 세상에 나온 아이폰이 국내에 들어온 것은 2009년이며, 삼성전자가 갤럭시 시리즈를 출시한 것은 2010년이다. 이 시기를 전후하여 중국에서도 스마트폰이 도입되었고, 또한, 무선인터넷도 점차 확대되기 시작하였다. 이러한 IT 산업의 발전은 드라마가 TV를 벗어날 수 있는 환경을 만들어주었다. 이전에도 TV 방영이 끝난 드라마가 PC나 CD를 통해 재방영되기도 했지만 모바일 인터넷의 출현은 드라마의 방영 플랫폼을 다변화시키는 결정적인 역할을 했다. 무선인터넷과 스마트폰이 대중화되면서 대중문화 플랫폼이 다양해졌고, 이에 따라 드라마를 독점하던 고전적 TV의 영향력이 약화되기 시작한 것이다. 드라마는 점차 시공간의 제약을 받지 않는 모바일 중심의 동영상 스트리밍으로 옮겨가기 시작했고, TV도 이에 대응하여 IP TV나 스마트 TV로 진화하였다.

이처럼 드라마의 방영 플랫폼이 다양화되면서 TV 드라마와 함께 인터넷에서 방영되는 웹드라마(網劇)가 새롭게 부상하였다. 웹드라마는 시간과 장소에 구애받지 않는 시청 조건으로 인해 드라마 산업을 더욱 성장시켰다. 드라마 산업에 인력과 자본이 모여들면서 드라마의 질적 수준도 더욱 높아지게 되었다. 이제 더 이상 TV와 드라마를 한 단어로 묶는 '電視劇'은 유효하지 않으며, 영화 같은 기타 복제 영상예술과의 경계도 무너지고 있다.

초기 한류의 주역이었던 우리나라 드라마 <사랑이 뭐길래>(1991)나 <대장금>(2003) 등이 우리나라 방영이 끝난 뒤 지역 위성 TV를 통해 방영되었다면 최근의 <상속자들>(2013), <별에서 온 그대>(2013), <태양의 후예>(2016) 등은 모두 유쿠(優酷)나 아치이이(愛奇藝)같은 동영상 플랫폼에서 거의 실시간으로 스트리밍 되면서 폭발적 인기를 끌었다.

유쿠와 투더우(土豆)가 양분하고 있던 중국 동영상 플랫폼 시장에서 후발주자였던 아이치이는 2013년 12월 독점으로 중국 시장에 방송한 <별에서 온 그대>가 대박을 터트리며 시장 판도를 바꿔 놓았다. 아이치이는 우리나라의 드라마 방송 시간대에 맞춰 라이브로 드라마를 제공하면서 시청자들에게 큰 호평을 받았다. 이후 2016년 다시 <태양의 후예>를 독점 방송하며 다시한번 중국 대륙에 한국 드라마 열풍을 불러왔다. <태양의 후예>는 드라마 회당 평균 스트리밍 횟수가 1억 600만 뷰 이상, 누적 스트리밍 횟수 26억 8,500만 뷰를 기록하며 <별에서 온 그대>의 사상 최다 조회 수 기록을 경신했다.

이러한 상황으로 인해 아예 웹 방영을 목표로 한 웹드라마의 제작도 활발해졌다. <도묘필기(盜墓筆記)>(2015)나 <태자비승직기(太子妃升職記)>(2015)는 TV 드라마를 압도하는 큰 인기를 누린 웹드라마이다. 특히 2017년은 '웹드라마의 원년'이라고 할 만큼 웹드라마가 봇물처럼 쏟아져 나왔다. 통계에 따르면, 2017년 출시된 웹드라마는 206편에 달했으며, 이들 작품의 총 조회수는 833억뷰나 되었다. 2017년 히트한 중국 드라마 가운데 30~40%가 웹드라마일 정도로 인기를 끌었다. 더욱 주목할 만한 것은 조회수 못지않게 평점도 높다는 사실이다.

<도묘필기(盜墓筆記)>   <태자비승직기(太子妃升職記)>

중국 웹드라마 최초로 넷플릭스에 진출한 <백야추흉(白夜追兇)>은 리뷰사이트 더우반(豆瓣) 평점 9.0점을 기록했다. 이는 2017년 방영된 중국 드라마를 통틀어 가장 높은 점수다. 그 외 <하신(河神)>, <무증지죄(無證之罪)> 역시 웰메이드 드라마로 인정받은 작품으로, 모두 8점 중반대의 좋은 평가를 받았다.[21)]

2. 중국 드라마의 현황과 미래

1) 중국 드라마의 문제점과
'고정프로 드라마(電視欄目劇)'의 출현

중국 드라마의 발전 추세가 현저하지만 여전히 해결해야 할 문제점도 많다.

우선 중국 드라마의 가장 큰 문제점 가운데 하나는 인기 배우의 작품 독식이다. 이것은 다른 나라의 경우에도 자주 문제가 되지만 중국에서는 같은 분기에 방영하는 드라마의 주인공이 겹치는 경우가 수없이 발생한다. 인기 스타를 캐스팅하면 시장의 불확실성을 줄일 수 있기 때문에 이러한 현상은 대중문화시장의 공통된 문제점이기는 하다. 하지만 중국의 경우는 정도가 심하다고 할 수 있다. 이것은 중국 연예계의 무한 경쟁 때문에 발생한 현상이기도 하다. 중국은 인구만큼이나 연예인도 많고 경쟁도 치열하다. 배우가 자기 계발 시간을 갖고 싶어도 그 배우를 대체할 수많은 신인들이 대기 중이기 때문에 자칫하면 그대로 잊히는 수가 있기 때문이다.

둘째, 제작시스템에 따른 방송사의 황포도 큰 문제 가운데 하나이다. 힘들게 제작했지만 전파를 타지 못하고 창고로 직행하는 드라마들이 무수히 많다. CCTV 같은 대형 방송사나 TVB처럼 오래 전부터 드라마를 제작해 온 방송사가 아니면 보통 드라마 제작사에서 방영권을 구매한 다음 방영한다. 이 과정에서 방송사는 드라마의 단가를 낮추어 제작환경을 낙후시키기도 하고, 시청률에만 집착하여 저급한 드라마를 양산하는 빌미를 제공하기도 한다. 그럼에도 불구하고 한번 제대로 된 작품을 만들기만 하면 큰 수익을 올릴 수 있으므로 투기성 자본이 몰리면서 제작사는 더욱 늘어난다. 이에 제작사 간의 경쟁은 더욱 치열해지고, 방송사의 횡포도 더욱 심하게 된다. 아직까지는 중국의 내수시장이 성장하고 있기에 표면적으로 큰 문제가 없어 보이는데, 중국의 방송 시장이 침체기에 접어들면 큰 문제가 될 것으로 보인다.

셋째, 특정 장르의 고증 오류와 과장된 연출이다. 중일전쟁을 배경으로 하는 드라마에 최신의 무기가 등장하는 것은 차라리 애교스러운 수준이다. SF 영화나 무협 드라마를 방불케 하는 주인공의 전투신은 극적 리얼리티를 떨어드리는 것을 넘어 민망한 수준이다. 일본군이 낙엽처럼 우수수 쓸려가는 장면이나 수류탄으로 비행기를 격추시키는 장면 등 어처구니없는 연출이 많다. 할아버지가 9살 나이에 일본군에게 살해당해서 일본을 싫어한다는 내용의 드라마도 있는데, 이것을 '항일신극(抗日神劇)'이라며 비꼬는 신조어도 생겼다. 거기에다 성인물이나 다름없는 고문, 누드, 강간 등도 자주 등장한다. 요즘에는 많이 나아지긴 했지만 시청률을 의식한 이러한 연출은 여전히 중국 드라마의 문제점 가운데 하나이다.

넷째, 정부의 지나친 규제 및 검열이다. 대륙에 제작된 드라마의 경우 중국 공산당을 찬양하거나 지나친 중화주의의 강조로 보기 거북한 내용들이 심심치 않게 등장한다. 중국 정부에서는 드라마에 외계인, 귀신, 불륜, 마법, 동성애 등의 등장을 금지시켰으며, 또 범죄자가 승리하는 내용, 노출도가 높은 의상 역시 검열의 대상이 된다. 중국 드라마

장르 중 사극이나 무협이 유독 발전한 이유도 이 두 장르에서는 검열이 상대적으로 덜하기 때문이다. 그러나 2018년 6월에 사극과 무협도 규제 대상에 포함시키는 통지를 보냈는데, 전통 사극은 권장하고 역사를 왜곡하는 퓨전판타지 무협은 2019년 전면 금지했다.

이러한 여러 문제점에도 불구하고 중국 드라마는 공전의 발전을 하였다. 초기에는 국가의식이 드라마의 발전을 추동하였지만 현재에는 대중의 기호에 영합하는 다양한 작품들이 많이 출현하고 있다. 아울러 드라마를 통해 중국의 역사와 문화를 선양하고 동시에 실생활을 반영함으로써 중국 대중의 문화생활을 풍성하게 만들어주고 있다. <삼국연의>, <수호전> 등의 사대 역사명저를 비롯하여 <사세동당>, <위성(圍城)> 등의 현대 명저들은 그 대표적 예이다. 또 최근에는 대중성과 예술성을 모두 갖춘 빼어난 작품들이 출현하여 중국대중문화의 질적 수준을 제고시켰다. 2008년에 열풍을 일으켰던 <틈관동(闖關東)>은 역사적 곡절을 잘 묘사하여 몰입하게 할 뿐 아니라 정감 표현도 감동적이다.

그러나 무엇보다 최근에 다양화된 창작 환경과 기존의 틀을 깨는 혁신적 작품들이 많아지고 있다는 점이 눈에 띤다. 이러한 작품들은 드라마의 사회적 영향력을 확대하고 대중의 감수성을 풍부하게 만들었다. 제재와 풍격이 다양해졌을 뿐 아니라 중국 특유의 '고정프로 드라마(電視欄目劇)'가 등장하여 대중문화로서의 오락성과 시사성을 제고시켰다.

'란무(欄目)'는 정해진 시간대에 고정적으로 방송되는 프로그램을 가리킨다. 따라서 '덴스란무쥐(電視欄目劇)'는 다소 어색하지만 '고정프로 드라마' 정도로 번역될 수 있다. 영어로는 'Program Plays' 혹은 'TV Column Plays'로 표기한다. 대략 시트콤(sitcom)과 유사한 성격을 갖고 있으며, 대부분 해당 지역의 방언을 핵심 언어로 하고 때로는 스튜디오의 방청객이 참여하기도 하는 독특한 장르이다.

중국처럼 지역 간 방언의 격차가 심한 나라일수록 지역 방언을 사용하게 되면 그 지역 사람들에게 더욱 친근하게 다가갈 수 있다. 또한, 사회의 일반 뉴스를 극의 소재로 삼기 때문에 시사적인 관심사를 부각시키는 효과도 있어서 시청자들의 환영을 받는다. 연속극과 달리 매회 다른 소재를 다루고 있어 바쁜 현대인의 라이프 스타일에도 적합한 형식이다. 제작자 입장에서 가장 큰 장점은 제작비이다. 중국 드라마 제작비는 다른 나라보다 저렴하다고는 하지만 한 회에 보통 3,000만 원이 넘는다고 한다. 하지만 고정프로 드라마는 그 10% 이하의 비용으로 제작할 수 있다.

이러한 독특한 형식은 TV의 영향력이 강해지고, 그에 따라 드라마도 TV의 특성에 의해 좌우되기 시작하면서 일어난 역사적 변화이다. 고정프로 드라마는 대중적 요구를 수용하여 지역적 특성과 시사적 소재를 활용하여 큰 인기를 얻고 있다. 최초의 고정프로 드라마는 1994년 충칭 지역에서 방송된 <무도야화(霧都夜話)>인데, 이것이 전국적으로 확대되어 하나의 붐을 이루기 시작한 것은 2006년부터로 보인다. 이 시기에는 청두 지역에서만 서로 다른 채널에서 7개의 고정프로 드라마가 방송되었으며, 일부 지역에서는 15개가 한꺼번에 방송될 정도로 크게 유행하였다.

고정프로 드라마의 출현은 사실상 지역 방송사들의 경영상 어려움 때문이었다. 중국 전역에는 약 2,000여 개의 방송사가 있다. 이는 중국에서 과거 현급(縣級) 행정소재지까지 모두 방송국을 만들고자 했던 정책의 산물이다. 이렇게 한번 만들어진 방송국은 적자에도 불구하고 해체하지 못하고 경영상 어려움을 겪고 있었다. 방송 콘텐츠를 제작하거나 구입할 능력이 없는 일부 방송사는 타사 방송 콘텐츠를 몰래 불법 방송하는 사례까지 생겨날 정도였다. 게다가 최근 들어 전국 방송망을 가진 대현 방송사들이 대작 드라마를 제작해 안방극장을 장악하고 있어서 지역 시청자라도 잡으려는 지방 방송사로서는 고정프로 드라마가 더없는 효자 콘텐츠가 된 것이다. 고정프로 드라마는 대형 자본의 대작 콘텐츠 사이에서 분명한 타깃을 설정한 틈새 콘텐츠라고 할 것이다.

2) 뉴미디어의 등장과 드라마의 미래

인터넷이 보편화된 이후 서로 다른 미디어들이 융합하면서 다양한 뉴미디어들이 등장하고 있다. 중국도 예외가 아니다. 뉴미디어 시대에 IP TV나 스마트 TV로 진화하는 가운데 텔레비전 드라마도 적응을 위해 애쓰고 있다.

2019년 6월을 기준으로, 중국 네티즌의 숫자는 8억 5,449만 명이며, 모바일 네티즌도 8억 4,681만 명이나 된다. 여기에 웨이보나 위챗 같은 SNS까지 영향력을 확대하면서 신문, 라디오, 텔레비전 같은 전통 미디어들의 입지가 점차 좁아지고 있다.

「중국시청각신매체발전보고2013(中國視聽新媒體發展報告2013)」

에 따르면, 베이징 지역에서 텔레비전 수상기를 켜는 비율이 3년 전 70%에서 2013년에는 30%로 급격하게 떨어졌다고 한다.[22] 2018년 현재, 중국의 TV 보유 수는 3억 8,707만 대이며, 우리나라의 20배가 넘는 규모지만, 스마트폰의 수요에 밀리고 있다. 텔레비전의 주요 시청자 층은 40세 이상인 반면 스마트폰은 20~30대가 주 사용자다. 이것은 PC나 스마트폰 등 1인 미디어의 성장에 따라 텔레비전 수용자의 사용 빈도가 줄어들고 시청자 연령대가 노령화되었음을 보여 준다.[23]

이에 따라 중국 텔레비전도 변화를 시작했다. 뉴미디어와의 기술 융합을 통해 IP TV, 스마트 TV로 진화하고 있다. IP TV는 텔레비전과 인터넷의 융합이다. 중국에서 IPTV는 2005년 중국전신(中國電信)과 SMG(Shanghai Media Group)가 합자해 상하이에서 처음 면허를 받았고, 다시 SMG와 칭화대학(淸華大學)의 학교기업(校辦企業)인 칭화퉁팡(淸华同方)이 합자해 베스티브이(BesTV)를 설립하였다.

IPTV와 같은 형식의 융합이지만 모션 센서(motion senor)를 사용하고, USB를 통한 녹화도 가능하며, 다양한 앱을 통해 수용자들에게 좀 더 개방된 것이 스마트 TV이다. 광대역 인터넷 서비스가 보편화되면서 2010년부터 중국에서도 스마트 TV가 주목받기 시작했으며, 짧은 기간 동안 급속도로 성장했다. 2013년 스마트 TV의 생산량은 일반 텔레비전 생산량의 50%를 넘어섰고, 판매량도 일반 텔레비전의 45%에 이르고 있다. 한국의 IPTV 시장은 네트워크를 가진 통신사업자가 주체가 되고, 콘텐츠를 공급하는 종합유선방송 사업자와 공생 관계를 맺고 있다. 그러나 중국은 'CCTV의 ICNTV', '후난위성의 후난IPTV',

'SMG의 베스티브이'와 같이 메이저 미디어 그룹들이 주도하고 있다.

새로운 미디어들이 등장하면서 텔레비전 콘텐츠의 대표적인 장르인 드라마도 제작과 유통 등에서 새로운 양상들이 나타나고 있다. 가장 눈에 띄는 변화는 드라마의 방영 플랫폼이 다원화되었다는 것이다. 드라마는 '텔레비전 드라마'라고 불릴 만큼 텔레비전에서만 방영된 콘텐츠였다. 그러나 이제 다양한 미디어에서 방영되는 시대가 되었다. 우리나라 드라마 <상속자들>을 방영했던 유쿠투더우와<별에서 온 그대>와 <태양의 후예>를 방영한 아이치이, 그리고 텐센트와 망고TV 등 동영상 스트리밍 업체들은 거대한 드라마 데이터베이스를 가지고 수용자들이 취향에 따라 선택할 수 있는 서비스를 하고 있다. 그뿐만 아니라 첫 방영권을 두고 지상파 텔레비전과 경쟁하며, 웹에서 성공한 드라마를 다시 지상파에 팔기도 한다.

이러한 상황은 텔레비전의 위기이지만 드라마에게는 오히려 기회라 할 것이다. 텔레비전 영상 장르라는 한정된 이미지를 벗어나 다양한 플랫폼에서 거래되는 문화상품으로서 가치를 더할 수 있기 때문이다. 최근에 드라마와 함께 동명의 게임을 런칭하는 것도 이러한 상황이 가지고 온 변화이다. 주연 배우가 게임 캐릭터 이미지 화보를 촬영하기도 하고, 게임 스토리를 드라마와 연결시키는 식으로 마케팅을 하고 있다. 또 OST 작업에 주연 배우가 참여하는 경향도 이와 무관치 않다. 가수와 배우를 겸하는 멀티테이너들의 활약과 함께 드라마의 방영 플랫폼이 다양해지면서 다양한 문화상품으로 개발되는 것이다. 이것은 드라마를 통한 다양한 대중문화시장을 개척하는 사례라 할 것이다.

이러한 개방형 플랫폼은 보다 근본적인 변화를 이끌어내었다. 그것은 드라마 수용자 대중의 주도권 확보로 나타났다. 과거 중국의 드라마 시청자들은 정치선전의 대상이었고, 포스트 사회주의 이후에도 텔레비전 편성 시간에 맞춰 드라마를 시청해야 하는 수동적인 입장이었다. 그러나 IP TV, 스마트 TV 같은 개방형 플랫폼이 등장하면서 VOD 서비스나 앱을 통해 시공간의 제한 없이 드라마를 취사선택하는 주도권을 쥐게 된 것이다.

또 드라마와 관련한 주체적인 목소리도 내고 있다는 점은 더욱 주목할 부분이다. 사상 통제가 심한 중국에서는 작품과 관련한 담론이 단선적이고 일방적이었다. 그러나 이제 수용자 대중은 드라마를 시청하면서 실시간으로 자신의 의견을 송신자에게 전달할 수 있게 되었다. 인터넷이나 모바일 앱의 댓글, 평점 등과 같은 뉴미디어의 다양한 피드백 방법은 시청자들의 다양한 목소리를 전달할 수 있는 통로가 되었고, 또 실제 작품에도 반영되고 있는 것이다.

2009년 드라마 <달팽이집(蝸居)>의 여주인공 하이자오(海藻)가 고위 공무원의 첩이라는 삶을 선택한 것에 대해 구체적인 맥락이 제시되면서, 이와 관련해 단순한 비판이 아닌 다양한 유관 담론이 형성되기도 했다고 했다. 아울러 이것은 뉴미디어의 등장으로 드라마가 현실과 만나 대중문화로서의 가치를 창조하고 있음을 말해 주는 것으로, 이로써 드라마는 단순히 시청만 하는 문화 상품에서 의제가 있고 논의하는 대상으로 변했다고 주장했다.

이와 함께 웅장한 세트와 섬세한 복식 등 규모 면에서도 대륙의 기상을 보여주는 대작들이 늘어나고 있다는 점도 중국 드라마의 미래를 긍정적으로 예상하게 만든다. 이러한 작품들은 중국의 경제 성장과 함께 해외로도 활발하게 수출되고 있다. 동남아시아의 경우 예전에는 주 시청자가 화교들이었지만 근래에는 현지인들도 관심을 가지게 되었다. 태국, 말레이시아, 싱가포르, 인도네시아는 물론 미국이나 캐나다 등지에도 화교 인구가 상당하기 때문에 이들이 해외의 중요 소비층이다. 최근에는 미국의 영상배급업체 넷플릭스(Netflix)에서도 우리나라와 일본 드라마와 함께 중국 드라마도 자주 올라오고 있는 추세이다.

특히 한자문화권이었던 베트남에서 사극을 중심으로 중국 드라마의 인기가 높다. 유튜브에는 베트남어 자막이 달렸거나 더빙된 중국 드라마들이 많다. 1980년대 말까지 국경에서 국지전을 벌였던 양국이지만, 의외로 베트남은 중국과 문화적으로 가까운데다가 정치 체제도 유사하기 때문에 상대적으로 중국대중문화의 거부감이 덜하다. 현재 베트남 방송에서도 베트남어로 더빙된 중국 사극들이 매우 많이 방송되고 있다.

중국 드라마는 북한에서도 인기가 많다. 중국과 교역이 상대적으로 활발하다보니 중국 인기드라마가 USB를 통해 암암리에 퍼지는 경우가 많다. 북한 TV에서도 중국 드라마는 자주 방송되는 콘텐츠 가운데 하나이다. 중국 드라마 역시 북한의 검열 대상이지만 우리나라 드라마보다는 접근이 훨씬 용이하고 위험 부담도 적으므로 인기를 끄는 것이다.

3) 웹드라마(網劇)의 성장과 영화감독의 진출

2015년을 기점으로 웹드라마의 성장이 두드러지고 있다. 이는 인구에 비해 드라마 채널이 부족하기 때문이다. 중국 뉴미디어 사업의 폭발적인 성장으로 신흥 기업들이 대거 설립되면서 웹드라마 제작 편수와 예산 또한 가파르게 뛰어 오르고 있다. 중국 웹드라마 열풍의 시작을 알린 작품은 <태자비승직기(太子妃升職记)>이다. TV 방영 드라마에 비해 저예산에다 비주류 배우들이 출연했지만 당국의 사전 검열을 받지 않는다는 강점을 살려 기존 TV 드라마에서 다룰 수 없었던 소재와 연출을 선보여 선풍적인 인기를 끌었다. 이처럼 중국 웹드라마는 새로운 소재와 참신한 연출로써 PC와 모바일 이용이 많은 10, 20대의 젊은 층을 주요 타깃으로 하여 성장하고 있다.

그러나 웹드라마 스트리밍 서비스와 위성TV 방송을 동시에 진행하는 작품이 등장하고, 시장도 점차 커지게 되자 기존 드라마 감독들의 반발로 인해 결국 당국의 검열을 받게 되면서 조금 위축되는 양상이다. 그러나 아직도 TV드라마보다는 표현이 상대적으로 자유로우며, 웹 스트리밍 사이트에는 'TV판'과 '미삭제판'으로 나뉘어 서비스되므로 검열로 인한 큰 제한은 없다고 할 수 있다.

2016년에는 주요 뉴미디어 서비스 업체들이 투자하는 웹드라마가 대거 크랭크인 되면서, 이러한 중국의 웹 기반 엔터테인먼트 산업이 더욱 성장할 것으로 기대되고 있다. 그에 따라 영화감독의 웹드라마 진출도 눈에 띈다. 인터넷 동영상플랫폼에서 최근 선보인 웹드라마 작품 리스트를 살펴보면, 천카이거(陈凯歌), 황젠신(黄建新), 저우싱츠(周星驰), 펑샤오강(冯小刚), 천자상(陈嘉上), 자오웨이(赵薇), 쉬징레이(徐静蕾) 등 영화업계의 대가들이 명품 웹드라마 제작의 주력군이 됐음을 알 수 있다. 2017년에 한싼(韩三平) 감독이 <무증지죄(無證之罪)>의 감제(監制)를 맡았고, 관후(管虎) 감독은 <귀취등: 무덤의 비밀

(鬼吹灯之黄皮子坟)>의 연출을 맡았다. 2018년 상반기에 영화감독이 제작에 참여한 웹드라마는 천정다오(陈正道) 감독이 연출한 <결애: 천세대인의 첫사랑(結愛：千岁大人的初恋)>, 왕징(王晶) 감독이 감제한 <모험왕 웨슬리의 푸른 피를 가진 사람(冒险王卫斯理之蓝血人)>, 배우 겸 제작자 류더화(刘德华)가 감제한 <동방화이가(東方華街爾)> 총 세 편이었다.

<귀취등: 무덤의 비밀>　　　<모험왕 웨슬리의 푸른 피를 가진 사람>

대략적인 통계에 의하면, 현재까지 웹드라마 영역에 발을 들여 놓은 영화감독은 20명에 가깝다고 한다. 몇 년 전만 해도 영화감독이 웹드라마를 찍는 일은 전혀 없었다. 2017년만 해도 한싼핑 감독을 비롯한 몇몇 감독만이 시험 삼아 도전하는 정도였다. 하지만 2018년부터는 분위기가 달라졌다. 영화감독들이 웹드라마 진출에 꽤 적극적이다. 우선은 직접 연출보다는 감제(監制)를 맡고 있는데, 이는 시장성을 탐색하는 과정으로 보인다. 일반적으로 웹드라마는 제작기간이 매우 짧기 때문에 이미 지위와 명성을 가진 영화감독들이 그만큼의 시간과 에너지를 투자하기 쉽지 않다. 그래서 우선은 비교적 가벼운 감제의 역할을 선택한다고 볼 수 있다.

인재의 이동은 곧 향후 산업의 발전 방향을 보여주는 것이다. 영화

감독들의 웹드라마 시장 진출은 현재 영상산업이 온라인 콘텐츠 영역을 중심으로 발전하고 있음을 반영한다. 2016년 무렵부터 웹 드라마의 규모가 TV드라마를 따라잡았다는 이야기가 나오기 시작했고, 이에 대해 줄곧 의견이 분분했다. 2017년에는 더우반(豆瓣) 평점 TOP10 드라마 중에서 <백야추흉(白夜追凶)>, <일기동과창2(一起同過窗2)>, <사마의: 미완의 책사(大军师司马懿之军师联盟)>, <안녕, 우리들의 시간(你好 , 旧时光)>, <하신(河神)>, <무증지죄>등 총 6작품이 웹드라마였다.

<사마의: 미완의 책사>　　　　　<안녕, 우리들의 시간>

영화감독들이 제작에 참여한 웹드라마를 보면, 대부분 분량이 짧고 내용이 세련된 형태의 우수한 작품들이다. 중국의 웹드라마는 한국과 달리 장편 TV드라마와 영화의 중간 정도 분량이다. 영화감독들은 웹드라마를 통해 주요 시청자인 젊은 층의 취향과 온라인 특유의 감각을 담아내려고 노력하고 있다. 영화감독들에게 웹드라마는 스크린에 담을 수 없는 이야기들을 공유할 수 있는 새로운 창작 공간이면서 대중문화 주 소비계층과 직접 교감하는 소통의 장이기도 한 것이다. 이처럼 현재 웹드라마 시장은 점점 성숙되고 있는데, 제작비나 제작규모의 확대, 인재의 영입 등 전체적인 발전 추세가 확연하다.

3. 최근의 중국 인기 드라마

1) 개혁개방 40년 경전 드라마 40편

한편, 2018년 10월에 '2018년 베이징 드라마 교역회(추계)(2018年 北京电视剧交易会(秋季)'의 '중국 드라마 발전 베이징논단(中国电视 剧发展北京论坛)'에서 '경축 개혁개방 40년 40부 경전 드라마(庆祝 改革开放四十年40部经典电视剧)'를 발표했다.

차례	연도	제목	비고
1	1981	<적영십팔년 (敌营十八年)>	9부작 / 王扶林, 都郁 연출 / 张连文, 刘玉 등 출연 / 중국 공산당의 혁명 투쟁을 다룬 전쟁 드라마
2	1982	<덧없는 세월 (蹉跎岁月)>	6부작 / 蔡晓晴 연출 / 赵越, 肖雄, 郭旭新 등 출연 / 예신(叶辛)의 동명소설이 원작이며, 상하이 출신의 즈칭(智青)이 구이저우(贵州)의 한 시골로 내려가 겪는 이야기를 다룬 드라마
3	1982	<빨주노초파남보 (赤橙黄绿青蓝紫)>	3부작 / 王扶林 연출 / 晨原 편극 / 陈宝国, 夏立言, 李小力 등 출연 / 장쯔룽(蒋子龙)의 동명소설을 개편한 것으로, 문화대혁명의 고난을 겪은 청년들이 미래를 개척해나가는 꿈과 사랑을 그린 드라마

4	1983	\<고산 아래의 화환 (高山下的花环)\>	3부작 / 滕敬德 연출 / 李岚、朱建民, 周里京, 白珊, 王同乐 등 출연 / 리춘바오(李存葆)의 동명소설을 개편한 것으로, 국경을 지키는 군인들의 사투와 애환을 그린 군대 드라마
5	1985	\<사세동당(四世同堂)\>	28부작 / 林汝为 연출 / 邵华, 郑邦玉, 李维康, 李婉芬, 高维启, 赵宝刚 등 출연 / 라오서(老舍)의 동명소설이 원작이며, 일본의 베이징침략이 시작된 1937년 7.7 사변을 배경으로 한 기(祁)씨 집안의 이야기를 다룬 드라마
6	1986	\<서유기(西遊記)\>	25부작 / 杨洁 연출 / 六小龄童, 马德华, 闫怀礼, 汪粤, 徐少华, 迟重瑞 등 출연 / 4대 기서중 하나인 \<서유기\>를 원작으로 한 드라마
7	1987	\<홍루몽(紅樓夢)\>	36부작 / 王扶林 연출 / 欧阳奋强, 陈晓旭, 张莉, 邓婕, 郑铮, 郭宵珍 등 출연 / 조설근(曹雪芹)의 동명소설을 원작으로 한 역사 드라마
8	1987	\<편의경찰 (便衣警察)\>	12부작 / 林汝为 연출 / 海岩 극본 / 胡亚捷, 谭小燕, 宋春丽, 白志迪, 丁芯, 廖京生 등 출연 / 누명을 쓴 경찰 이야기를 다룬 드라마
9	1990	\<갈망(渴望)\>	50부작 / 鲁晓威 연출 / 李晓明 극본 / 李雪健, 张凯丽, 孙松, 黄梅莹, 韩影, 蓝天野 등 출연 / 삼각관계의 치정을 다룬 전형적인 멜로극으로서, 중국 드라마의 통속극 시대를 열어준 기념비적 드라마

10	1990	<위성(圍城)>	10부작 / 黄蜀芹 연출 / 陈道明, 吕丽萍, 史兰芽, 李媛媛, 葛优, 英达 등 출연 / 첸중수(钱锺书)의 동명 소설을 원작으로 하여 상하이 고도시기(1937~1941)에 상하이에서 살아가는 사람들의 이야기를 다룬 드라마
11	1991	<편집부 이야기 (编辑部的故事)>	25부작 / 赵宝刚 연출 / 葛优, 吕丽萍, 侯耀华, 吕齐, 张瞳, 童正维 등 출연 / 잡지 편집부 사람들의 따뜻한 이야기를 다룬 드라마
12	1991	<외래매(外來妹)>	10부작 / 成浩 연출 / 陈小艺, 汤镇宗, 李婷, 杨青, 白珊 등 출연 / 시골에서 광동으로 일하러 온 6명의 여자 이야기를 그린 드라마
13	1993	<뉴욕의 북경인 (北京人在纽约)>	21부작 / 郑晓龙, 冯小刚 연출 / 姜文, 严晓频, 王姬, 马晓晴, 戴博 등 출연 / 한 베이징인의 뉴욕에서의 분투와 생존 스토리를 그린 드라마
14	1994	<삼국연의 (三國演義)>	84부작 / 王扶林 연출 / 唐国强, 鲍国安, 孙彦军, 陆树铭, 吕中 등 출연 / 나관중의 <삼국지연의>를 원작으로 한 대하 드라마
15	1995	<사랑하는 나의 집 (我爱我家)>	120부작 / 英达 연출 / 梁左, 王朔, 英壮 극본 / 文兴宇, 宋丹丹, 杨立新, 关凌, 梁天, 赵明明 등 출연 / 90년대 개혁개방의 물결이 밀어닥치는 베이징을 배경으로 시련을 헤쳐 가는 한 가정과 그 이웃들의 이야기를 그린 드라마
16	1997	<현장주임 (车间主任)>	19부작 / 巴特尔 연출 / 王奎荣, 李幼斌, 杜松 등 출연 / 기계공장의 현장주임을 통해 산업현장의 문제와 근로자들의 애환을 다룬 드라마

17	1998	<수호전(水滸傳)>	43부작 / 张绍林 연출 / 杨争光, 冉平 편극 / 李雪健, 周野芒, 臧金生, 丁海峰, 赵小锐 등 출연 / 명대(明代) 시내암(施耐庵)의 동명소설을 개편한 고전소설 드라마
18	1999	<옹정왕조 (雍正王朝)>	44부작 / 胡玫 연출 / 刘和平 극본 / 二月河 원작 / 唐国强, 焦晃, 杜雨露, 蔡鸿翔, 赵毅, 徐明 등 출연 / 청 강희제의 뒤를 이어 중국을 다스린 옹정제 이야기를 그린 드라마
19	2001	<격정이 불타는 세월 (激情燃烧的岁月)>	22부작 / 康洪雷 연출 / 陈枰 극본 / 孙海英, 吕丽萍 등 출연 / 스중산(石中山)의 소설 <부친진성(父亲进城)>이 원작이며, 농민 출신 군인과 그 가족의 생활을 그린 드라마
20	2001	<대택문 (大宅门)>	40부작 / 郭宝昌 연출 및 극본 / 陈宝国, 刘佩琦, 斯琴高娃, 蒋雯丽, 何赛飞, 张丰毅 등 출연 / 대가족의 흥망성쇠를 다룬 현대판 '홍루몽' 이야기
21	2001	<장정(长征)>	20부작 / 唐国强, 舒崇福, 金韬, 陆涛 연출 / 唐国强, 刘劲, 王伍福, 郑强, 张士会, 张再新 등 출연 / 마오쩌둥의 대장정을 그린 드라마
22	2005	<량검(亮劍)>	30부작 / 张前, 陈健 연출 / 李幼斌, 何政军, 张光北, 童蕾, 孙俪, 战卫华 등 출연 / 두량(都梁)의 동명 소설이 원작으로서 40년대 중국의 항일전쟁을 다룬 전쟁 드라마
23	2006	<사병돌격 (士兵突擊)>	30부작 / 康洪雷 연출 / 兰小龙 극본 / 王宝强, 段奕宏, 陈思成, 张译, 李博, 邢佳栋 등 출연 / 한 평범한 중국 군인의 감동 스토리를 다룬 드라마

24	2007	<분투(奮鬪)>	32부작 / 赵宝刚 감독 / 石康 극본 / 佟大为, 马伊俐, 李小璐, 文章, 王珞丹, 朱雨辰 등 출연 / 대학을 졸업하고 사회에 첫발을 내딛는 젊은이들의 사랑과 우정, 그리고 사회 도전기를 그린 드라마
25	2007	<금혼(金婚)>	50부작 / 郑晓龙 연출 / 王宛平 극본 / 张国立, 蒋雯丽, 沈傲君, 林永健, 李菁菁, 苗乙乙 등 출연 / 한 평범한 부부의 50년간의 결혼 이야기를 다룬 드라마
26	2007	<대명왕조 (大明王朝1566)>	46부작 / 张黎 연출 / 陈宝国, 黄志忠, 王庆祥, 倪大红 등 출연 / 명대 가정(嘉靖) 연간의 해서(海瑞) 이야기를 다룬 역사 드라마
27	2008	<틈관동 (闖關東)>	52부작 / 王敏总 기획 / 张新建, 孔笙 연출 / 高满堂, 孙建业 편극 / 李幼斌, 萨日娜, 小宋佳, 朱亚文 등 출연 / 청말(清末)에서 9.18사변까지의 '틈관동'24)을 다룬 민중 드라마
28	2009	<잠복(潛伏)>	30부작 / 姜伟, 付玮 연출 / 孙红雷, 姚晨, 祖峰, 沈傲君 등 출연 / 룽이(龙一)의 동명 단편소설을 편극한 민국 시기 배경의 첩보 드라마
29	2009	<나의 단장 나의 단 (我的团长我的团)>	43부작 / 康洪雷 연출 / 段奕宏, 张译, 张国强, 邢佳栋 등 출연 / 란샤오룽(兰晓龙)의 동명소설을 편극한 것으로, 1942년 민군이 연합하여 벌인 항일투쟁을 다룬 드라마
30	2009	<며느리 전성시대 (媳妇的美好时代)>	36부작 / 刘江 연출 / 海清, 黄海波, 柏寒, 林申 등 출연 / 바링허우의 결혼관을 보여주는 도시 가족의 고부관계를 그린 가족 드라마

31	2012	<원저우일가 (溫州一家人)>	36부작 / 孔笙, 李雪 연출 / 高满堂 편극 / 李立群, 殷桃, 张译, 迟蓬 등 출연 / 개혁개방 30년의 역사가 담긴 한 평범한 원저우(溫州) 사람의 창업기
32	2013	<노유소의 (老有所依)>	41부작 / 赵宝刚, 侣皓喆 연출 / 刘涛, 张铎, 乔振宇, 王倩一 등 출연 / 가정과 온정을 주제로 한 인물들의 소소한 생활 이야기를 다룬 감성 드라마
33	2014	<북평무전사 (北平無戰事)>	53부작 / 孔笙, 李雪 연출 / 刘和平 편극 / 刘烨, 陈宝国, 焦晃, 倪大红, 王庆祥, 程煜, 廖凡, 董勇, 沈佳妮, 祖峰 등 출연 / 류허핑(刘和平)의 동명소설을 편극한 것으로, 1948년 국민당 공군에 잠입한 공산당 지하당원의 투쟁을 다룬 드라마
34	2015	<랑야방 (琅琊榜)>	54부작 / 由孔笙, 李雪 연출 / 胡歌, 刘涛, 王凯, 黄维德, 陈龙, 吴磊, 高鑫 등 출연 / 하이옌(海宴)의 동명 인터넷소설을 편극한 것으로 위진남북조(魏晉南北朝) 시대를 배경으로 한 무협 역사 드라마
35	2015	<평범한 세계 (平凡的世界)>	56부작 / 毛卫宁 연출 / 王雷, 佟丽娅, 袁弘, 李小萌 등 출연 / 루야오(路遥)의 동명소설을 개편한 것으로, 현실의 고난을 헤쳐 나가는 두 형제의 인생을 다룬 농촌 드라마
36	2015	<정만사합원 (情滿四合院)>	46부작 / 刘家成 연출 / 王之理 편극 / 何冰, 郝蕾, 海一天, 卫紫冰 등 출연 / 베이징 사합원(四合院)을 배경으로 그 곳에서 살아가는 사람들의 이야기를 그린 드라마

37	2016	<환락송 (歡樂頌)>	42부작 / 侯鸿亮 제작 / 孔笙, 简川訸 연출 / 袁子弹 극본 / 刘涛, 蒋欣, 王子文, 杨紫, 乔欣, 祖峰, 王凯, 靳东 등 출연 / 아나이(阿耐)의 동명소설을 편극한 것으로 환락송이라는 아파트에 사는 다섯 명의 젊은 여성들의 이야기를 다룬 드라마
38	2016	<해당의구 (海棠依舊)>	41부작 / 陈力 연출 / 孙维民, 唐国强, 王伍福, 杨步亭, 卢奇, 黄薇, 赵力强, 马晓伟, 丁柳元, 曾一萱 등 출연 / 저우빙더(周秉德)의 <나의 백부 저우인라이(我的伯父周恩来)>를 편극한 것으로, 저우인라이 총리의 생애를 다룬 전기 드라마
39	2017	<백록원 (白鹿原)>	77부작 / 刘进 연출 / 张嘉译, 何冰, 秦海璐, 刘佩琦, 李洪涛, 戈治均, 雷佳音, 翟天临, 李沁, 姬他, 邓伦, 王骁, 孙铱 등 출연 / 백록촌(白鹿村)을 배경으로 펼쳐지는 백(白)씨와 녹(鹿)씨 양 집안의 조손삼대(祖孫三代)에 걸친 애정과 갈등을 다룬 시대극
40	2017	<계모비상천 (鷄毛飛上天)>	55부작 / 余丁 연출 / 张译, 殷桃, 陶泽如, 张佳宁, 高姝瑶, 花昆, 林伊婷 등 출연 / 저장성 이우(义乌)의 전설적인 창업가 천장허(陈江河)와 부인 뤄위주(骆玉珠)의 30년에 걸친 창업 스토리

한편, 2008년 12월에는 개혁개방 30주년을 기념하여 열린 '중국드라마 회고 30년(国劇盛典·回响30年)' 행사에서 가장 영향력 있는 드라마 30편을 선정했다. '중국 TV드라마 빛나는 30년(中国电视剧辉煌三十年)'을 기념하기 위한 행사로, 전국 시청자들이 선정한 '중국 TV드라마 30년 가장 영향력 있는 드라마(国劇30年最具影响力电视剧)' 30편을 선정하여 2008년 12월 29일 런민대학(人民大学) 루이강당(如论讲堂)에서 시상식을 열었다. 그 명단을 보면 <분투>, <금혼>, <무림외전(武林外傳)>, <사병돌격>, <천룡팔부(天龍八部)>, <량검>, <류라오근(刘老根)>, <격정이 불타는 세월>, <대택문>, <장정>, <영불명목(永不瞑目)>, <강희미복사방기(康熙微服私訪記)>, <황제의 딸(还珠格格)>, <옹정왕조>, <재상류라과(宰相劉羅鍋)>, <삼국연의>, <견수(牽手)>, <경도기사(京都紀事)>, <사랑하는 나의 집>, <뉴욕의 북경인)>, <편집부 이야기>, <외래매>, <갈망>, <위성>, <울타리, 여인과 개(篱笆, 女人和狗)>, <서유기>, <홍루몽>, <편의경찰>, <사세동당>, <덧없는 세월> 등이다.25) 이 가운데 상기 표와 중복되지 않는 드라마는 다음의 10편이다.

차례	연도	제목	비고
1	2005	<무림외전 (武林外傳)>	80부작 / 尚敬 연출 / 宁财神 극본 / 闫妮, 玉沙溢, 喻恩泰, 姚晨, 倪虹洁, 肖剑 등 출연 / 객잔을 무대로 한 새로운 형식의 무림 시트콤
2	2003	<천룡팔부 (天龍八部)>	40부작 / 张纪中 제작 / 周晓文 연출 / 胡军, 林志颖, 刘亦菲, 高虎, 钟丽缇, 汤镇宗 등 출연 / 진용(金庸)의 동명 무협소설을 각색한 무협 드라마
3	2002	<류라오근 (刘老根)>	18부작 / 赵本山 연출 / 赵本山, 范伟, 高秀敏, 李静, 王玥, 何庆魁 등 출연 / 현대의 농촌 사회를 그린 농촌 드라마
4	2000	<영불명목 (永不瞑目)>	32부작 / 赵宝刚 연출 / 海岩 극본 및 원작 / 陆毅, 苏瑾, 袁立, 兰刘斌, 韩童生, 舒耀瑄 등 출연 / 마약을 뿌리 뽑으려는 여경관의 사투를 다룬 범죄 수사물
5	1999	<견수(牽手)>	18부작 / 杨阳 연출 / 王海鸰 극본 / 吴若甫, 俞飞鸿, 蒋雯丽, 张草, 马文忠, 林鹏 등 출연 / 현대의 부부들이 직면한 혼인생활의 위기를 다룬 드라마
6	1998	<황제의 딸 (还珠格格)>	24부작 / 孙树培 연출 / 琼瑶 극본 및 원작 / 赵薇, 林心如, 苏有朋, 周杰, 范冰冰, 张铁林, 戴春荣 등 출연 / 강희제의 순유 시 낳은 딸이 궁으로 돌아오는 이야기로서, <황제의 딸>이라는 제목으로 우리나라에서도 인기리에 방영되었던 드라마
7	1997	<강희미복사방기 (康熙微服私訪記)>	30부작 / 张国立 연출 / 张国立, 邓婕, 赵亮, 刘淼, 侯堃, 陶红 등 출연 / 청 강희제의 암행에 관한 에피소드를 다룬 드라마

8	1996	<재상류라과(宰相劉羅鍋)>	40부작 / 石零, 张子恩 여출 / 李保田, 张国立, 王刚, 邓婕 , 李丁 등 출연 / 청대 유명 서예가이자 정치가인 유용(刘墉)을 다룬 역사 드라마
9	1994	<경도기사(京都紀事)>	100부작 / 尤小刚, 陶玲玲 연출 / 李晓明, 陈燕民 극본 / 邬倩倩, 石兆琪, 刘文治, 李媛媛, 刘威, 刘蓓 등 출연 / 서로 다른 다섯 가정의 도시 생활을 다룬 드라마
10	1989	<울타리, 여인과 개(籬笆, 女人和狗)>	12부작 / 陈雨中 연출 / 田成仁, 吴玉莲, 吴啸华 등 출연 / 한즈쥔(韩志君)의 소설 <운명4중주(命运四重奏)>를 편극한 것으로 산골 아낙이 이혼하고 새로운 생활을 찾아가는 이야기를 다룬 드라마

이상 '개혁개방 40년의 경전 드라마 40편'과 '개혁개방 30년의 가장 영향력 있는 드라마 30편'을 살펴보면, <분투>, <금혼>, <사병돌격>, <량검>, <격정이 불타는 세월>, <대택문>, <장정>, <옹정왕조>, <삼국연의>, <사랑하는 나의 집>, <뉴욕의 북경인)>, <편집부 이야기>, <외래매>, <갈망>, <위성>, <서유기>, <홍루몽>, <편의경찰>, <사세동당>, <덧없는 세월> 등 20편이 두 곳 모두 선정되었다. 이렇게 중복된 드라마를 제하면 총 50편이 개혁개방 이후 현재까지 중국을 대표하는 드라마라 할 수 있겠다.

2008년 개혁개방 30년 행사에서는 중국 드라마의 '가장 영향력 있는 인물 30인'도 선정했는데, 작가는 하이옌(海岩)만 선정되었고, 감독으로는 왕푸린(王扶林), 자오바오강(赵宝刚), 가오시시(高希希), 정사오룽(郑晓龙), 유샤오강(尤小刚), 후매이(胡玫), 궈바오창(郭宝昌), 장지중(张纪中), 자오번산(赵本山) 등 9명, 배우는 장궈리(张国立), 전다오밍(陈道明), 천바오궈(陈宝国), 천젠빈(陈建斌), 장원리(蒋雯丽), 류샤오링퉁(六小龄童), 자오웨이(赵薇), 덩제(邓婕), 숭춘리(宋春丽), 천샤오이(陈小艺), 탕궈챵(唐国强), 쓰친가오와(斯琴高娃), 숭단단(宋丹丹), 뤼리핑(吕丽萍), 리유빈(李幼斌), 리쉐젠(李雪健), 리바톈(李保田), 왕강(王刚), 쑨하이잉(孙海英), 쑨홍레이(孙红雷) 등 20명이다.

2) 최근의 인기 드라마

<후난위성방송 망궈라오(湖南衛視芒果撈)>가 정리한 '2011년부터 지금(2018년 하반기)까지의 바이두 지수 백만 이상 돌파 텔레비전 드라마(2011年至今百度指數峰值破百萬的電視劇)'를 보면 최근의 가장 인기 있는 드라마를 확인할 수 있다. 2011년 이후 방영된 드라마를 대상으로 한 이 조사에서는 다음과 같이 총 58편의 드라마가 바이두 지수 백만 이상을 기록했다.

차례	연도	제목	비고
1	2014	<사랑의 아파트4 (爱情公寓4)>	24부작 / 韦正 연출 / 汪远 극본 / 陈赫, 娄艺潇, 孙艺洲, 李金铭, 王传君, 邓家佳 등 출연 / 청춘 시트콤 드라마 '사랑의 아파트' 네 번째 시리즈
2	2013	<별에서 온 그대 (來自星星的你)>	21부작 / 장태유 연출 / 박지은 극본/ 김수현, 전지현 등 주연 / 시공을 초월하는 사랑을 그린 우리나라 드라마

3	2017	<인민의 이름 (人民的名義)>	52부작 / 李路 연출, 周梅森 극본 / 陆毅, 张丰毅, 吴刚, 许亚军, 张志坚, 柯蓝, 胡静, 张凯丽 등 출연 / 부패와 맞서며 정의를 실현하는 중국 검찰 이야기를 다룬 드라마
4	2015	<화천골(花千骨)>	58부작 / 林玉芬, 高林豹, 梁胜权 연출 / 霍建华, 赵丽颖, 蒋欣, 杨烁, 张丹峰, 马可, 李纯 등 출연 / 프레쉬궈궈(fresh果果)의 동명소설을 편극한 것으로 화천골(花千骨)이라는 한 소녀의 성장 드라마
5	2015	<도묘필기 (盗墓筆記)>	12부작 / 郑保瑞, 罗永昌 연출 / 李易峰, 杨洋, 唐嫣, 刘天佐, 张智尧, 魏巍 등 출연 / 2014년 欢瑞世纪影视传媒股份有限公司가 제작한 웹드라마로서, 난파이산수(南派三叔)의 동명소설을 개편한 문화재 도굴 소재의 작품이다. 이 극은 2015년 6월에 아이치이(爱奇艺)를 통해 방영되어 30억 뷰 가까운 방영량을 기록한 최고의 웹드라마이다.
6	2012	<사랑의 아파트3 (爱情公寓3)>	24부작 / 韦正 연출 / 汪远 극본 / 王传君, 邓家佳, 陈赫, 娄艺潇, 孙艺洲, 李金铭, 金世佳 등 출연 / 청춘 시트콤 드라마 '사랑의 아파트' 세 번째 시리즈
7	2017	<고방부자상 (孤芳不自賞)>	62부작 / 鞠觉亮 연출 / 钟汉良, 杨颖, 甘婷婷, 孙艺洲, 于波, 麦迪娜 등 출연 / 펑룽(风弄)의 동명 제후(帝后) 소설을 편극한 고전 무협 애정극
8	2015	<마이 선샤인 (何以籬笙默)>	32부작 / 刘俊杰 연출 / 顾漫, 墨宝非宝 극본 / 钟汉良, 唐嫣领 등 출연 / 구만(顾漫)의 동명소설을 편극한 애정 드라마

9	2017	<대당영요 (大唐榮耀)>	60부작 / 刘国楠, 尹涛 연출 / 景甜, 任嘉伦, 万茜, 舒畅, 于小伟, 秦俊杰, 茅子俊 등 출연 / 창밍수이(沧溟水)의 소설<大唐后妃传之珍珠传奇>를 개편한 역사극으로, 오흥(吳兴)의 재녀(才女) 심진주(沈珍珠)의 투쟁과 역경을 그린 드라마
10	2017	<삼생삼세십리도화 (三生三世十里桃花)>	58부작 / 林玉芬 연출 / 杨幂, 赵又廷, 张智尧, 迪丽热巴, 高伟光, 黄梦莹 등 출연 / 탕치궁쯔(唐七公子)의 동명 소설을 개편한 것으로 삼생에 걸친 사랑 이야기를 다룬 드라마
11	2017	<나의 전반생 (我的前半生)>	42부작 / 沈严 연출 / 靳东, 马伊琍, 袁泉, 雷佳音, 吴越 등 출연 / 갑작스러운 이혼 후, 여러 어려움을 겪으면서 성장해 가는 여주인공의 모습을 그린 드라마
12	2014	<고검기담 (古劍奇譚)>	52부작 / 梁胜权, 黄俊文 연출 / 杨幂, 李易峰, 郑爽, 马天宇, 乔振宇, 钟欣潼 등 출연 / 동명의 게임 「古劍奇譚: 琴心剑魄今何在」를 편극한 고전 애정 무협 드라마
13	2016	<미미일소흔경성 (微微一笑很倾城)>	30부작 / 林玉芬 연출 / 杨洋, 郑爽, 毛晓彤, 白宇, 牛骏峰, 郑业成, 崔航 등 출연 / 온라인 게임에서 만난 남녀가 현실 세계에서 서로 사랑에 빠지게 되는 과정을 다룬 드라마
14	2016	<환락송(歡樂頌)>	'개혁개방 40년 경전 드라마 40부' 참고
15	2015	<랑야방(琅琊榜)>	'개혁개방 40년 경전 드라마 40부' 참고

16	2017	<초교전(楚喬傳)>	67부작 / 吳锦源 연출 / 嘉纹, 杨涛, 陈岚 편극 /赵丽颖, 林更新, 窦骁, 李沁领 등 훌연 / 潇湘冬儿의 소설<11处特工皇妃>를 개편한 것으로, 서위(西魏) 시대의 난세에 특출한 여 노비 초교(楚喬)의 사랑과 투쟁을 그린 드라마
17	2016	<청운지(靑雲志)>	55부작 / 朱锐斌, 刘国辉, 周远舟, 朱少杰 연출 / 李易峰, 赵丽颖, 杨紫, 成毅, 秦俊杰, 茅子俊 등 출연 / 어린 시절 청운문(靑雲門)이리는 곳에 갇힌 주인공이 그곳에서 만난 친구들과 함께 착한 이들을 돕고 나쁜 요괴들을 해치우면서 고난을 극복하며 성장하는 이야기를 그린 드라마
18	2011	<보보경심 (步步驚心)>	35부작 / 李国立 연출 / 刘诗诗, 吴奇隆, 郑嘉颖, 袁弘, 林更新 등 출연 / 통화(桐华)의 동명소설을 편극한 것으로 중국의 대표적인 타임슬립 드라마26)
19	2016	<금수미앙 (錦繡未央)>	54부작 / 李慧珠 연출 / 唐嫣, 罗晋, 吳建豪, 毛晓彤, 李心艾 등 출연 / 친젠(秦简)의 동명소설을 편극한 역사 드라마
20	2016	<친애하는 통역관 (親愛的翻譯官)>	44부작 / 王迎 연출 / 杨幂, 黄轩 등 출연 / 머우쥐안(缪娟)의 소설 <통역관(翻译官)>을 편극한 것으로 통역대학원에서 벌어지는 사랑 이야기를 다룬 애정 드라마

21	2016	<태양의 후예 (太陽的後裔)>	16부작 / 이응복, 백상훈 연출 / 김은숙, 김원석 극본 / 송중기, 송혜교 등 출연 / 낯선 땅 극한의 환경 속에서 사랑과 성공을 꿈꾸는 젊은 군인과 의사들을 통해 삶의 가치를 담아낸 우리나라의 휴먼 멜로 드라마
22	2016	<노구문(老九門)>	48부작 / 梁胜权, 何澍培, 黄俊文 연출 / 陈伟霆, 张艺兴, 赵丽颖 등 출연 / 난파이싼수(南派三叔)의 동명소설을 편극한 항일 역사 드라마
23	2016	<구주천공성 (九州天空城)>	28부작 / 杨磊 연출 / 张若昀, 关晓彤, 刘畅, 鞠婧祎, 陈若轩 등 출연 / 탕췌(唐缺)의 동명 SF소설을 편극한 판타지 SF 드라마
24	2011	<나혼시대 (裸婚时代)>	30부작 / 滕华涛 연출 / 文章 극본 / 文章, 姚笛, 张凯丽, 丁嘉丽, 韩童生, 万茜 등 출연 / 바링허우(80后) 인터넷 작가 탕신톈(唐欣恬)의 소설 <裸婚: 80后的新结婚时代>를 편극한 것으로 경제적 어려움을 겪고 있는 젊은이들의 결혼 풍속을 그려낸 드라마
25	2013	<어린 아빠(小爸爸)>	33부작 / 文章 연출 / 文章, 马伊琍, 朱佳煜, 王耀庆执 등 출연 / 아이와 젊은 아빠의 이야기를 그린 도시 드라마
26	2011	<아내의 유혹 (回家的誘惑)>	74부작 / 林添一 연출 / 秋瓷炫, 李彩桦, 凌潇肃, 迟帅 등 출연 / 우리나라 드라마 <아내의 유혹>을 리메이크한 드라마

27	2014	<샨샨이 왔다 (杉杉來了)>	34부작 / 刘俊杰 연출 / 张翰, 赵丽颖, 黄明, 李呈媛, 张杨果而, 百克力 등 출연 / 구만(顾漫)의 단편소설 <杉杉来吃>를 편극한 도시 애정 드라마
28	2017	<용주전기 (龍珠傳奇)>	90부작 / 朱少杰, 周远舟 연출 / 杨紫, 秦俊杰, 舒畅, 茅子俊, 斯琴高娃, 韩承羽, 刘学义, 孙蔚 등 출연 / 원명이 <용주전기지무간도(龍珠傳奇之無間道)>인 웹드라마로서, 2017년 5월 7일에 유쿠(优酷)와 텐센트비디오(腾讯视频)에서 첫 방영되었고, 그 다음 날인 5월 8일에 베이징위성티비(北京卫视)와 안후이위성티비(安徽卫视)에서 방영되었다. 명(明)나라의 마지막 공주 주역환(朱易歡)과 소년 강희(康熙)의 애증을 다룬 역사 드라마이다.
29	2015	<마이선샤인 (克拉戀人)>	68부작 / 陈铭章 연출 / 唐嫣, 郑智薰, 罗晋, 迪丽热巴, 姚奕辰 등 출연 / 우리나라 가수 '비'가 남자주인공으로 등장하며, 외모 콤플렉스를 가진 여자가 다이아몬드 업체 사장과 사랑에 빠지면서 벌어지는 해프닝을 그린 드라마
30	2012	<북경청년 (北京青年)>	36부작 / 赵宝刚, 王迎 연출 / 李晨, 马苏, 杜淳, 王丽坤, 姚笛 등 출연 / 베이징 네 젊은이의 사랑과 인생의 이야기를 담은 드라마
31	2015	<선풍소녀 (旋風少女)>	32부작 / 成志超 연출 / 明晓溪 祝明 극본 / 胡冰卿, 杨洋, 陈翔, 白敬亭, 赵圆瑗, 吴磊 등 출연 / 밍샤오시(明晓溪)의 동명소설을 편극한 것으로 무예를 배우는 청춘 남녀들의 사랑과 꿈을 그린 드라마

32	2015	<태자비승직기> (太子妃升職記)	35부작 / 甘薇 감제(監制) / 侣皓吉吉 연출 / 张天爱, 盛一伦, 于朦胧, 江奇霖, 郭俊辰 등 출연 / 센청(鲜橙)의 동명소설을 개편한 웹드라마로서, 여인의 몸에 남자의 마음을 가진 태자비(太子妃)의 성장을 다룬 타임슬립 드라마.
33	2016	<환성(幻城)	62부작 / 鞠觉亮, 邹集城 연출 / 沈芷凝 극본 / 冯绍峰, 宋茜, 马天宇, 张萌, 麦迪娜 등 출연 / 궈징밍(郭敬明)의 소설을 편극한 것으로 전설 속 빙족(冰族)과 화족(火族)의 백년 대전 후 헤어지게 된 두 왕자의 이야기를 그린 판타지 드라마
34	2014	<보보경심2 (步步驚心)	41부작 / 李国立, 林玉芬, 郑伟文 연출 / 吴奇隆, 刘诗诗, 孙艺洲, 刘心悠, 蒋劲夫, 刘松仁 등 출연 / <보보경심(步步惊心)> 후속작으로 청나라 시대에서 다시 현대로 돌아온 장샤오의 이야기를 그린 드라마
35	2017	<환락송 (歡樂頌2)	55부작 / 简川訸, 张开宙 연출 / 刘涛, 蒋欣, 王子文, 杨紫, 乔欣, 王凯, 杨烁, 张陆, 吴昊宸, 邓伦 등 출연 / <환락송>의 후속작으로, 전편과 마찬가지로 '欢乐颂小区22楼'에 거주하는 다섯 명의 여인들을 소재로 한 도시 드라마
36	2016	<달팽이가 사랑할 때 (如果蝸牛有愛情)	21부작 / 张开宙 연출 / 王凯, 王子文, 徐悦, 于恒 등 출연 / 딩모(丁墨)의 동명소설을 편극한 작품으로 냉철한 형사와 신참 범죄심리학 전문가 사이의 사랑 이야기를 그린 드라마

37	2013	<상속자들 (繼承者門)>	20부작 / 강신효, 부성철 연출 / 김은숙 극본 / 이민호, 박신혜, 김우빈, 김지원 등 출연 / 우리나라 SBS에서 방송되었으며, 부유층 고교생들의 사랑과 우정을 그린 청춘 드라마
38	2014	<무미랑전기 (武媚娘傳奇)>	96부작 / 高翊浚 연출 / 潘朴 편극 / 范冰冰, 张丰毅, 李治廷, 张钧甯, 李解 등 출연 / 측천무후(則天武后)의 일대기를 다룬 역사 드라마
39	2011	<경세황비 (傾世皇妃)>	42부작 / 梁辛全, 林峰 연출 / 林心如, 严屹宽, 霍建华 등 출연 / 무룡얄(慕容湮儿)의 동명소설을 개편한 역사극으로 오대십국(五代十國) 시기 초(楚)나라의 공주 마복아(馬馥雅)와 촉(蜀)나라의 태자 맹기우(孟祈佑) 및 북한(北漢)의 태자 사이의 사랑과 복수를 그린 드라마
40	2012	<헌원검지천지흔 (軒轅劍之天之痕)>	36부작 / 李国立, 梁胜权, 黄俊文 연출 / 胡歌, 蒋劲夫, 刘诗诗, 唐嫣, 古力娜扎 등 출연 / 온라인 게임을 원작으로 한 판타지로서, 잃어버린 나라를 재건하려고 황태자와 일행이 다섯 개의 신기를 찾는 여정을 담은 드라마
41	2015	<호랑이 엄마 고양이 아빠(虎媽猫爸)>	45부작 / 姚晓峰 연출 / 赵薇, 佟大为, 李佳, 纪姿含, 潘虹 등 출연 / 엄격함과 부드러움의 대조적인 교육 방식을 가진 부부의 아이들 교육 문제를 다룬 드라마

42	2013	<난릉왕(蘭陵王)>	46부작 / 钟澍佳, 周晓鹏 연출 / 冯绍峰, 林依晨, 翟天临, 魏千翔, 毛林林, 胡宇崴 등 출연 / 북제(北齊)의 전설적 영웅 난릉왕의 무용담과 사랑을 그린 드라마
43	2017	<꽃피던 그 해 달빛(那年花開月正圓)>	74부작 / 丁黑 연출 / 由孙俪, 陈晓 등 출연 / 청(淸)나라 말기, 독립적인 사고방식을 가진 주영(周瑩)이 갖은 음모와 고난을 견뎌내며 최고의 거상으로 성장하는 이야기
44	2017	<택천기(擇天記)>	56부작 / 钟澍佳 연출 / 鹿晗, 古力娜扎, 吴倩, 曾舜晞, 许龄月, 张峻宁 등 출연 / 마오니(猫腻)의 동명소설을 개편한 역사 판타지 드라마
45	2016	<호선생(好先生)>	42부작 / 张晓波 연출 / 孙红雷, 江疏影, 王耀庆, 车晓, 张艺兴, 关晓彤 등 출연 / 교통사고로 고아가 된 친구의 아이와 함께 살게 되면서 일어나는 일들을 그린 가족 드라마
46	2012	<심술(心術)>	36부작 / 杨阳 연출 / 吴秀波, 海清, 张嘉译, 翟天临 등 출연 / 신경외과 의사들의 병원 생활과 사랑을 그린 의학 드라마
47	2012	<천애명월도(天涯明月刀)>	47부작 / 赖水清 연출 / 钟汉良, 张檬, 陈楚河, 张定涵, 毛晓彤 등 출연 / 구룽(古龙)의 동명 무협소설을 개편한 것으로, 무림 세계의 절대 고수를 가리는 내용을 담은 무협 드라마

48	2017	<사조영웅전 (射雕英雄傳)>	52부작 / 蔣家骏 연출 / 杨旭文, 李一桐, 陈星旭, 孟子义 등 출연 / 진융(金庸)의 동명 무협소설을 개편한 것으로, 혼돈 속 부귀공명을 좇지 않고 대의를 위해 헌신한 무림 고수들의 활약을 그린 드라마
49	2011	<남인방(男人幫)>	30부작 / 赵宝刚 연출 / 孙红雷, 黄磊, 汪俊, 王珞丹, 张俪, 王子文 등 출연 / 도시 남자 세 명의 연애 편력을 그린 드라마
50	2013	<소오강호 (笑傲江湖)>	42부작 / 胡意涓, 黄俊文 연출 / 霍建华, 陈乔恩, 袁姗姗, 陈晓, 杨蓉 등 출연 / 진융(金庸)의 동명 무협소설을 개편한 무협 드라마
51	2013	<우리 결혼해요 (咱們結婚吧)>	50부작 / 刘江 연출 / 黄海波, 高圆圆, 王彤, 张凯丽 등 출연 / 연애에 서툰 두 남녀의 결혼 과정을 담은 로맨틱 드라마
52	2012	<궁쇄주렴 (宮鎖珠簾)>	37부작 / 李慧珠, 邓伟恩 연출 / 杜淳, 何晟铭, 袁姗姗, 包贝尔, 舒畅, 王阳 등 출연 / 청(淸)나라를 배경으로 한 타임슬립 역사 드라마
53	2014	<위자부(衛子夫)>	38부작 / 刘家豪, 陈品祥 연출 / 林峯, 王珞丹 등 출연 / 평범한 가희(歌姬)에서 한무제(漢武帝)의 황후 자리까지 오른 위자부(衛子夫)의 일대기를 그린 역사 드라마
54	2015	<천금녀적 (千金女賊)>	46부작 / 陈玉珊 연출 / 唐嫣, 刘恺威, 杨蓉, 杨祐宁 등 출연 / 1930년대 상하이(上海) 조계(租界)를 배경으로 운명이 엇갈리는 세 남녀의 이야기를 그린 드라마

55	2013	<여상육정 (陸貞傳奇)>	45부작 / 李慧珠, 邓伟恩, 梁国冠 연출 / 赵丽颖, 陈晓, 乔任梁, 杨蓉, 唐艺昕 등 출연 / 북제(北齊) 시기의 전설적인 여상(女商) 육정의 일대기를 다룬 역사 드라마
56	2014	<이혼변호사 (離婚律師)>	46부작 / 杨文军 연출 / 吴秀波, 姚晨, 张萌, 方中信, 韩雨芹 등 출연 / 이혼 변호사의 일과 사랑을 다룬 드라마
57	2013	<천천유희 (天天有喜)>	91부작 / 黄建勋, 苏沅峰 연출 / 陈浩民, 穆婷婷, 谭耀文, 陈紫函, 陆昱霖, 归亚蕾 등 출연 / 한 남자가 우연히 쓰러져 있던 하얀 여우를 데려가게 되면서 벌어지는 일들을 그린 무협드라마
58	2011	<천산모설 (千山暮雪)>	30부작 / 杨玄 연출 / 刘恺威, 颖儿, 赵楚仑, 温峥嵘, 张晨光, 刘雪华, 李智楠 등 출연 / 페이워쓰춘(匪我思存)의 동명소설을 개편한 것으로, 집안의 원수를 사랑하게 되는 주인공의 이야기를 그린 드라마

이상을 연도별로 분류해보면 2017년과 2016년 드라마가 11편, 2015년 9편, 2014년 7편, 2013년 8편, 2012년과 2011년이 6편으로 비교적 고른 분포를 보이고 있다. 이 가운데 <별에서 온 그대>와 <태양의 후예>, <상속자들> 등 우리나라 드라마가 세 편이며, <도묘필기>와 <태자비승직기>, <용주전기> 등은 웹드라마이다. 한편, <환락송>과 <랑야방>은 '개혁개방 40년 경전 드라마 40부'에도 선정되었다.

이밖에 '2018년 바이두 지수 10만 돌파 드라마(2018年百度指數峰值破十萬的電視劇)'의 통계에 따르면 2018년에 방송된 드라마 가운데

<여의전(如懿傳)>, <연희공략(延禧攻略)>, <녹비홍수(知否知否應是綠肥紅瘦)>, <부요(夫搖)>, <온난적현(溫暖的弦)>, <연애선생(戀愛先生)> 등 50만 이상을 돌파한 6편을 비롯하여 총 54편의 드라마가 10만 이상을 돌파했다.

이러한 드라마들은 중국의 역사와 문화는 물론 중국인들의 애환이 담겨 있으며, 아울러 개혁개방 40년의 역사를 고스란히 반영하고 있는 중국 사회의 거울이다. 특히 개혁개방 이후 40년간 중국 드라마는 끝없이 혁신하고 발전해 왔는데, 그것은 정책의 변화, 산업의 변화, 시장의 변화, 기술의 변화가 추동한 시대적 결과이다.

제5장

중국의 스마트폰 문화

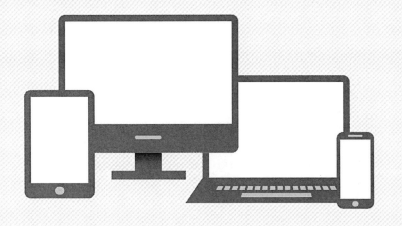

현재 우리의 일상과 가장 가까운 물건 하나를 고르라면 단연 모바일 폰(Mobile Phone)일 것이다. 특히 모바일 폰이 스마트폰(Smart Phone)으로 진화하여 우리의 일상을 지배하면서 우리는 이제 과거와는 다른 생활방식과 패턴을 갖게 되었다. 이것이 하나의 문화로 정착되어 우리가 의식하든 의식하지 못하든 우리 생활과 가장 밀접한 생활문화의 하나가 된 것이다. 스마트폰의 일상화는 대중문화의 향유 패턴도 바꿔놓았다. 앞서 언급한 대중가요나 영화는 물론, 텔레비전의 전유물로 여겨졌던 드라마도 기존의 향유 패턴을 벗어나 인터넷으로 들어오고 있다. 그 가운데 가장 눈에 띄는 변화는 모바일 인터넷의 약진이다. 말 그대로 단순 '모바일'에서 '스마트'한 폰이 된 것이다.

스마트폰(SmartPhone)은 전화 기능이 있는 소형 컴퓨터로서, 무선 인터넷 기능을 장착한 모바일 기기이다. 최초의 스마트폰은 1992년 IBM이 개발한 '사이먼(Simon)'으로, 1993년 일반 대중에게 공개되었다. 1996년에는 노키아에서 휴대전화에 휴렛팩커드의 PDA(Personal Digital Assistant)를 결합하여 스마트폰을 출시하기도 했다. 그러나 너무 비싼 가격 때문에 대중화 되지 못했다. 샤이먼이 나온 15년 후,

2007년 1월 9일 미국 샌프란시스코에서 스티브 잡스 애플 최고경영자(CEO)가 청바지 주머니에서 검은색의 조그만 기기를 꺼냈다. 아이폰(iPhone)의 등장이었다. 그해 6월 29일 출시된 아이폰은 휴대전화의 개념을 바꿔놓았다. 당시만 해도 휴대전화는 통화와 문자 메시지가 핵심기능이었다. 아이폰은 이메일, 일정 관리, 게임 등 PC 기능을 할 뿐 아니라 모바일 폰의 개념을 넘어 모든 정보기술(IT) 기기의 허브로 탈바꿈시켰다. 이름 그대로 '스마트폰'인 것이다. 아이폰이 사이먼을 제치고 '최초의 스마트폰'이면서 '혁신'으로 인식되는 이유이다.

아이폰을 시작으로 스마트폰이라는 단어도 대중화되기 시작했다. 아이폰이 국내에 출시된 것은 2009년 말이었다. 출시와 동시에 아이폰 열풍이 불었고, 스마트폰에 대한 관심과 이용자도 급격히 증가했다. 삼성전자도 2010년부터 매년 '갤럭시 S' 시리즈를 새롭게 선보이며 세계 스마트폰 시장의 혁신기업이자 주도기업이 되었다

이제 스마트폰은 통신시장이라는 산업적 차원을 넘어 우리의 일상생활에 없어서는 안 될 필수재로 자리매김하였다. 이미 스마트폰 보급률은 개발도상국을 제외하고는 대부분의 나라에서 포화 상태에 다다르고 있다. 따라서 향후 새로운 혁신은 이미 보급된 수많은 스마트폰과 디바이스를 통해 새로운 사용자 경험을 제공하는 서비스를 통해 발생할 것으로 보인다. 이제 스마트폰이 보급되는 시대에서 이러한 단말을 통해 혁신적인 콘텐츠와 서비스들이 본격적으로 활용되는 시대가된 것이다. 실제 최근 수없이 쏟아져 나오는 웨어러블 단말과 사물인터넷 관련 제품과 서비스들은 스마트폰의 활용과 진화의 증거들이다.

1. 중국의 IT 생태계와 스마트폰의 일상화

1) 중국의 IT 생태계 : BAT의 삼국시대

무선인터넷과 스마트폰의 대중화로 중국의 IT 생태계도 PC에서 모바일로 이동하고 있다. 중국의 IT 기업 역사는 기껏해야 20년 남짓이지만 끊임없이 혁신하면서 발전하고 있다. 중국의 스타트업(start-up: 신생 벤처기업) 역사는 바로 중국 IT 산업의 역사이기도 하다.

BAT: 알리바바(Alibaba),
바이두(Baidu),
텐센트(Tencent)

중국의 스타트업은 크게 3세대로 나눌 수 있다. 1세대가 바로 BAT다. BAT란 바이두(Baidu), 알리바바(Alibaba), 텐센트(Tencent)의 첫 글자를 따서 만든 말이다. 스마트폰과 SNS 시대를 이끄는 미국의 4대 IT업체를 가리키는 TGIF(트위터, 구글, 아이폰, 페이스북)에 대한 중국 버전의 신조어라 할 수 있다. 미국의 TGIF는 현재 GAFA(구글, 애플, 페이스북, 아마존)로 대체되었다. 1998년에 창업한 텐센트, 1999년에 창업한 알리바바, 2000년에 창업한 바이두는 현재 중국에서 대기업이 되었고, 서로 치열하게 선두 경쟁을 하고 있다.

2세대는 2008년과 2009년에 창업한 기업들이다. 한 산업군에 집중하면서 1세대와 경쟁하다가 몇몇은 BAT에 인수 합병되기도 했고, IPO(Initial Public Offering: 기업 공개)를 한 기업도 있다. 2014년까지는 뉴욕증권거래소에 상장하는 것이 트렌드였으나 미국의 투자자들이 중국 스타트업을 제대로 이해하거나 가치를 인정해주는 경우가 드물어 지금은 다시 중국으로 돌아오는 경향을 보인다. 지금까지 기업 공개한 스타트업으로는 여행 포털 취날(去哪儿: Qunar), 위치기반 채팅앱 모모(陌陌: Momo), 중국의 대표적인 보안업체 치후360(奇虎: Qihoo360), 온라인 동영상 서비스 유쿠(优酷: Youku), 통합 라이브 엔터테인먼트 플랫폼 와이와이(YY) 등이 있다.

3세대는 비교적 최근에 나온 스타트업이다. 1, 2세대 사이에서 틈새 시장에 집중하고 있다. 대표적으로 2015년에 일어난 'O2O' 트렌드를 들 수 있다. O2O란 온라인과 오프라인의 결합을 의미하는 말로서, 최근에는 전자상거래 혹은 마케팅 분야에서 온라인과 오프라인이 연결되는 현상을 말하는 데도 사용된다. O2O 트렌드와 맞물려 소비자가 요구하는 제품이나 서비스를 즉각적으로 제공하는 'On-Demend'형 서비스도 많이 출현했다. 직접 찾아와 사진을 찍어주는 사진가들의 플랫폼인 이파이이(一拍一), 청소하는 아줌마들을 보내주는 아이방(阿姨帮), 시장 가격의 30%로 맞춤형 웨딩카 예약 서비스를 해주는 제친왕(接亲网) 등이 2018년 현재까지 살아남았다.

사실 3세대 스타트업은 2015년 8월경 중국의 주식시장이 어려웠던 시기에 많이 문을 닫았다. 셰프가 집에 찾아와 정통 중화요리를 해주는 샤오판판(烧饭饭)도 이 시기에 문을 닫았다. 투자자들도 이 시기를 지나면서 신중하고 이성적으로 투자하기 시작했다. 3세대 스타트업부터는 좋은 제품을 만들고 팀을 갖추는 게 매우 중요해졌다. 온디멘드형 서비스에서 유니콘으로 성장한 대표적인 기업에는 자전거가 필요

할 때면 어디서든 바로 찾아 탈 수 있는 공유자전거(共享单车) 서비스 오포(OFO)와 모바이크(摩拜单车: Mobike)를 들 수 있다.

현재 중국의 IT업계는 1세대 스타트업 BAT의 삼국시대라고 일컬어진다. 중국의 대기업은 우리나라 대기업과는 달리 스타트업에 투자하는 경우가 많다. 그래서 중국의 스타트업들은 반드시 BAT 가운데 한 기업의 라인을 타게 된다. 실제로 2017년 유니콘이 된 34개 기업 중 20개 기업(60%)은 BAT가 직간접으로 지분을 소유하고 있다.

세계적인 글로벌 IT 기업들도 유독 중국에서는 토종 기업들에게 밀리며 고전하고 있다. 그것은 BAT로 대표되는 토종 공룡기업이 거대 IT 생태계를 창출하여 주도하고 있다는 점이 첫 번째 이유이다. 물론 거대 생태계는 초대형 시장을 전제로 한다. 2017년 6월 기준으로 중국은 인구의 반 이상인 7억 5,100만 명이 인터넷을 사용한다. 이들 중 96.3%가 모바일을 통해 인터넷에 접속한다. 2억 7,400만 명이 인터넷을 통해 주문하고 5억 200만 명이 모바일 페이를 사용한다. 오프라인 상점에서도 4억 6,300만 명이 모바일 페이를 썼다. 택시를 호출하기 위해 모바일 앱을 쓴 사용자는 2억 7800만 명, 차량 공유 서비스는 2억 1,700만 명, 자전거 공유 서비스는 1억 600만 명에 달했다. 이렇게 큰 인터넷 시장이 탄생할 수 있었던 것은 철저히 중국 소비자의 요구에 맞춘 가격과 서비스를 내놨기 때문이다. 이른바 마켓 드리븐(Market-driven)전략이다. 이에 비해 외국 기업들은 기술적 우위에 취해 기술로 밀어붙이는 시장 전략을 택하면서 중국 시장에서 밀려났다는 것이다.[27]

여기에다 중국 정부의 규제와 지원이 또 하나의 원군이다. 규제는 주로 글로벌 기업을 향하고 있고, 지원은 국내 스타트업을 키워내었다. 중국 정부는 당국의 검열 범위 밖에 있는 글로벌 메신저나 포털 등을 막아놓고 있다. 이 사이에 중국 정부는 또 4,000여 개의 공유 사무실과 창업 인큐베이터를 제공하면서 스타트업을 양성하고 있다. 이를테면 돈과 시장, 그리고 정부의 지원이 삼두마차처럼 중국의 모바일 혁명을 이끌어 지금과 같은 IT 생태계를 구축하게 된 것이다.

BAT는 각자 자기 장점을 뚜렷하게 가지고 있는 기업들이다. 바이두는 인터넷 포털로 시작했지만 무인자동차, 인공지능에 박차를 가하고 있고, 알리바바는 이커머스 강자로서 중국의 온라인, 오프라인 판매에 집중하고 있다. 텐센트는 중국에서 가장 인기 있는 앱인 위챗을 통해 중국 사람들의 모바일 커뮤니케이션을 지배하고 있다.

(1) 바이두(百度: Baidu)

바이두는 중국 최대 검색엔진 포털 사이트로 '중국의 구글'로 불린다. 2000년 리옌홍(李彦宏)과 쉬융(徐勇)이 공동 설립하였고, 본사는 베이징 하이뎬(海淀)에 있다. 바이두의 검  색 기능은 정확하고 폭넓은 정보서비스를 제공하며, 검색 키워드 광고가 주요 수익모델 중 하나이다. 중국어 발음, 스냅사진 검색뿐만 아니라 맞춤법 검사, 주식 시세, 뉴스, 이미지, 영상 검색, 바이두 맵(百度地图)을 통한 위치 정보, 날씨 및 교통 정보 등을 제공한다. 이외에도 게시판 서비스 바이두 포스트바(百度贴吧), 음악파일 검색사이트, 백과

사전 웹사이트 바이두 백과(百度百科), 블로그 서비스 바이두 스페이스(百度空間) 등을 운영하고 있다. 기업 고객에게 온라인 마케팅 서비스를 제공하고, 인터넷 이용자들의 사이트 광고 클릭을 통해 수익을 얻고 있는 것이다.

바이두는 검색 능력 및 검열, 편집 등을 위해 지속적인 기술투자를 하고 있으며, 인터넷 사업에서 인공지능(AI) 개발 분야로, 그리고 다시 인공지능기술을 기반으로 무인자율자동차에 대한 투자를 늘리고 있다. 사실 바이두는 검색기능 한 분야만 앞설 뿐 나머지는 고전을 면치 못하고 있다. 그 돌파구를 찾기 위해 인공지능 분야에 투자하고 있는 것이다.

최근에는 검색 분야에서도 큰 악재를 만나 고전 중이다. 2016년 희귀암에 걸린 한 환자가 바이두 검색창 제일 위에 뜬 병원을 찾아갔다가 죽는 의료사고가 발생한 것이다. 비판에 직면한 바이두는 의료광고 심사를 강화하고 광고 수를 제한하는 등 대대적인 개편을 단행했으나 검색엔진으로서의 입지를 상당히 잃고 말았다. 현재는 위챗 검색 서비스의 활용도가 높아지고 있는 상황이다.

물론 비즈니스에 필요한 업체를 찾거나 업무양식, 통계자료 등 객관적인 정보성 콘텐츠는 바이두가 최적화되어 있다. 특히 바이두 백과(百度百科)를 통하면, 중국의 회사 이름이나 각종 용어에 대한 정리가 매우 잘 되어 있어 아직까지 활용도가 매우 높다.

(2) 알리바바(阿里巴巴: Alibaba)

1999년 영어강사 출신 마윈(馬云)
이 중국 제조업체와 국외 구매자를
위한 B2B(Business to Business) 사
이트 '알리바바닷컴'을 개설한 것이
출발점이다. 본사는 저장성 항저우시

(杭州市)에 있다. 직원 18명으로 시작한 알리바바닷컴은 현재 2만5천
명이 넘는 직원을 보유한 알리바바 그룹으로 성장했다. 중국의 아마존
을 내세우며, 쇼핑과는 전혀 무관했던 '11월 11일'을 '중국판 블랙프라
이데이'로 탈바꿈시켜 중국 전체 경제 판도를 좌지우지하고 있다. 현
재 알리바바를 통해 이뤄지는 거래는 중국 국내 총생산(GDP)의 2%
에 이른다.

현재 알리바바 그룹은 전자상거래, 온라인 결제, B2B 서비스, 클라
우드 컴퓨팅, 모바일 운영체제 등 다양한 사업을 진행 중이다. 이 가운
데 핵심 사업은 단연 전자상거래다. 관련 사업 계열사로는 타오바오
마켓 플레이스, 티몰닷컴, 이타오(eTao), 알리바바닷컴 인터내셔널,
알리바바닷컴 차이나, 알리익스프레스 등이 있다.

원래 중국인들은 온라인 상거래에 대해 부정적이었다. 눈앞의 제품
을 두고도 믿지 못하는 중국인의 특성과 흥정을 좋아하는 중국 문화,
게다가 땅이 넓어서 주문 후 물건을 받으려면 일주일 이상 걸리는 배
송 문제 등으로 온라인 구매에 매우 회의적이었던 것이다. 이런 한계
를 극복하고 중국에 전자상거래를 정착시킨 기업이 알리바바다.

판매자와 구매자 간의 신뢰를 구축하는 게 우선이라고 판단한 마윈

은 알리페이를 만들어 소비자의 결제대금을 예치하고 있다가 배송이 정상적으로 완료되면 판매자에게 지급하는 안전장치를 마련하고, 2003년 개인과 개인이 거래하는 C2C(Customer to Customer) 전문 플랫폼 '타오바오(淘宝)'를 오픈했다. 알리페이가 판매자와 구매자 간의 가교 역할을 하게 된 것이다. 오늘날 중국소비자들의 인터넷 쇼핑은 대부분 오픈마켓인 타오바오에서 이루어지고 있다.

알리페이 덕분에 결제상의 안전은 해결되었지만 타오바오는 개인 판매자들이 상점을 개설해 판매하다 보니 정품과 모조품이 혼재되어 불신이 여전했다. 이에 알리바바는 까다로운 입점 절차와 인증을 통과한 기업들만 판매할 수 있는 B2C(Business to Customer) 쇼핑몰 '티몰(Tmall)'도 오픈했다.

알리페이는 혁신을 거듭해 '위어바오(余额宝)'라는 재테크 상품도 만들었다. 위어바오는 '남은 돈주머니'라는 뜻으로, 말 그대로 알리페이에 남은 돈으로 투자를 하는 것이다. 알리바바는 여기서 멈추지 않고 중국의 많은 택배 업체와 제휴하여 회사를 세우고, 전국 도시에 창고 시스템을 만들었다. 그 결과 타오바오에서 주문한 상품을 1~2일 내에 받아볼 수 있게 되었다.

이처럼 알리바바는 전자상거래를 기반으로 고속성장을 거듭하면서 한편으로는 또 거대한 디지털 생태계를 조성하고자 총력을 기울이고 있다. 대표적인 예가 다모아카데미(达摩院)이다. 이곳에서 3년간 약 150억 달러를 투자하여 인공지능, 사물인터넷 등 인간과 기계의 상호작용에 대한 연구개발을 진행하기로 한 것이다. 다모아카데미는 중국, 미국, 러시아, 이스라엘, 싱가포르 등에 세워질 계획이다.

(3) 텐센트(騰訊: Tencent)

텐센트의 CEO 마화텅

1998년 마화텅(马化腾)과 장즈둥(张志东)이 공동 창업하였으며, 본사는 중국 선전(深圳)에 있다. 텐센트는 남아공의 미디어 기업인 나스퍼스(Naspers)가 창업자보다 약 3배 가량 많은 지분을 보유하고 있다. 인터넷 게임으로 사업을 시작한 텐센트는 중국 최대의 게임업체로서, '던전 앤 파이터', '크로스 파이어', '리그 오브 레전드', '블레이드 앤 소울' 등을 주력 게임으로 삼고 있다. 2011년에는 '리그 오브 레전드'를 제작한 라이엇 게임즈(Riot Games)를 인수하였으며, 2012년에는 카카오톡을 서비스하는 카카오에 직접 투자하여 2대 주주가 되었다.

텐센트는 중국 내 거의 모든 컴퓨터에 깔려 있다는 PC용 메신저인 QQ로 성장하기 시작했으며, 8억 명 이상의 사용자를 보유한 모바일 메신저인 위챗(微信: Wechat)으로 최고의 기업으로 우뚝 서게 되었다. 위챗을 개발한 장샤오룽(张小龙)은 연봉이 3억 위안으로 회장인 마화텅보다 무려 10배가 높으며, 2012년에 입사한지 7년 만에 부총재의 자리에 오른 신화적인 인물이기도 하다. 앞서 언급한 바이두의 위기를 틈타 위챗은 지금 검색 부문에서도 약진하고 있다. 위챗에 검색어를 입력하면 관련 검색어가 포함된 위챗모멘트(朋友圈) 글과 위챗 공중계정(微信公众号) 기사가 함께 검색되어 보다 믿음이 간다.

텐센트는 종합 콘텐츠 사업으로 영역을 확대해나가고 있다. 지금의 카카오톡이 카카오게임, 카카오페이 등으로 사업을 확장해나가는 모델이 텐센트가 걸어왔던 길이었다. 모방에서 출발해 세계 일류로 발전시키는 방식은 BAT 모두에서 보이는 공통점이다. 이를 두고 짝퉁이라고 비난하기도 하지만, 모방을 넘어 중국 환경에 맞게 업그레이드하고 창조하는 중국식 벤치마킹 방식이라고도 할 수 있다.

현재 텐센트는 스타트업들을 잠재적인 파트너로 보면서 협력관계를 구축하고 있다. 스타트업을 통제하기보다 투자를 통해 독립적으로 성장할 수 있도록 돕는데 주력한다. QQ와 위챗 또한 각각 독립적으로 성장할 수 있도록 의도적으로 분리했으며, 이들을 플랫폼으로 삼아 이커머스, 온라인 게임, 검색엔진 등 다양한 영역으로 진입했다. 현재 텐센트는 중국 게임 시장의 70%를 장악한 기업으로 성장했으며, 게임 아이템 판매로 벌어들이는 돈이 텐센트 전체 수입의 절반에 달한다. 그리고 그 중심에 위챗페이가 있다.

텐센트의 핵심 수익원은 위챗페이로 벌어들이는 거래 수수료와 위챗공중계정(微信公众号)이다. 1,000위안을 초과하는 거래의 경우 0.1%의 수수료를, 공중계정 및 위챗상점 운영자들에게는 0.06%의 거래 수수료를 받는다.[28]

2) 스마트폰에 대한 인식

스마트폰 사용자들은 이제 PC환경과 거의 차이 없이 다양한 기능을 활용하고 있으며, 이를 다시 개인에게 최적화된 다양한 콘텐츠를 이용하여 일상생활에서 필요한 각종 정보를 얻고 있다. 당연히 대중문화도 이것으로 소비하고 있다. 엠브레인(trendmonitor.co.kr)의 콘텐츠사업부 트렌드모니터의 '2017 스마트폰 기능 활용도 조사'는 우리나라 사람들의 스마트폰 활용에 대한 최근의 의식을 잘 보여주고 있다.[29)]

이 조사에 따르면 전체 64.3%가 '스마트폰이 없으면 일상생활에 지장 있을 것 같다'고 하여 2014년(55.7%)보다 스마트폰 의존도가 높아졌으며, 응답자의 10명 중 6명은 '잠잘 때 스마트폰을 손닿기 쉬운 곳에 두거나, 아예 손에 쥐고 잔다'고 했다. 아울러 스마트폰 이용 만족도도 2014년의 60.3%에서 2017년 65.6%로 더욱 높아졌으며, 소비자 10명 중 7명이 '스마트폰을 사용하면 시간을 아낄 수 있다'고 생각했다. 시장조사전문기업 엠브레인 트렌드모니터(trendmonitor.co.kr)가 전국 만 19세~59세 스마트폰 보유자 남녀 1,000명을 대상으로 '스마트폰' 활용도 관련 설문조사를 실시한 결과이다.

이는 스마트폰의 '부재'가 일상생활에 지장을 초래할 정도로 영향력이 커졌다는 사실을 보여준다. 남성(61%)보다는 여성(67.6%), 그리고 젊은 층(20대 73.2%, 30대 62.4%, 40대 62.4%, 50대 59.2%)에서 스마트폰의 영향력을 보다 많이 느끼고 있었다. 또한 디지털기기 중에서 스마트폰이 가장 중요하다고 생각하는 사람들(14년 58.8%→17년 66.4%)도 2014년에 비해 크게 증가하였다.

스마트폰의 활용성과 편의성에 익숙해진 모습도 쉽게 확인된다. 궁금한 것이 있으면 옆 사람에게 물어보기보다는 스마트폰으로 검색하고(14년 57.5%→17년 64.1%), 컴퓨터보다는 스마트폰으로 웹서핑을 하는 것이 더 편하다고 느끼는(14년 23.4%→17년 43.4%) 사람들이 훨씬 많아졌다. 스마트폰 만족도(14년 60.3%→17년 65.6%)도 높아졌는데, 가장 큰 이유는 궁금한 것을 빠르게 검색할 수 있기 때문(67.4%: 중복응답)이었다. 이어서 언제 어디서나 인터넷이 가능하고(59.3%), 생활에 필요한 다양한 어플리케이션을 활용할 수 있다(47.1%)는 것도 스마트폰 이용에 만족하는 중요한 이유들이었다. 이와 함께 여가시간에 활용하기 좋고(34.8%), 언제 어디서나 업무 처리가 가능하다(23.9%)는 이유로 스마트폰에 만족하는 소비자들도 적지 않았다. 이것은 스마트폰이 여가나 문화생활은 물론 업무적인 측면까지 파고들었음을 보여주는 결과이다.

특히 '시간활용' 측면에서 스마트폰을 높게 평가하는 것으로 조사되었다. 전체 10명 중 7명 정도(67.7%)가 스마트폰을 사용하면 시간을 아낄 수 있다는데 동의했다. 연령이 높을수록 스마트폰의 시간활용도를 좋게 바라보는 태도(20대 62.8%, 30대 66%, 40대 71.6%, 50대 70.4%)가 뚜렷했다. 또한 스마트폰을 잘 활용하면 더 똑똑해질 수 있다는데 공감하는 소비자가 10명 중 6명(59.6%)으로, 2014년(55%)에 비해 많아진 것도 눈에 띄는 변화였다. 스마트폰을 어떻게 활용하느냐에 따라 개인의 역량도 달라질 수 있다고 생각하는 사람이 많아진 것이다.

스마트폰은 인간관계에도 어느 정도 영향을 끼치고 있었다. 소비자의 절반 이상이 스마트폰을 활용하면 대인관계를 확장하는 것이 가능하고(56.4%), 인간관계의 관리가 편리하다(52.5%)는 인식을 내비쳤다. 대인관계의 확장 가능성에는 20~30대(20대 60.4%, 30대 59.2%)가, 인간관계 관리의 편리함에는 40~50대(40대 53.2%, 50대 56%)가 많이 공감하였다.

평소 가장 자주 사용하는 스마트폰 기능은 모바일메신저(75.8%: 중복응답)인 것으로 나타났다. 사진과 동영상 촬영(73.4%), 음성통화(71.4%), 문자메시지(71.1%)도 많이 사용하였으나, '카카오톡'으로 대표되는 모바일메신저의 사용이 가장 빈번하게 이뤄지고 있는 것이다. 그 다음으로는 뉴스검색(67.3%), 정보검색(59.8%), 모바일뱅킹(57%), 동영상 시청(55%), 음악 감상(54.1%) 등의 순이었다. 2014년에 비해 모바일뱅킹(14년 47.6%→17년 57%)과 동영상 시청(14년 48.3%→17년 55%)이 크게 증가한 것이 눈에 띄는 변화였다.

이것은 우리나라 이용자들을 대상으로 한 조사이지만 중국도 크게 다르지 않다. 중국의 빅데이터 분석기관인 카이두(凱度: kantar)의 「2017 중국 사회교류매체(SNS) 영향력 보고(2017中国社交媒体影响报告)」[30]에 따르면, 최근 중국 SNS 이용자의 연령대가 높아지는 추세라고 분석했다. 2017년 중국의 각 연령대별 SNS 이용률은 15~19세 69.4%(▲3.7%), 20대 77.3%(▲1.9%), 30대 61.4%(▲6.3%), 40대 63.8%(▲12.1%), 50대 34.2%(▲28.3%), 60대 이상 13.4%(▲38.2%)로서, 40대 이상의 증가율이 특히 큰 폭으로 상승되었다.(▲전년 대비 이용자수 증가 백분비) 중국의 SNS 이용자의 평균연령은 2015년 31.2세, 2016년 32.4세, 2017년 33.1세로 점점 높아지는 추세이다.

한편, SNS의 긍정적 영향(복수응답)에 대한 응답에서 '언제든지 가족 및 친구와 대화할 수 있다'가 70%, '사회이슈를 빨리 접하고 지식의 폭을 넓힐 수 있다'가 69%로 1, 2위를 차지했다. 또 SNS는 구매결정 도움, 생활스트레스 완화, 자신감 상승 측면에서 긍정적인 영향을 미친다고 조사되었으며, 남성보다 여성에게 더 긍정적인 영향을 미치는 것으로 나타났다. 한편, SNS의 부정적 영향(복수응답)에 대한 응답으로 '종이책을 읽는 시간이 줄었다'가 48%, '시력이 나빠졌다'가 48%, '개인정보가 불안전하고 프라이버시가 보장되지 않는다'가 43%로 상위권을 차지하는 등, 89%가 SNS의 부정적인 영향이 있다고 응답했다.

이러한 조사결과는 스마트폰이 우리 일상 깊숙이 들어와 있음을 보여준다. 과거 다양한 영역에서 이루어졌던 여러 행위들, 예를 들면 지식 습득, 방송 청취, 신문 구독, 음악이나 영화 감상, 쇼핑, 은행 업무 등 생활의 거의 모든 행위가 스마트폰을 통해 이루어지고 있는 것이다.

3) 모바일인터넷 원주민세대의 시작

2000년 출생자들이 18세가 된 2018년이 되면서 2000년대 출생자를 지칭하는 소위 '00허우(后)' 세대가 성인기에 들어섰다. '80허우(1980년대 출생자)'와 '90허우(1990년대 출생자)'가 점차 물러나고 00허우가 신세대의 자리를 차지한 것이다.

2017년에는 인기 아이돌그룹 TFBOYS 멤버인 만 16세의 왕위안(王源)이 유엔에서 영어로 강연하기도 했고, 만 17세의 첫 00허우(2000년대 생) CEO가 탄생하기도 했다. 2018년부터는 성인이 된 00허우들이 대거 구직시장에 뛰어들면서 활발한 경제활동을 시작하게 되었다. 일부 00허우들은 소셜미디어에서 고가의 상품에 관심을 보이거나 구매하는 모습을 보여 많은 이들을 놀라게 하기도 했다. 떠오르는 중국의 신소비 집단 00허우는 '모바일인터넷 원주민세대'로 부를 수 있을 만큼 모바일인터넷과 함께 성장해왔다. 이러한 00허우의 특징을 열 가지 키워드로 짚어보았다.[31)]

① 학생

이 세대의 현재 연령은 9~18세로 학생이 대부분이다. 00허우 인구는 약 1억 6,000만 명으로 전체 중국 인구의 약 11.94%를 차지한다. 00허우의 부모는 주로 7, 80년대 출생자들로 대부분 자녀와의 교류를 중시하고, 자녀 교육에 상대적으로 많은 투자를 한다. 또한 30%에 달하는 00허우가 핸드폰에 숙제도우미, 문제은행, 교육이나 학습 APP 등을 설치한 것으로 나타났다. 매일 평균 7.5회 가량 APP을 실행하고, 한 번에 평균적으로 접속하는 시간은 약 15분 정도이다. 하루에 총 2시간 정도 교육이나 학습 APP을 이용하는 셈이다.

② 여행

많은 00허우들은 어린 시절부터 부모를 따라 여행을 다니며 성장했다. 이들은 새로운 여행 소비의 주체로 자리잡아가고 있다. 아직까지는 재력과 체력을 갖춘 7, 80년대 출생자들이 해외여행의 주요 연령대지만 향후 이들은 성장기 경험을 바탕으로 부모 세대를 압도하는 여행 소비의 주체가 될 것으로 보인다. 한편, 2017년에는 00허우가 해외여행자의 13%를 차지했다. 눈길을 끄는 것은 00허우의 여행 목적이 '팬 문화'의 영향을 크게 받았다는 점이다. 홍콩의 아이돌, 일본의 애니메이션, 미국의 영화 등과 같은 글로벌 문화를 접하며 성장한 이들은 주로 홍콩, 미국, 영국, 일본 등지로 여행하고 있다.

③ 연애

많은 00허우들은 부모와 선생님의 눈을 피해 온라인 공간에서 연애를 하거나 감정을 교류하는 것으로 조사되었다. 어플리케이션을 통해 이성 친구를 찾거나, 연애 문제를 주제로 토론하기도 한다. 중국 온라인 커뮤니티 바이두톄바(百度貼吧)의 '00허우 조기 연애 커뮤니티'의 누적 게시물 수는 2,786만 개, 이용자는 81만 명에 달했다. 이용자가 61만 명인 '00허우 커뮤니티'에 비해 규모가 더 크다.

④ 모바일인터넷 원주민

90허우가 '인터넷 원주민'이라면 00허우는 어린 시절부터 스마트폰으로 모바일인터넷을 이용하며 자란 '모바일인터넷 원주민' 세대라고 할 수 있다. 1억 6,000만 명 중 약 8,500만 명이 모바일 인터넷 이용자로 나타났다. 아직까지는 80허우와 90허우가 모바일 인터넷 이용자의 다수를 차지하지만, 00허우의 비율은 계속해서 높아지는 추세다.

⑤ 모바일 게임

미디어 콘텐츠를 접하는 연령이 점점 낮아지면서 00허우의 게임 이용 연령대도 낮아지고 있다. 00허우가 온라인게임을 처음 접하는 시기는 주로 6~14세 때이다. 「개심소소락(開心消消樂)」, 「구구대작전(球

球大作戰)」 등의 캐주얼게임부터 「왕자영요(王者榮耀)」 등의 MOBA(Multiplayer Online Battle Arena) 게임에 이르기까지 00허우의 이용 비율은 매우 높다. 이들은 수입이 아직 없는 만큼 유료결제 비율은 낮은 편이지만 현재 청소년, 어린이 게임 시장에서 모바일 게임의 비중은 웹게임과 클라이언트게임을 넘어섰다.

⑥ 사진과 동영상

00허우들은 어플리케이션을 이용해 사진이나 동영상을 촬영하고 보정, 편집하는 일에 매우 능숙하며 관심도 많다. 동영상 콘텐츠 SNS 메이파이(美拍) 플랫폼에서 00허우 이용자들의 활약도는 90허우의 3배, 80허우의 5배에 달한다. 셀카 촬영과 SNS 공유는 00허우의 일상이다. 이들은 다른 어떤 세대보다도 '예쁜 사진'에 목을 맨다.

⑦ 음악

00허우는 음악 청취를 생활의 매우 중요한 부분으로 생각한다. 39%의 00허우가 예능, 영상 콘텐츠 및 스타 관련 음원이나 음반을 구매한 적 있다고 조사되었다. 좋은 음악을 듣기 위해서는 00허우도 돈을 아끼지 않는다. 음악시장의 소비자 연령대가 10대로 확장되면서 중국의 음악 페스티벌도 대폭 늘어나는 등 음악시장의 잠재력도 더욱 커져가고 있다. 00허우는 영어, 한국어, 일본어 노래 모두 가리지 않는다. 음악 취향이 가장 다원화되고 글로벌화 된 세대라고 할 수 있다.

⑧ SNS

SNS 이용은 00허우의 생활에 있어서 매우 중요한 부분을 차지한다. 00허우의 모바일 SNS 어플리케이션 일일 사용 횟수 및 시간은 전체 이용자에 비해 높게 나타났다. 또 다른 연령대에 비해 어플리케이션을 통해 주변에 있는 낯선 사람과 친구가 되는 기능도 즐기는 편이다. 이들이 주로 이용하는 SNS는 위챗(微信), QQ, 웨이보(微博) 세 가지로 나타났다.

⑨ 동영상

00허우들 역시 BAT의 동영상 플랫폼 텐센트비디오(腾讯视频), 아이치이(爱奇艺), 유쿠(优酷)를 가장 많이 이용하는 것으로 나타났다. 그 밖에 00허우는 2차원 콘텐츠 플랫폼 빌리빌리(哔哩哔哩), 쇼트클립 플랫폼 콰이서우(快手) 등 개성이 뚜렷하고 세분화된 콘텐츠 이용을 선호하고 있다.

⑩ 2차원

90허우와 마찬가지로 00허우도 만화, 애니메이션 등 '2차원(二次元) 문화'를 즐긴다는 특징을 가진다. 00허우 중 약 16%가 만화 APP을 이용하고, 평균적으로 하루에 두 시간 이상 만화 APP을 이용하는 것으로 나타났다. 또 중국 국산 청춘만화를 가장 선호하며, 초능력이나 열혈 장르의 인기가 높다.[32]

4) 신인류 '퍄오자이족(漂宅族)'의 등장과 인기 앱

모바일미디어가 인간의 생활에 미치는 변화를 문화생태학적 관점에서 조망한 김성도의 <호모 모빌리쿠스(Homo Mobilicus)>(삼성경제연구소, 2008.04.)에서는 휴대폰을 단순한 커뮤니케이션 매개체로 보는 것이 아니라 권력, 위상, 정체성 등에 대한 개인의 자각, 사회적 행동 양식, 사회적 조직방식에 연계된 현대문화의 주인공으로 보고 있다. 아울러 휴대폰은 인류가 경험한 다양한 매체, 즉 문자, 인쇄술, 텔레비전, 인터넷 가운데 최단기간에 가장 빠른 속도로 확산되며 현대인들의 생활필수품이 되었다고 했다.

그러한 휴대폰이 스마트폰으로 진화하면서 이제는 삶의 방식도 달라지고 있다. 호모 모빌리스(Homo Mobilis), 모빌리언(Mobilian), 모빌리티언(Mobilitian) 등으로도 불리는 호모 모빌리쿠스들은 강력한 정보력과 네트워크 파워를 가진 신인류이다. 그리고 이러한 신인류들이 급속히 늘어나면서 우리 삶의 패턴이나 방식도 빠르게 변화하고 있다.

중국에서는 이러한 신인류를 '퍄오자이족(漂宅族)'이라고 부른다. 좁은 공간, 수많은 인파, 어색하게 허공을 응시하는 사람들, 몇 년 전까지만 해도 흔히 볼 수 있는 출퇴근 시간 중국의 지하철 풍경이었다. 그러나 스마트폰의 등장으로 이런 풍경이 완전히 달라졌다. 출퇴근 시간, 식당에서 음식이 나올 때까지 기다리는 시간 등 자투리 시간을 활용해 중국인들은 게임, 쇼핑, 웹서핑 등을 즐긴다. 일상의 여백이던 자투리 시간들이 생활의 시간으로 탈바꿈한 것이다.[33]

'퍄오자이족'의 '퍄오(漂)'는 한 군데 정착하지 않고 여기저기 떠돌아다닌다는 뜻이며, '자이(宅)'는 한 군데 머물러 있다는 뜻이다. 언뜻 모순돼 보이는 두 의미가 결합된 이 단어에는 시간과 장소에 상관없이 인터넷 세상에 머물러 있는 현대 중국인의 모습이 담겨 있다. 휴대폰이 등장하면서 엄지를 이용하여 빠르게 통화하고 문자 보내는 신세대를 엄지족(拇指族)으로 불렀고, 스마트폰이 보급되면서 길을 가면서 스마트폰을 보는 사람들을 디터우족(低头族)이라고 불렀는데, 이에 비해 퍄오자이족은 확실히 한 단계 진화한 신인류이다. 앞서 언급한 모바일인터넷 원주민세대는 향후 퍄오자이족의 주력군이 될 것이다.

QQ와 위챗

퍄오자이족은 업무를 위해 모바일 메신저와 오피스 어플리케이션을 즐겨 활용하며, 모바일을 통해 다양한 생활 정보를 획득하고, 스마트폰으로 모바일 쇼핑을 즐긴다. 이들은 QQ나 위챗 같은 모바일 메신저로 업무까지 처리하며, 생활의 모든 정보를 스마트폰에서 찾는다. PC를 사용해 정보를 검색하던 시절에는 시간과 장소의 제약이 있었으나 지금은 언제 어디서나 마음만 먹으면 필요한 모든 정보를 모바일로 검색할 수 있다.

특히 이들은 시간과 장소에 구애받지 않고 실시간으로 쇼핑을 하는데, 오프라인이나 PC가 아닌 모바일로 쇼핑을 즐긴다. 이들은 더 이상 필요한 물건을 목록에 적어 외출하지 않는다. 다만 필요할 때마다 즉시 모바일로 상품을 주문한다. 이런 쇼핑 방법이 중국 전역으로 급속하게 확산되고 있다. 이에 따라 모바일 쇼핑몰과 모바일 결제 시스템이 전에 없는 호황을 누리고 있다.

이러한 퍄오자이족은 중국의 비즈니스 트렌드까지 변화시키고 있다. 퍄오자이족을 겨냥해 기존에는 볼 수 없었던 새로운 시장이 등장하며 비즈니스 판도를 바꾸고 있는 것이다. 우선 온라인 쇼핑몰의 변화를 들 수 있다. 기존 전자상거래 개념이 모바일 메신저와 결합되기 시작한 것이다. 온라인 쇼핑업체들은 퍄오자이족의 모바일 메신저 사용률이 높은 점에 착안해 메신저로 제품을 팔기 시작했다. 메신저 커머스의 경우 별다른 어플리케이션을 설치하지 않아도 기존 모바일 메신저로 손쉽게 쇼핑을 즐길 수 있으며, 각종 기념일에 실시간으로 선물을 보낼 수도 있다.

이처럼 퍄오자이족의 출현은 중국의 경제 트렌드까지 바꿔놓고 있다. 그리고 그 중심에는 스마트폰이라는 강력한 무기가 있다. 이들에게 스마트폰은 단순한 통신기기가 아닌 '라이프 비즈니스 플랫폼'이다. 모바일 앱 조사분석기관 앱애니(App Annie)에 따르면 2017년 전 세계 앱 다운로드 건수는 앱스토어를 기준으로 1,750억 건이고, 이 가운데 중국 앱 다운로드 건수는 399억 건으로 세계에서 가장 높은 수치를 기록했다. 같은 기간 앱스토어의 소비자 지출액 역시 중국이 가장 높다. 총 지출액 860억 달러 가운데 약 35%에 해당하는 300억 달러가 중국 소비자의 지갑에서 나왔다. 이는 지난 몇 년 사이 중국에서 출시된 앱 수가 폭발적으로 증가한 데 따른 결과다. 실제 중국 공신부(工信部)가 발표한 「2017년 상반기 모바일 앱 운영 상황 보고서」에 따르면 2017년 한 해에 출시된 중국 모바일 앱은 400만 개에 달했다. 지난 2012년 50만개와 비교하면 무려 8배가 증가한 것이다.[34]

중국 유력 시장조사기관 아이리서치(iResearch)는 자체 앱인덱스를 토대로 2016년 각 분야 1위 앱을 선정했다. 앱 인덱스는 특정 앱을 다운로드한 기기 수를 기준으로 산정됐다. 다음은 2016년 12월 애플 앱스토어의 기기 다운로드 건수를 기준으로 중국에서 가장 많이 사용한 앱이다.[35]

표 2016년 12월 기준 분야별 앱 다운로드 건수(자료원: iResearch)

분야	앱	다운로드 건수
메신저	위챗(微信: Wechat)	916,900,000
동영상 스트리밍	아이치이(爱奇艺: iQiyi)	480,720,000
인터넷 쇼핑	모바일 타오바오(手机淘宝: Taobao)	473,810,000
모바일 결제	알리페이(支付宝: Alipay)	411,113,000
SNS	시나(新浪) 웨이보(微博: Microblog)	365,850,000
게임	환러더우디주(欢乐斗地主)	약 1억
음식주문	다중뎬핑(大众点评)	약 8천만
인터넷 생방송	잉커(映客)	약 2천 8백만

| 육아 서비스 | 베이비트리육아(宝宝树孕育) | 약 1천 8백만 |
| 헬스케어 | 메이유(美柚: Meet you) | 약 1천 2백만 |

중국 아이미디어 리서치(iiMedia Research: 艾媒咨询)의 「2018 상반기 중국 APP 순위차트(2018上半年中国APP排行榜)」는 더욱 다양하고 자세하다. 이 조사는 2018년 6월 기준 월이용자수(MAU: Monthly Active Users)를 바탕으로 앱의 카테고리를 44개로 나누어 업종별 TOP10을 선정했다.[36] 조사 분야를 보면 사무용 소프트웨어, 피트니스, 의료 건강, 복권, 증권, 펀드, 대출, 은행, 모바일 페이, 번역, 문제은행(모바일 과외), 지도 네비게이션, 호텔숙박, 종합 여행, 공유 차량 및 렌터카, 공유자전거, 구직초빙, 카메라, 포토샵, 입력기, 브라우저, 보안, 날씨, 모바일 어시스턴트, 동영상, 음악, FM라디오, 게임 생방송, 오락 생방송, 쇼트클립, 가라오케, 뉴스 및 신문, 전자책, 웹툰, 인터넷 쇼핑, 소셜커머스, 해외직구, 신선식품 유통, 배달, 공연 예매, 메신저, 소셜네트워크, 결혼 연애, 아동교육 등이다.

이것은 스마트폰 유저들이 이처럼 다양한 분야에서 다양한 앱을 활용하고 있음을 보여준다. 이러한 두 조사를 바탕으로 스마트폰의 다양한 활용과 문화를 살펴보고자 한다.

유니콘(unicorn)

기업 가치가 10억 달러(=1조원) 이상인 비상장 스타트업 기업을 말한다. 원래 유니콘이란 뿔이 하나 달린 말처럼 생긴 전설상의 동물을 말한다. 스타트업 기업이 상장하기도 전에 기업 가치가 1조원 이상이 되는 것은 마치 유니콘처럼 상상 속에서나 존재할 수 있다는 의미로 사용되었다. 2013년 여성 벤처 투자자인 에일린 리(Aileen Lee)가 처음 사용한 용어이다. 대표적인 유니콘 기업에는 미국의 우버, 에어비앤비, 스냅챗과 중국의 샤오미, 디디 콰이디 등이 있다. 이후 유니콘이 늘어나자 미국의 종합 미디어 그룹인 블룸버그는 기업 가치가 100억 달러(10조) 이상인 스타트업을 뿔이 10개 달린 상상 속 동물인 데카콘(decacorn)이라고 부르기 시작하였다. 이는 유니콘보다 희소가치가 있는 스타트업이라는 의미이다. 한편, 유니콘으로 성장했다가 망한 기업은 유니콥스(unicorpse: 죽은 유니콘), 유니콘의 100배(hecto) 가치를 가진 기업은 헥토콘(hectocorn)이라고 부른다. 한국경제연구원이 미국 시장 조사기관 'CB 인사이트' 자료를 분석한 결과, 2018년 3월 현재 세계 유니콘 기업의 약 절반(49.2%, 116개사)은 미국에서 배출되었다. 이어 중국 기업(64개사)이 27.1%를 차지하였고, 인도 기업(10개사)은 4.2%였다. 한국 기업은 쿠팡, 옐로모바일, L&P 코스메틱 등 3개사에 불과한 것으로 나타났다

2차원(二次元) 문화

만화, 애니메이션을 중심으로 한 서브컬처(Subculture), 마니아 콘텐츠를 가리키는 말이다. 한편, 최근 중국에서는 2차원 문화가 창출하는 '2차원 경제'가 빠르게 성장하고 있다. 2차원 경제는 흔히 'ACGNC'로 정의된다. 애니메이션(Animation), 만화(Comic), 게임(Game), 소설(Novel), 코스프레(Cosplay) 등의 카테고리를 지칭하며, 실제로는 음악, 문학, 라이브스트리밍 방송 등 다양한 분야를 포괄한다. 2017년 2차원 경제 시장의 소비자 수는 대략 3억 800만 명으로 집계됐다. 이 중 97%가 주링허우와 링링허우이며, 2차원 산업이 전체 오락시장에서 차지하는 비중은 57%에 달하는 것으로 나타났다.

2. 모바일 쇼핑과 왕홍(网红), 그리고 모바일 페이

스마트폰의 일상화로 가장 크게 바뀐 것은 쇼핑과 결제 시스템일 것이다. 중국에서 상품을 구입할 때는 누구나 의심의 눈초리로 이리저리 살펴보곤 한다. 중국의 위조제품 유통에 대한 불신이 자기도 모르게 스며들어 있기 때문이다. 태어나면서부터 그런 환경에서 자란 중국인들은 더욱 그러하다. 이미 짝퉁제품 유통에 익숙한 중국인들은 제품을 눈앞에 두고도 믿지 못하는 경향이 있다. 그런 중국인들이 오늘날 물건을 직접 보지도 않고 모바일에서 구매한다. 그것은 모두 스마트폰 덕분이다.

1) 모바일쇼핑

이러한 상전벽해의 상황은 매우 짧은 시간에 이루어졌다. 중국의 인터넷쇼핑몰의 역사가 그만큼 짧다는 것이다. 1990년대 후반부터 중국에 전자상거래 플랫폼이 생겨났지만 본격적인 시작은 2002년 미국의 이베이(ebay)가 C2C전자상거래 플랫폼 이취왕(易趣网)의 지분을 인수하여 중국시장에 진출하면서부터이다. 그러나 이베이는 수수료가 높은 신용카드 결제시스템 기반이었으며, 판매자와 구매자간에 직접 거래형태인 P2P(Peer to Peer)였기 때문에 의심이 많은 중국인들에게는 매우 꺼려지는 방법이었다.

뒤늦게 출범한 작은 기업 타오바오는 이베이의 이런 허점을 잘 간파했다. 구매자의 대금이 바로 판매자에게 전달되는 방식이 아니라 타오바오 플랫폼이 대금을 보관하고 있다가 구매자가 제품 수취를 한 후에 판매자에게 전달되는 에스크로(escrow) 방식을 채용한 것이다. 그것이 바로 오늘날 알리페이 출발이었다. 구매자가 제품을 수령한 후 확인버튼을 눌러주지 않으면 대금이 전달되지 않는 안전장치가 걸려있으니, 의심 많은 중국인들도 안심하고 인터넷 쇼핑을 즐길 수 있게 되었다. 타오바오의 눈부신 성장은 이처럼 알리페이라는 모바일 결제 앱의 도움이 결정적이었다. 중국의 모바일쇼핑 앱 순위는 다음과 같다.

종합 쇼핑 플랫폼 (综合购物平台类)	타오바오(淘宝)	3억 6,988만 6,900명
	징동(京东)	1억 7,129만 7,800명
	vip.com(唯品会)	7,575만 3,500명
	티몰(天猫)	6,807만 2,700명
	쑤닝이거우(苏宁易购)	2,097만 3,500명

이상에서 보듯이 모바일쇼핑 앱은 타오바오(Taobao)가 단연 1위이다. 타오바오가 독주하고 있는 모바일쇼핑 시장에 징동(京东)이 추격하고 있고, 브이아이피닷컴(唯品会: vip.com), 티몰(天猫: Tmall), 쑤

닝이거우(苏宁易购) 등이 그 뒤를 잇고 있다. 특히 징둥은 2018년 광군제 기간 동안 지난해보다 4조 원이 늘어난 1,598억 위안(한화 약 26조 1,129억 원)이라는 사상 최대 거래량을 기록했다. 타오바오와 비교하면 여전히 적지 않은 격차가 있긴 하지만, 징둥은 타오바오와 함께 인터넷 쇼핑 시장의 양강 구도를 형성할 것으로 보인다. 타오바오는 고속성장하고 있는데, 2019년 거래액 규모는 2,500억 위안으로 전년(1,000억 위안) 대비 2배 이상 증가했다.

타오바오는 위의 표에서 보듯이 다운로드 기기 수에서도 4억7,381만 대를 기록하며 인터넷쇼핑 부문 1위, 전체 앱 순위 5위를 기록했다. 아이리서치에 따르면, 2016년 중국 인터넷쇼핑 시장 규모는 4조 7,000억 위안(약 790조 원)이었으며, 이 중 모바일쇼핑 시장은 3조 위안에 달했다. 바로 이 3조 위안 시장에서 모바일 타오바오의 점유율은 75%에 육박한다. 통계에 따르면 일평균 모바일 타오바오 접속 횟수는 5억 회, 유효 사용시간은 18억 1,000만 분에 달했다.

모바일 타오바오의 인기는 중국의 인터넷쇼핑 패러다임이 PC에서 모바일로 넘어간 데서 비롯된다. 2016년 11월 11일 광군제(光棍节) 당시 알리바바 인터넷쇼핑몰(타오바오, 티몰)에서 모바일결제 비중은 81.9%에 육박하여 2014년(42.6%) 대비 두 배 가량 늘어났다. 모바일 타오바오는 새로운 소비 트렌드로 꼽히는 V커머스(Video Commerce)를 도입해 개인 셀러와 소비자간 쌍방향 소통을 돕고 있다. 개인 셀러가 타오바오 라이브방송으로 상품을 설명하고 소비자 문의에 즉각 피드백을 해주는 식이다. 2018년 광군제에서는 알리바바의 총 거래액이 2,135억 위안이라는 역대급 기록을 달성했는데, 이는 지난해 행사 총 거래액인 1,682억 위안 대비 27% 증가한 수치이다. 한편 타오바오는 2017년 후룬(胡润)연구소가 발표한 브랜드 랭킹에서 브랜드 가치 2,300억 위안으로 바이두와 텐센트 등 쟁쟁한 기업을 제치고 1위에 올랐다.

타오바오는 자신들의 네트워크를 이용하여 타오바오촌(淘宝村)을 건설하고 있다. 타오바오촌은 한 지역(마을)에 등록된 타오바오 온라인몰의 수가 전체 가구 수의 10% 이상이고, 전자상거래 거래액 규모가 1,000만 위안 이상인 곳을 가리킨다. 중국 시골지역에 타오바오의 이커머스 플랫폼을 연결해 비즈니스를 창출하고자 만들어진 개념이다. 타오바오촌의 형성은 고향을 떠났던 지역 청년의 귀향과 창업, 일자리 창출을 통한 외지 인구 유입, 원자재와 부품 집중화, 관련 서비스업 발전 등의 효과를 내며 지역경제를 살리는 역할을 하고 있다. 또한 한 지역에 타오바오촌이 3곳 이상 모여 있을 경우 보다 큰 개념인 타오바오진(淘宝镇)이라고 정의하며 나름의 지역 단위도 구축하고 있다. 타오바오촌은 2016년 기준 중국 전역 1,311곳에 배치돼 있으며, 타오바오진은 135곳이다.

타오바오촌은 초기만 하더라도 온라인 소매에 집중돼 있었다. 하지만 점차 온라인 도매업, 크로스보더(cross-border)형 이커머스, 시골지역 여행업 등으로 비즈니스 모델을 확장하고 있는 추세다. 이러한 타오바오촌 하나는 곧 하나의 창업 보육 센터가 된다. 2016년 8월까지 전국 타오바오촌의 활성 상점 숫자는 30만 곳에 달한다. 타오바오촌에서 한 곳의 활성화된 매장이 생겨날 때 평균적으로 2.8명의 구인을 하게 된다. 2016년 8월말 기준 전국 타오바오촌의 활성 매장이 만들어낸 직원 숫자는 84만 명에 이르고,[37] 2018년 전국에서 362개 도시, 2,200억 위안의 매출을 올렸다. 이처럼 타오바오촌은 타오바오라는 강력한 이커머스 플랫폼을 무기로 제품 생산자들을 '마을' 단위로 집결시키고 있다. 농산물 중심의 소규모로 시작된 판매자들은 기업이 됐고, 농산품을 넘어 제조업을 아우르며 온라인이라는 파이프라인에 연결돼 새로운 수익을 만들고 있다.

한편, 2014~2015년경부터 온라인으로 해외 상품을 직접 구입하는 중국의 '하이타오족(海淘族)'들이 급증하면서 해외직구도 무서운 속도로 성장하고 있다.

	샤오홍수(小红书)	1,930만 3,300명
	왕이카오라하이타오(网易考拉海淘)	926만 1,300명
해외직구(海淘类)	보뤄미(菠萝蜜)	170만 9,400명
	양마터우(洋码头)	99만 9,600명
	완더우공주(豌豆公主)	30만 7,300명

해외직구 앱의 순위를 보면 샤오홍수가 선두를 달리고 있는 가운데 왕이카오라하이타오가 추격하고 있는 모양새이다. 샤오홍수는 SNS 기능과 온라인쇼핑몰을 결합한 앱이다. 해외에 체류 중인 중국인들이 현지에서 구매한 상품과 각종 정보를 공유하는 '사용자 제작 콘텐츠 (UGC)'로 운영된다. 이용자들이 스스로 콘텐츠를 생산하기 때문에 신뢰도가 높은 편이다. 특히 '작은 빨간 책'이라는 이름처럼, 20~30대 여성들이 좋아하는 상품 정보가 가득하며, 해외 각국에서 생활하거나 유학하고 있는 중국인들이 현지에서 구매했던 상품 혹은 누렸던 문화 등을 앱에 공유하면서 소비자에게 좋은 해외상품을 찾아주는 서비스를 제공한다.

2) 왕홍(网红)의 전성시대

인터넷 사용인구가 늘어나면서 파워블로거의 영향력도 함께 커졌다. 이들은 쇼핑, 외식 등을 체험한 뒤 자신이 운영하는 블로그에 가격과 후기 등을 포스팅한다. 네티즌들은 파워블로거가 포스팅한 내용을 보며 해당 제품이나 서비스에 대해 실시간으로 사전 정보를 수집하며, 그 정보를 자신의 소비 결정에 적극 반영한다.

그러나 최근 중국 전자상거래 시장에는 이러한 파워블로거를 대체하는 이른바 '왕홍경제(红人经济)'가 급속하게 성장하고 있다. 왕홍은 '왕뤄홍런(网络红人)'의 줄임말로, '인터넷 상(网络)'의 '유명인(红人)'을 뜻한다. 원래는 어떤 사건이나 행위 때문에 인터넷에서 주목을 받고 유명한 사람이 되는 것을 말하는데, 현재는 주로 SNS에서 활동하면서 수많은 팬과 영향력을 지닌 사람으로 확대 통용되고 있다. 우리가 흔히 말하는 인플루언서(Influencer)라 할 수 있는데, 이들이 연예인처럼 SNS 등에 사진을 올리면 그들이 입은 옷, 사용하는 화장품 등이 완판 되는 등 본인의 명성이 제품 판매로 이어지는 것이다. 이른바 '인플루언서 마케팅(Influencer Marketting)'인 것이다.

왕홍은 이제 중국 모바일비즈니스의 한 축이 되었다. 2014년 광군제 당시 타오바오(淘宝) 여성의류 판매량 상위 10개 판매점에 왕홍이 운영하는 판매점이 포함되기 시작하면서 왕홍이 가지고 있는 경제적 가치에 주목하기 시작했다. 2015년 타오바오의 연구토론회에서 '왕홍경제(红人经济)'라는 용어가 처음으로 사용되면서 왕홍을 하나의 경제적 집단으로 보기 시작했다. 2015년 광군제 때에는 타오바오 여성의류 판매량 상위 20개 판매점 중 11개가 왕훙이 운영하는 판매점이었을 정도로 왕훙경제는 빠르게 성장하고 있다.[38]

현재 이들은 웨이보나 위챗 등 SNS 채널에 다수의 팔로워들을 확보하고 있으며, 사진 포스팅이나 생방송 등의 형태를 통해 온라인 상품 구매에 큰 영향력을 끼치고 있다. '어널리시스 이관(Analysys易观)'의 통계에 따르면, 2017년 기준 왕훙 산업의 규모는 약 811억 위안으로 추산되며, 2018년에는 1016억 위안 규모까지 증가할 것이라고 전망했다. 이에 따라 왕훙의 수와 팔로워의 규모도 빠르게 증가하고 있다. 2017년 팔로워 10만 명 이상을 보유한 왕훙의 수는 2016년 대비 57.3% 증가했다. 또한 2017년 중국 왕훙들의 팔로워 총합은 약 4억 7,000만 명으로, 2016년 약 3억 9,000만 명에 비해 20.6%가량 증가했다.

모바일을 통한 정보습득과 구매가 익숙한 바링허우(80后)와 주링허우(90后)가 중국 내 주요 소비층으로 자리 잡으면서, 왕훙의 영향력이 날로 커지고 있는 것이다. 아울러 온라인 매체가 다양해지면서 왕훙이 활동할 수 있는 플랫폼이 많아진 것도 하나의 이유라 할 것이다.

왕훙경제는 최근 급격히 성장하며 중국 마케팅의 필수 요소로 자리 잡았다. '아이리서치(iResearch)'의 통계에 따르면, 왕훙의 웨이보 계정 광고를 통해 물건을 구매하는 웨이보 진열창(微博櫥窗)의 2017년 2분기 전자 상거래 총액은 약 5,470억 위안으로 2016년 동기 대비 106.9% 성장했고, 판매 품목 수는 약 1,900만 개로 2016년 동기 대비 171.4% 성장했다. 또 5분 이내의 짧은 동영상 쇼트클립(短視頻)도 꾸준히 증가하고 있다. 2016년 5월부터 2017년 3월 사이의 조사를 보면 쇼트클립 영상의 트래픽 양이 2016년 12월 75.4%의 월간 증가율을 보였고, 2017년 3월에는 2016년 동기 대비 209.4%나 폭증했다. 2018년 중국 쇼트클립 사용자 규모는 5억 명을 넘었고, 2020년 중국 쇼트클립 사용자 규모는 7억 명을 초과할 것으로 예측한다. 2018년 중국 쇼트클립 시장 규모는 116.9억 위안(약 2조 한화), 전년동기 대비 109% 이상을 초과했다. 안정적 발전단계에 들어선 2020년 중국 쇼트클립 시장 규모는 380.9억 위안(약 6.6조 한화)을 초과할 것으로 예측한다.[39]

최근에는 음식이나 여행 관련 생방송 시청자 수가 급증하고 있다. 2016년 10월부터 2017년 5월까지 생방송 일일 평균 시청자 수의 통계를 보면, 음식과 게임 관련 시청자 수가 각각 341.8%, 342.6% 증가했다. 그 외 패션 관련 225.4%, 유머, 영유아 제품, 뷰티 등도 100% 이상 증가했다. 남성 팔로워도 눈에 띄게 증가했다. 2017년 왕홍 팔로워 성비는 남성이 61.4%, 여성이 38.6%로 2016년 대비 남성의 비율이 약 4% 증가했다.[40]

중국에서 본격적으로 왕홍이 등장한 시기는 2004년이며, 현재는 100만 명이 넘는 왕홍이 뷰티, 패션, 유머 등 다양한 방면에서 활약 중이다. 왕홍은 보통 영역이나 콘텐츠, 수익 창출 방식에 따라 '전자상거래형', '콘텐츠형', '유명인사형'의 세 부류로 나뉜다. 전자상거래 왕홍은 주로 유명 모델, 디자이너, 타오바오 판매자 출신들로서, 최종적으로 전자상거래 플랫폼을 통해 수익을 창출한다. 이들은 대부분 젊은 층이며, 패션이나 메이크업 등에 관심이 많다. 평소 SNS에서 자기의 라이프 스타일, 자체 개발 상품 등을 올리고 적극적으로 팬들과 교류

한다. 콘텐츠 왕홍은 자체 미디어(自媒体)를 가지고 웨이보, 위챗 등으로 오리지널 콘텐츠를 공유한다. 그 콘텐츠에는 이야기, 평론, 만화 및 동영상 등이 포함되며, 유머나 개그, 기발함 등 시선을 끄는 창의성이 특징이다. 유명인사 왕홍은 주로 방송스타, 기업가, 학자, 교수 등 이미 사회적으로 유명한 인사들로서, SNS 등의 채널을 통해 인기가 높아지거나 자신의 활동, 기업 홍보 등을 위해 왕홍으로 발전한 경우이다.[41]

왕홍을 수익 모델에 따라 크게 커머스 왕홍과 콘텐츠 왕홍으로 구분했다. 커머스 왕홍은 상품의 직접 판매 혹은 홍보를 통해 수익을 창출하며, 콘텐츠 왕홍은 시청자의 후원이 주요 수입원이다. 커머스 왕홍은 셀럽형과 광고형으로 나뉘는데, 셀럽형은 왕홍 자신이 하나의 브랜드가 되어 자체 상품을 기획하거나 유망 상품을 직접 발굴해 판매하는 유형이다. 연예인에 준하는 인지도를 가진 이른바 소수의 '슈퍼 왕홍'들이 여기에 해당된다. 광고형은 외부 의뢰로 제품을 홍보, 판매하는 유형으로서 대다수의 커머스 왕홍이 이 유형에 속한다. 콘텐츠 왕홍은 직접 콘텐츠를 제작하고 이를 시청하는 팔로워들이 제공하는 환금성 아이템을 통해 수익을 창출한다.

왕홍은 향후 브랜드화 및 기업화로 나아갈 것으로 보인다. 현재 대다수의 왕홍은 외부의 의뢰를 받아 광고료를 통해 수익을 창출하고 있다. 그러나 앞으로는 자신을 브랜드화 하여 상품을 직접 판매하는 왕홍이 많아질 전망이다. 또한 중국 왕홍시장의 새로운 트렌드 MCN(Multi Channel Network)의 등장으로 왕홍 산업이 보다 체계화 되고 전문화 되고 있다. MCN이란 왕홍과 전략적으로 제휴해 교육부터 콘텐츠 기획, 제작, 프로모션, 수익관리까지 필요한 전 과정을 체계적으로 지원함으로써 왕훙들이 콘텐츠 제작에 집중할 수 있도록 돕는 기획사를 의미한다. MCN은 왕훙들이 제작한 콘텐츠를 플랫폼에 공급하는 일을 맡고 추후 발생되는 광고 수익을 플랫폼, 왕훙과 공유하는 작업을 한다.

파피장(papi酱) 소속 개발팀인 'Papitube'는 약 60명에 달하는 쇼트클립 전문 제작자와 계약을 체결하여 영상제작의 전문성을 높이고 예능, 뷰티, 푸드, 여행 등 여러 분야의 시청자를 겨냥한 콘텐츠를 생산하고 있다. Papitube는 쇼트클립 제작자들의 콘텐츠 기획, 프로모션, 수익관리상의 문제를 적극 지원해주며, 유명 왕훙들이 가진 파급력으로써 신인 제작자의 콘텐츠를 확장하는 데 활용하고 있다. 과거 콘텐츠 제작에만 주력하던 일부 개발팀들도 그간의 경험과 전문성을 바탕으로 MCN 산업에 진출하기 시작했다. 콘텐츠 제작사 '칭텅문화(靑藤文化)'가 바로 그 대표적인 사례이다. 칭텅문화는 '밍바이러마(明白了妈)', 'Auto군(凹凸君)' 등의 쇼트클립을 출시하면서 육아나 생활 분야 콘텐츠의 성공적인 제작사로 주목받고 있다.42)

2017년 8월 알리바바는 「인터넷 소비를 촉진시키는 가장 영향력 있는 왕훙(网红) TOP 10」으로 쉐리(雪梨), 장다이(张大奕), 위모모(于momo), 린산산(林珊珊), ANNA, 자오다시(赵大喜), 아시거(阿希哥), 진모구구(金蘑菇菇), LIN, 메이메이더샤샤(美美的夏夏) 등을 꼽았다.43) 또 지난 10년간 중국 검색엔진 '바이두'에서 검색, 클릭 수 등 누적 유입량을 조사한 'TOP10 왕훙'의 순위도 공개되었다. 왕훙마케팅 기업 '투에이비'가 자사 왕훙 빅데이터 플랫폼 '엔터차이나'를 통해 이들 가운데 우리나라에서도 주목하는 대표 왕훙으로 왕니마(王尼

玛), 파피장(papi酱), 나이차메이메이(奶茶妹妹), 왕쓰총(王思聪), 안니바오베이(安妮宝贝) 등 다섯 명을 선정했다.[44]

전체 순위 10위를 기록한 왕니마(王尼玛)는 <Rage Comic>이란 만화사이트의 편집장이기도 한데, 우스꽝스러운 가면을 쓰고 유머 동영상에 등장한다. 9위인 파피장은 연애, 결혼, 직장생활 등 누구나 공감할 수 있는 이야기를 재밌게 풀어내어 공감을 얻는다. 2015년에 5분짜리 영상을 SNS에 올리기 시작해 현재 3천만 명에 가까운 팔로워를 보유한 대표적인 슈퍼 왕홍이 되었다. 7위에 오른 청순한 이미지의 나이차메이메이는 2009년 밀크티를 들고 찍은 사진 한 장으로 일약 스타덤에 올랐으며, 중국 2위 전자상거래 업체 징둥닷컴(京東商城: JD.COM)의 CEO 류창둥(刘强东)과 결혼해 더욱 화제를 모았다. 3위에 오른 왕쓰총은 중국 최대 부호로 꼽히는 완다그룹(万达集团: Wanda Group) 왕젠린(王健林)의 외아들이다. 애완견에게 시계를 선물하거나 자신의 생일에 유명가수를 초대하는 등 특이한 행각을 선보여 '엽기적인 재벌 2세'로 불린다. 1위를 차지한 안니바오베이는 중국 최초의 왕홍으로, 10년 넘게 왕홍으로 활동한 소설가이다. 한국을 비롯해 일본, 대만, 베트남 등 아시아 여러 국가에서 소설을 출간하는 등 중국 최고의 베스트셀러 작가로 활동하고 있다.

그 외 중국에서 인기를 끄는 한국인 왕홍도 있다. 대표적인 한국인 왕홍으로는 PONY(본명 박혜민)를 꼽을 수 있다. 포니는 걸그룹 2NE1의 멤버 CL의 메이크업을 담당하는 메이크업 아티스트로 유명세를 타기 시작했다. 웨이보 계정의 팔로워가 670만 명을 넘으며, 2016년 웨이보에 인기가수 테일러 스위프트의 화장법을 모방하는 메이크업 동영상을 올리면서 큰 인기를 끌었다. 중국 팬들로부터 '화장의 여신'이라는 애칭을 받고 있는 포니는 한국의 화장품 업체 Memebox와 협력해 자신만의 메이크업 브랜드 'Pony Effect'를 설립하여 타오바오에 입점하였고, 입점과 동시에 엄청난 매출을 올렸다.

또 다른 한국인 한궈둥둥(韩国东东) 역시 중국에서 회당 평균 300만 명이 넘게 시청하는 콘텐츠 제작자이다. 한궈둥둥은 한중 양국의 문화를 방송 콘텐츠로 제작하는데, 중국의 10대들이 가장 선호하는 플랫폼 빌리빌리에서 그의 방송을 구독하는 중국인이 약 63만 명에 달하며, 2017년에는 중국 관영 영자신문사 <차이나데일리>가 선정한 '중국인이 가장 사랑하는 외국인' 명단에 한국인으로 유일하게 이름을 올렸다. 주로 음식, 연예, 패션 등 대중문화를 주제로 콘텐츠를 제작하고 있는 그는 중국문화에 대한 이해도가 높으며 방송에서 한국어와 중국어를 자유자재로 사용하면서 한국인으로서 느끼는 양국 문화에 대한 솔직한 후기를 담아 중국인들에게 큰 인기를 끌고 있다.

3) 모바일 페이

마트 계산대에서 지갑이 아닌 스마트폰을 꺼내 계산하는 모습은 중국에서 이미 흔한 일상이 되었다. 우리에게는 아직 익숙하지 않은 광경이지만, 실제로 중국 오프라인 매장에서는 절반이상이 현금이나 카드를 사용하지 않고 핸드폰에 설치되어 있는 알리페이나 위챗을 사용해 계산한다.

위조지폐나 강도 등의 문제로 돈에 대한 불신이 강한 중국에서 가장 빠르게 성장하고 있는 것이 모바일 페이이다. 현재 중국에서는 지갑을 들고 다니는 것이 오히려 불편할 정도로 모바일 결제가 잘 발달되어 있다. 노점상에서도 QR코드나 각종 결제 어플 등을 걸어놓고 있으니, 이제 종이 화폐가 필요 없는 시대가 도래한 것이다.

모바일 페이(移动支付类)45)	알리페이(支付宝)	5억 222만 4,200명
	이즈푸(翼支付)	1,060만 8,100명
	이첸바오(壹钱包)	753만 5,700명
	윈산푸(云闪付)	694만 5,200명
	라카라(拉卡拉)	67만 2800명

이상에서 보듯이 알리페이(支付宝: Alipay)는 이러한 모바일 결제 앱에서 독보적이다. 위 표의 다운로드 기기 수에서도 4억1113만 대로, 금융 1위, 전체 5위에 올랐다. 알리페이는 중국 최대 전자상거래 업체 알리바바 그룹의 핀테크 자회사 앤트파이낸셜이 운영하는 모바일결제 서비스이다. 아이리서치에 따르면 2016년 중국 제3자 모바일결제 시장은 전년 대비 215.4% 폭증한 38조 위안에 달했다. 알리페이의 시장 점유율은 55%를 상회하며, 일평균 알리페이 이용 횟수는 2억 1,000만 건으로 집계됐다.

알리페이 앱은 결제뿐만 아니라 각종 공과금 납부, 영화 예매, 택시 호출, 진료 예약, 기차표 예매, 숙박 예약 등 다양한 생활 서비스 이용 및 머니마켓펀드(MMF) 투자와 같은 재테크도 할 수 있어 인기다. 인천국제공항을 비롯해 세계 10대 공항에서도 알리페이 결제가 가능해 졌다. 해당 공항 내 레스토랑, 카페, 오락 편의 시설을 이용할 때 현지 통화 없이도 알리페이에 예치된 위안화로 결제할 수 있게 된 것이다. 최근에 알리페이 결제가 가능한 해외 항공편도 늘고 있다.

이처럼 알리페이는 '향후 10년 내 이용자 20억 명(외국인 비중 60%) 확보'라는 목표를 가지고 해외 시장을 적극 공략하고 있다. 현재 알리페이 실명 이용자는 4억 5,000만 명 수준이다. 알리페이 서비스사 앤트파이낸셜은 우리나라 인터넷은행 케이뱅크(K-BANK)에 투자하는 등 해외투자와 인수합병에 적극적이며, 현재 미국, 영국, 한국, 룩셈부르크 등 6개국에 지사를 설립한 상태다.

알리페이는 신용카드나 온라인 계좌이체에 대한 불안감을 해소하기 위해 제3자 담보형식으로 결제를 진행한다. 즉, 고객이 알리페이로 결제하면 판매자의 계좌에 '알리페이 머니' 형태로 송금하는 결제 중개업자 형태로 서비스를 한다. 알리페이 서비스를 이용하기 위해서는 신용카드나 직불카드, 혹은 계좌이체 등의 형태로 '알리페이 머니'를 충전해야 한다. 신용카드 충전만 가능한 미국 페이팔(PayPal)의 경우, 신용카드 사용이 활발하지 않은 중국에서는 서비스가 원활하지 못했다. 이를 보완하여 알리페이는 은행계좌 및 휴대전화를 통해서도 알리페이 계좌에 머니가 충전되도록 했다.

알리페이와 양강을 형성하고 있는 모바일결제 앱은 위챗페이(微信支付: Wechatpay)이다. 위챗페이는 위챗(微信)에 포함된 기능으로 우리나라의 카카오페이와 같은 형태이다. 위챗은 텐센트가 2011년 1월부터 서비스를 시작했는데, 여기에 보강된 모바일결제 기능이 위챗페이다. 위챗 유저가 워낙 많다보니 위챗페이 이용자와 가맹점도 급속도로 늘고 있다. 현재는 알리페이가 가능한 곳이라면 위챗페이도 가능할 정도로 두 앱이 양강을 형성하고 있다.

이처럼 중국에서 모바일 결제가 활성화된 이유는 현금이나 은행카드 보다 혜택이 있기 때문이다. 소비자가 알리페이나 위챗페이를 사용하게 되면 브랜드나 매장에 따라 랜덤할인이나 정액할인을 받을 수 있는 즉각적이고 직접적인 혜택이 주어진다. 또한 알리페이와 위챗이 직접 주관하는 행사가 아니라고 하더라도 브랜드가 진행하는 다양한 프로모션들이 있다. 그 쿠폰들이 모두 알리페이나 위챗으로 발급되기 때문에 고객은 알리페이나 위챗으로 결제하지 않으면 혜택을 받을 수가 없다.

더불어 간접적인 혜택들도 있다. 알리페이의 경우, 개미포인트(蚂蚁积分)라고 불리는 마일리지 포인트가 쌓이며, 알리바바가 만든 신용등급인 즈마신용(芝麻信用)이 올라가게 된다. 이것을 신용카드 포인트처럼 사용할 수 있다. 위챗페이는 알리페이처럼 체계적인 마일리지 포인트나 신용시스템을 가지고 있지는 않지만 월요일부터 금요일까지 위챗페이를 사용하면 결제금액의 일부를 축적해두었다가 토요일과 일요일에 아무 매장에서나 할인 받을 수 있도록 해준다. 이처럼 같은 돈을 쓰더라도 혜택이 다양하므로 소비자 입장에서는 모바일 결제를 선호하지 않을 수 없는 것이다.

모바일결제 시스템을 도입하면 사업자의 입장에서도 많은 혜택이 있다. 중국에서는 위조지폐 문제가 끊이지 않으므로 현금 결제 시 발생할 수 있는 위폐 리스크를 줄일 수 있다. 그러나 더 중요한 것은 고객의 계산대 체류시간을 줄여준다는 것이다. 현금결제는 돈을 계산하는 과정에 상당한 시간이 걸리며, 신용카드 결제도 금액 입력과 고객 사인까지 받아야 하므로 현금결제 이상의 시간이 소요된다. 반면 모바일결제는 스캔만하면 되기 때문에 결제 시간이 매우 단축된다. 그러면 고객들이 계산대에 줄을 서는 시간도 단축되어 매장 운영이 원활하게 되는 것이다.

거기에다 알리페이나 위챗페이의 수수료는 일괄적으로 0.6%여서 은행카드 수수료보다 낮다. 만약 사업자가 매장에 위챗페이를 연동하지 않고 알리페이만 연동한다면 0.6%의 결제 수수료를 면제해주기도 한다. 그러나 위챗페이는 알리페이와 달리 위챗페이만 연동한다고 해서 수수료를 면제해주지는 않는다. 알라이페의 경쟁상대는 위챗페이지만, 위챗페이의 경쟁상대는 알리페이가 아니라 현금과 은행카드이기 때문이다.

사업자 입장에서 또 하나 중요한 이점은 고객을 파악할 수 있다는 것이다. 알리페이가 보유한 빅데이터를 통해 고객의 연령대와 성별, 성향 등을 사업자에게 통계형태로 제공해주는 것이다. 엄청난 빅데이터를 보유한 알리바바 그룹이 제공하는 소비자 통계는 사업자에게 매우 유용한 마케팅 자료이다. 이외에 알리페이는 기발하고 재미있는 이벤트를 자주 기획하는데, 브랜드나 매장 행사비용의 일부도 부담해주므로 사업자로서도 이익이다. 알리페이의 이벤트 가운데 가장 큰 행사는 12월 12일(双十二) 할인 행사이다.

위챗은 알리페이와는 완전히 다른 성격을 갖고 있다. 위챗은 알리페이와 달리 전화번호만 있으면 별다른 신분인증 없이 가입이 가능하다. 또 위챗의 결제시스템은 텐페이(Tenpay: 财付通)에서 비롯되기 때문에 인터넷 쇼핑기록이 아니라 텐센트 게임과 관련된 거래들이다. 즉, 빅데이터가 축적되지 않는다. 그래서 위챗페이를 연동한다 하더라도 사업자가 알 수 있는 고객 데이터가 없다. 기껏해야 위챗페이를 결제하고 자동 팔로우하게 된 공식계정(公众号)의 팔로워 나이나 지역 정도일 뿐이다. 그나마도 사용자가 임의대로 입력한 데이터들이기 때문에 신뢰도가 떨어져 사용가치가 매우 낮다.

하지만 위챗공식계정(微信公众号)이 사업자에게는 홈페이지와 같은 공간이 된다. 고객에게 전하고 싶은 메시지를 공식계정을 통해 직접적으로 전달할 수 있으며, 사업자가 발행하는 포스트를 통해 홍보 마케팅을 진행할 수도 있다. 또 사업자가 발급하는 쿠폰 등을 고객이 직접 SNS 공유를 통해 확산시킬 수도 있으며, 공식계정 고객센터 운영으로 고객과 직접 소통도 할 수 있다. 이처럼 위챗의 공식계정에서 제공하는 10여 가지 부가기능은 그 활용가치가 매우 높다. 거기에다 사업자가 좋은 아이디어가 있다면 하드웨어나 소프트웨어를 위챗과 연동할 수도 있으므로 사업자 입장에서는 매우 매력적이라고 할 것이다.

알리페이에 '12월 12일' 이벤트가 있다면 위챗페이에는 '8월 8일, 현금 안 쓰는 날(无现金日)' 행사가 있다. 이 행사는 위챗페이 마케팅이 아니라 현금을 쓰지 말자는 공익행사이다. 그래서 이 행사에는 은행뿐만 아니라 수많은 업종과 브랜드가 참여한다. 물론 위챗페이를 사용하게 되면 위챗에서 보조금을 지급한다.

위챗페이는 기본적으로 위챗이라는 메신저에 부가된 기능 가운데 하나이다. 따라서 위챗이라는 플랫폼이 만들어내는 무궁무진한 활용성이 가장 큰 무기이다. 알리바바가 2003년 타오바오와 함께 알리페이를 출시했을 때만 하더라도 지금 같은 플랫폼을 의식하지는 못했던 것으로 보인다. 현재 알리페이는 다양한 서비스를 추가하면서 플랫폼으로 변신하려는 노력을 하고 있다. SNS, 커뮤니티, 근거리 친구 찾기 등 다양한 시도도 그러한 노력의 일환이다. 알리페이는 위챗처럼 되고 싶은 것이다. 그러나 알리페이는 여전히 사용자들에게 결제할 때 사용하는 앱으로 인식되고 있다.

3. 스마트폰의 메신저와 SNS, 그리고 소셜커머스

스마트폰이 가져다준 스마트 커뮤니케이션(Smart Communication)은 사회관계의 패턴도 바꿔놓고 있다. 시간차가 존재했던 PC시대의 커뮤니케이션 수요가 스마트폰의 즉각적인 SNS로 전환되었으니, 스마트폰을 통해 사진을 찍고, 감정을 표현하고, 댓글로 소통하는 행위가 실시간으로 이루어지게 된 것이다. 이처럼 스마트폰은 관계 중심의 '실시간, 양방향' 커뮤니케이션으로 소통방식을 바꿔놓았다. 이러한 스마트 커뮤니케이션은 빠른 전파성과 실시간성 등으로 정치, 사회적 영향력도 확대시켰다. 모바일 SNS를 통해 정치, 사회 이슈에 대한 의견 표출이 쉬워지고, 사회 이슈가 급속도로 전파되면서 영향력이 확대되었다. SNS를 통해 지구촌 사람들과 4.7단계만 거치면 모두 연결되어 과거 스탠리 밀그램이 주장한 6단계 이론보다 1단계 이상 단축되었다.

이러한 스마트 커뮤니케이션은 소셜 비즈니스와 기업경영에도 도입되어 의사소통 수단을 넘어 서비스를 구성하는 플랫폼으로 변모하였다. SNS는 위치기반서비스(Location-Based Service)와 결합되어 마케팅 채널 또는 실시간 미디어로 진화하여 소셜커머스, 소셜게임, 소셜마케팅, 소셜고객관리 등 다양한 영역으로 확대되었다. 기업들은 SNS의 빅데이타를 분석하여 기업 경영과 마케팅에 적용한다. PC와 달리 즉각적이고 감정적인 형태로 이루어지는 모바일 SNS에서의 소통 내용을 분석해서 시장의 정서를 파악할 수 있고, 이를 통해 미래를 예측하고 대응할 수 있게 된 것이다.

1) 모바일 메신저

중국의 모바일 메신저는 단연 위챗(微信: Wechat)이 압도하고 있다. 그 뒤를 같은 회사의 QQ가 잇고 있다.

메신저(聊天类)		
	위챗(微信)	10억 1,568만 1,900명
	QQ	6억 4,966만 4,300명
	모모(陌陌)	5,801만 8,000명
	탄탄(探探)	3,240만 6,300명
	왕신(旺信)	1,603만 6,300명

위챗과 QQ는 모두 텐센트의 메신저이다. 모모(陌陌), 탄탄(探探), 왕신(旺信) 등이 그 뒤를 잇고 있지만 이용률에서 매우 큰 차이를 보이고 있다. 위 표에서도 위챗은 다운로드 기기 수 9억 1,690만대를 기록, 메신저 분야는 물론, 전체 앱 순위에서도 1위에 올랐다. 텐센트가 2011년 1월 출시한 위챗은 8억 4,600만 명(하루 평균 7억 6,800만 명)의 월 이용자(MAU)를 확보한 모바일 메신저 앱이다. 위챗은 이용자 10명 중 9명이 매일 이용할 정도로 이미 중국인의 일상이 됐다.

위챗 일상화의 배경에는 기본적인 메신저 기능 외에 모바일결제(위챗페이), 콜택시, 공과금 납부, 식당 예약, 홍바오(紅包: 사이버머니) 발송 등 위챗 하나만 있어도 이용 가능한 서비스가 무수히 많기 때문이다. 2017년 1월에는 별도의 앱을 다운로드 받지 않아도 위챗 내에서 QR코드 스캔이나 앱 검색을 통해 즉각 원하는 서비스를 이용할 수 있는 미니앱(小程序)을 출시하기도 했다.

메신저 부분에서 2위를 차지한 QQ는 전체 앱 순위에서도 2위였다. QQ는 1999년 텐센트가 PC용으로 만든 메신저로서, 텐센트를 지금과 같은 거대 기업으로 키운 모체이다. QQ는 QQ이메일, QQ게임, QQ 음악, 블로그 QQ스페이스(QQ空间), QQ브라우져 등 QQ를 중심으로 다양한 부가서비스를 추가하면서 단숨에 국민 메신저로 발돋움했다.

텐센트가 모바일을 주목하며 모바일 SNS 위챗을 출시하게 된 것은 2011년이었다. 뜻글자인 중국어는 여러 모로 채팅에 불편한 문자이다. 이것을 획기적인 음성채팅으로 대체한 위챗은 주변사람 검색과 흔들기 기능 등 신개념의 놀이들을 추가하며, QQ와 마찬가지로 순식간에 국민 모바일 SNS로 자리 잡았다.

위챗은 개인 간의 메신저뿐만 아니라 펑유취안(朋友圈)이라는 친구들만 볼 수 있는 모멘트를 오픈하며 폐쇄형 SNS를 출시했다. 트위터, 페이스북, 웨이보 등 친구승인이 없더라도 팔로우만 하면 누구나 볼 수 있는 오픈형 SNS가 난무하는 시대에 오로지 친구만 볼 수 있는 폐쇄형 모멘트 출시는 모험적인 시도였지만 결과적으로 성공이었다. 오히려 오픈형 SNS와 달리 아는 사람들만 소통하고 공유하는 끈끈한 결속력이 있었다. 그리고 그것은 웨이상(微商)이라는 비즈니스로 발전하기도 했다.

위챗은 2012년 8월 공식계정(公众号)을 런칭하면서 제2의 도약을 하게 된다. 모바일의 편의성, 저렴한 개설비용(300위안), 8억 명의 위챗 사용자, 완벽한 위챗 호환성 등의 장점을 가진 위챗 공식계정은 기업의 홈페이지나 APP과 같은 역할을 수행하면서 개인과 사업자들을 위챗의 생태계 안으로 들어오게 만들었다. 위챗 안에서 개인과 비즈니스 생태계가 구축되자 2014년 위챗페이가 런칭되었다.

이처럼 스마트폰을 사용하는 중국인들은 모두 위챗을 사용하고 있다고 할 수 있다. 업무 이메일이 위챗메세지로 대체되었고, 명함의 전화번호가 위챗QR로 대체되었으며, 지하철을 타고 이동할 때 친구들의 모멘트를 보거나 공식계정에 올라온 포스팅을 읽는다. 그리고 이제 결제까지 대신한다. 위챗은 이처럼 중국인들의 일상에 깊숙이 들어와 있다.

2018년 8월에는 중국의 스타트업 콰이루커지(快如科技)가 쯔탄돤신(子弹短信)이라는 메신저 앱을 출시하여 선풍을 일으켰다. 이 앱은 출시 사흘 만에 SNS 앱 다운로드 1위를 차지했고, 일주일 뒤에는 1억 5,000만 위안의 투자를 유치했다. 쯔탄돤신이 이토록 폭발적인 관심을 받는 것은 최강의 기능 때문이었다. 국민메신저 위챗과 비교했을 때 상당부분 업그레이드 됐고, 위챗이 가지지 못한 기능을 품고 있다는 평이다. 가장 눈에 띠는 기능은 음성과 텍스트의 결합이다. 위챗이 음성은 음성으로, 텍스트는 텍스트로 전달했다면. 쯔탄돤신은 음성으로 입력하고 텍스트로 출력하는 기능을 갖췄다. 이용자의 접근성도 개선됐다. 앱을 실행시키지 않아도 스마트폰 홈 화면에서 가상 버튼(Assistive Touch)을 누르고 말을 한 뒤 받는 사람을 선택하면 바로 메시지가 발송된다. 아울러 대화창을 실행시키지 않고, 앱 알림 화면에서 바로 빠른 회신도 가능하다. '총알메시지'라는 이름답게 신속하고 효율적인 메시지 발송에 특화된 앱인 것이다.

2) SNS

중국에서는 페이스북(Facebook), 트위터(Twitter), 유튜브(Youtube) 등 글로벌 SNS 사용이 금지되어 있다. 그래서 중국의 네티즌(网民)이 사용하는 SNS는 크게 두 가지이다. 시나(新浪: Sina)의 웨이보(微博: Weibo)와 텐센트의 모바일 메신저 위챗이다. 앞서 언급했듯이 위챗은 중국에서 가장 많은 유저를 가진 모바일 메신저로서, 다양한 SNS 기능도 제공하고 있다. 하지만 순수 SNS 영역에서만 보면 웨이보가 위챗을 제치고 1위를 차지하고 있다.

소셜네트워크(社区类)	시나웨이보(新浪微博)	3억 3,369만 9,500명
	바이두톄바(百度贴吧)	8,026만 7,800명
	QQ존(QQ空间)	5,410만 9,900명
	즈후(知乎)	2,800만 8,900명
	처유후이(车友会)	1,354만 8,800명

웨이보는 마이크로블로그(Microblog)의 중국식 표현이다. 웨이보는 시나 는 물론, 바이두, 텐센트, 소후 등 주요 인터넷 포털사이트에서 모두 서비스를 제공하고 있다. 앞의 표에서도 시나웨이보가 다운로드 기기 수 3억 6,585만 대를 기록, SNS 1위, 전체 7위에 올랐다. 위의 표에서 알 수 있듯이 시나웨이보는 2위 바이두톄바(百度贴吧)와도 압도적인 차이를 보인다. 웨이보는 불특정 개인 간 소통창구를 넘어 기업과 연예인의 마케팅 홍보채널로도 굳건히 자리하고 있다. 스타들의 SNS 영향력을 한 눈에 알 수 있는 '웨이보의 밤'은 중화권 유력 시상식으로 자리매김한지 오래이다.

웨이보가 중국 대표 SNS 브랜드가 된 이유는 SNS와 포털 기능을 겸비했기 때문이다. 웨이보는 짧고 긴 글 포스팅, 동영상과 사진 업로드, 핀터레스트 형식의 사진 보기, 링크 공유, 게임, 모바일 어플리케이션 마켓, 개인 프로필 페이지 설정, 기부 등 일반적인 SNS의 서비스는 물론 뉴스나 키워드 검색 등 포털사이트의 서비스까지 제공한다. 이러한 서비스는 사용자들의 사적인 공간인 동시에 정치, 사회, 연예 등 다양한 이슈와 정보를 다수와 공유하는 독보적 채널이 됐다.

그 예로 2014년 3월 8일 말레이시아 쿠알라룸푸르를 이륙해 중국 베이징으로 가던 도중 흔적도 없이 사라진 말레이시아항공 MH-370기 실종사건을 들 수 있다. 지금도 미스터리로 남아 있는 이 사건은 당시 웨이보를 통해 언론보다 자세하고 다양한 정보가 실시간으로 공유되었다. 정부의 검열을 받는 중국 언론과 달리 사람들이 원하는 정보를 웨이보에서 더 신속하고 자세하게 알 수 있었던 것이다. 이 때문에 웨이보 역시 검열해야 한다는 이슈가 발생하기도 했지만, 웨이보는 중국에서 가장 강력한 정보공유 채널임을 확인시켜 주었다.

수많은 유저를 가진 웨이보는 정보의 생산, 공유, 확산이 강하고 빠를 수밖에 없다. 이것이 언론보다 더 빠르고 풍부한 정보를 원하는 네티즌들을 모이게 했다. 이에 중국 기업들도 자연스럽게 웨이보에서 온라인 캠페인을 시작했고, 눈에 띄는 성과를 얻은 경우가 많았다. 예를 들면 한국인이 오너인 미국 최대 SPA 브랜드 'Forever21'은 중국 진출을 위해 런칭 전부터 웨이보를 통해 브랜드 메시지를 전하면서 다양한 프로모션을 진행했다. 특히 웨이보의 패션블로거, 셀럽과 같은 'KOL(Key Opinion Leader)'과 접촉하여 그들 스스로 이 브랜드에 대해 언급하게 했다. 그 결과 사람들은 런칭에 대한 기대감을 갖게 되었고, 런칭 전날부터 5,000여 명이 줄을 서는 등 큰 성과를 거두었다. 여기서 말하는 SPA는 'Specialty store retailer of private label Apparel Brand'의 약자로, 자사의 기획 브랜드 상품을 직접 제조하여 유통까지 하는 전문 소매점이다. 유니클로, 자라, H&M 등이 대표적이다.

중국의 빅데이터 분석기관인 카이두(凱度: kantar)의 「2017 중국 사회교류매체(SNS) 영향력 보고(2017中国社交媒体影响报告)」[46]에 따르면 2017년 위챗 이용자는 전체 인터넷 이용자의 94.5%로 전년 대비 1.2% 증가했고, 웨이보(微博) 이용자는 35.7%로 전년 대비 3.7% 증가했다. 하지만 18~25세의 인터넷 이용자를 보면 위챗은 2017년 86.6%로 전년 대비 7.5% 감소한 반면 웨이보는 45.9%로 전년 대비 13.7%로 크게 증가하여 젊은 층을 중심으로 웨이보가 약진하고 있는 추세이다. 텐센트 2019년 실적 보고서에 따르면, 위챗의 월간 활성화 사용자(MAU)는 11억 5,100만 명으로 2018년 대비 6% 증가한 것으로 집계되었다.

3) 소셜커머스와 배달문화

중국 앱스토어 바이두서우지주서우(百度手机助手)는 2017년 12월 말에 진행한 중국 네티즌 투표결과를 바탕으로 각 분야별 대표 앱 TOP3를 발표했다. 네티즌이 직접 뽑았다는 점에서 진정한 '중국 국민 앱'이라 할 수 있는데, 미식(美食) 부문에는 중국 O2O(Online to Offline) 강자 신메이다(新美大)의 음식배달앱 메이퇀와이마이(美团

外卖)와 음식리뷰앱 다중뎬핑(大众点评), 그리고 나머지 한 자리는 메이퇀와이마이와 음식배달앱 양강 구도를 이루고 있는 어러머(饿了么)가 차지했다.

특히 신메이다의 주축인 다중뎬핑은 2003년부터 서비스를 시작한 소셜커머스(Social commerce) 앱이다. 소셜커머스는 SNS를 활용하여 이루어지는 전자상거래의 일종으로, 일정 수 이상의 구매자가 모일 경우 파격적인 할인가로 상품을 제공하는 판매 방식이다.

세계 최초이자 최대의 소셜커머스는 2008년 미국 시카고에서 설립된 그루폰(GROUPON)이다. '그룹+쿠폰'의 합성어인 그루폰은 여러 사람이 모이면 물건을 싸게 살 수 있다는 아이디어에서 비롯되었다. 창업자 메이슨의 사무실 1층 식당의 피자 반값쿠폰을 발행한 것을 시작으로 현재 44개국 500여 개의 도시에 진출해 있다.

소셜커머스(优惠导购类)	다중뎬핑(大众点评)	2억 8,84만 4,900명
	메이퇀(美团)	1억 4,249만 7,700명
	핀둬둬(拼多多)	7,027만 7,400명
	판리왕(返利网)	6,70만 300명
	바이두눠미(百度糯米)	395만

위에서 보듯이 중국의 소셜커머스 1위 앱은 다중뎬핑이다. 다중뎬핑은 2015년 10월 2위를 달리고 있는 메이퇀과 합병했으며, 2016년 신메이다(新美大)라는 거대회사로 거듭났다. 합병은 했지만 각자의 이름으로 경쟁하고 있으며, '메이퇀뎬핑'이라는 통합이름으로도 불린다. 시장에서는 신메이다의 기업가치를 170억 달러로 평가하고 있다. 다중뎬핑은 위의 표 다운로드 기기 수에서도 8,054만 대를 기록하며 음식 주문·리뷰 분야 1위에 올랐다. 아이리서치에 따르면 2016년 중국

외식 O2O 시장 규모는 1,927억 위안에 달했다. 2003년 4월 이 거대한 시장에 일찌감치 뛰어든 다중뎬핑은 식사권 공동구매, 음식 배달, 식당 리뷰 서비스 등을 통해 중국인의 외식 문화에 깊이 관여하고 있다.

신메이다는 CEO 왕싱(王兴)이 2010년 미국의 공동구매 사이트 그루폰을 본떠 창업한 메이퇀이 모태이다. 2013년 배달앱 시장에 진출했고, 2015년 10월에는 다중뎬핑을 합병하면서 중국 최대의 소셜커머스 업체가 되었다. 신메이다는 단순한 배달 중개에 머물지 않는다. 식당 예약에서부터 지불, 평가 공유 등 모든 소비과정은 물론, 식당의 서비스까지 디지털화하고 있다. 또 소비자의 요구 수준이 높아지는 추세에 맞춰 빅데이터와 인공지능(AI)을 활용해 맞춤형 식당을 소개하고 식자재를 배달해준다. 2년 전부터는 드론과 무인자율주행차로 배달하는 방안을 탐색하기 시작했다. 무인배달 관련 특허 등 지식재산권만 60건 이상 출원했다.

이러한 소셜커머스는 중국의 외식문화까지 바꾸고 있다. 가장 달라진 것 가운데 하나가 배달문화이다. 중국에는 원래 배달문화가 없었다. 일부에선 현지 한국식당의 배달문화를 중국식당들이 따라하며 생겨난 문화라고도 한다. 하지만 '와이마이(外卖: 배달)'는 오늘날 중국 전 대륙을 강타하고 있다고 할 정도로 붐이다. 그것은 바로 중국 젊은이들의 스마트폰 사용 습관이 만든 문화이다. 어디서든 편하게 음식을 주문할 수 있는 배달앱과 모바일 페이의 보편화는 의식주 가운데 '식'을 가장 중시하는 중국인의 외식문화 패턴까지 바뀌게 된 것이다. 이제는 음식뿐 아니라 과일, 커피, 꽃다발까지 업종을 불문하고 배달이 가능해졌다. 집 안에서 스마트폰으로 모든 것을 해결할 수 있는 것이다.

중국의 배달앱은 3강 체제이다.

배달(外卖类)	어러머(饿了么)	8,611만 6,900명
	메이퇀와이마이(美团外卖)	2,197만 7,400명
	바이두와이마이(百度外卖)	809만 6,500명

어러머와 메이퇀은 각각 알리바바와 텐센트의 많은 투자를 유치했다. 두 IT 공룡기업이 배달 O2O 서비스에 이처럼 많은 투자를 하는 이유는 최근 중국 유통업계의 이슈 중 하나인 신유통(新零售)과 관련이 있다. 신유통이란 2016년 마윈 알리바바 회

중국 대표 배달기업
어러머(饿了么)

장이 처음 제시한 개념으로, 온라인·오프라인·물류 3개 분야를 융합한 새로운 유통방식이다. 어러머는 바이두와이마이까지 통합하여 신유통의 활로를 개척하고 있다. 이제 어러머와 메이퇀은 배달만을 하는 서비스라고 할 수 없다. 신유통 생태계 하에서 온라인과 오프라인이 유기적으로 연계해 각자의 장점을 통합한 새로운 형태의 유통구조가 형성되기 시작한 것이다.

이러한 신유통은 현재 알리바바 뿐만 아니라 대다수 유통기업의 중요 이슈가 되고 있다. 앞서 언급한 텐센트의 타오바오촌도 이러한 신유통의 한 예이다. 신유통을 처음 주창한 알리바바의 신유통 대표주자는 허마셴성(盒马鲜生)이다. 허마셴성은 등장한지 3년 만에 중국인들

의 식품 구매패턴과 유통구조를 혁신하고 있다. '허세권(허마가 배달 가능한 3km 범위 내의 지역)'이라는 신조어를 만들어낸 허마는 온·오프라인에 구애받지 않고 주문하면 고품질의 신선식품을 안전하고 신속하게 배송해주는 시스템으로 중국인들의 마음을 사로잡았다. 허마의 등장과 파급력으로 중국 내 다양한 온·오프라인 유통 기업은 너나 할 것 없이 이 모델을 차용해 신선식품매장을 오픈하였다. 3km 이내 30분 배달은 신유통 매장의 공식이 되었고, 매장 내 컨베이어 벨트 시스템도 도입되고 있다.

6단계 분리법칙

미국의 심리학자 스탠리 밀그램의 '좁은 세상 실험'으로 밝혀낸 법칙으로, 미국 어느 한 지점에 있는 사람이 또 다른 어느 지점에 있는 '전혀 모르는' 사람과 불과 6단계만 거치면 연결될 수 있다는 이론이다. 스탠리 밀그램의 이 실험이 진행된 시기는 1969년이었다. 2008년 마이크로소프트사의 연구원 에릭 호비츠는 MSN 메신저를 통해 밀그램과 유사한 실험을 했다. 결과는 밀그램과 비슷한 6.6단계였다. 2011년 소셜네트워크 서비스(SNS) 기업 페이스북은 4.7단계를 거치면 전 세계 사람들과 연결된다는 연구 결과를 내놓았다.

SPA 브랜드

'SPA'는 'Specialty store retailer of Private label Apparel Brand'의 약자로, 자사의 기획브랜드 상품을 직접 제조하여 유통까지 하는 전문 소매점을 말한다. 유니클로, 자라, H&M 등이 대표적이다.

4. 모바일 엔터테인먼트

스마트폰이 가져온 대중문화의 가장 큰 변화는 음악이나 영상을 소비하는 방식이 바뀐 것이다. 기존에는 영상이나 음악을 내려 받아 소비했지만 모바일 네트워크 속도가 빨라지면서 스트리밍 방식의 소비 행태가 대두되기 시작했다.

전 세계적으로 가장 대표적인 스트리밍 방식의 서비스는 넷플릭스다. 넷플릭스는 미국 최대 스트리밍 서비스 회사로 전 세계 5천만 명 이상의 가입자를 확보한 것으로 알려졌다. 저렴한 가격에 자신이 보고 싶을 때 원하는 콘텐츠를 볼 수 있다.

1) 동영상 스트리밍

동영상(综合视频类)	유쿠(优酷视频)	4억 8,637만 6,700명
	텐센트비디오(腾讯视频)	4억 7,758만 9,200명
	아이치이(爱奇艺视频)	3억 6,315만 명
	망고TV(芒果TV)	9,288만 2,900명
	비리비리(哔哩哔哩)	6,177만 1,200명

동영상 스트리밍 부문에서는 유쿠와 텐센트비디오가 아이치이와 월 이용자수 1억 명 이상 차이를 벌리며 나란히 1, 2위를 기록했다. 그러나 표의 다운로드 기기 수에서는 4억 8,072만 대를 기록한 아이치이가 1위에 올랐고, 전체 앱 순위에서도 위챗과 QQ에 이어 3위를 차지했다. 따라서 동영상 스트리밍 분야는 유쿠, 텐센트비디오, 아이치이가 3강 구도를 형성하고 있고, 망고TV와 비리비리도 약진하고 있

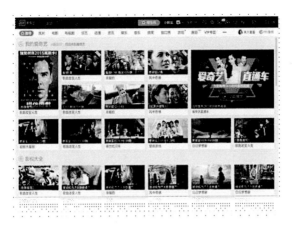
아이치이의 모바일 화면

다. 카이두(凱度: kantar)의 「2017 중국 사회교류매체(SNS) 영향력
보고(2017中国社交媒体影响报告)」에 따르면 2017년 전체 인터넷 이
용자 중 망고TV의 이용자는 10.4%로 전년 대비 1.6% 증가했고,
18~25세 인터넷 이용자 중에서는 22.4%로 전년 대비 9.7%나 증가했
다.

　이것은 중국의 동영상 스트리밍 시장이 날로 커지고 있다는 반증이
다. 아이리서치에 따르면, 2014년 중국의 온라인 동영상 시장은 245
억 위안으로 전년대비 80.3% 성장했으며, 2018년에는 902억 위안 규
모로 예측하고 있다. 또한, 중국인터넷정보센터(CNNIC)에 따르면,
2015년 6월 기준 중국 온라인 동영상 이용자는 4억 6,100만 명으로
2014년 말에 비해 2,823만 명 증가했다. 특히 모바일 동영상 이용자는
2014년 말보다 4,154만 명 늘어난 3억 5,400만 명으로 전체 이용자
중 76.8%를 차지했다. 최근 중국인들이 보유한 휴대폰 10대 중 8대가
스마트폰일 정도로 보급이 늘어난 것이 모바일 동영상 이용자의 급증

으로 이어진 것이다.

중국 온라인 동영상 시장의 주요 기업들은 인수합병을 통해 몸집을 불려왔다. 지난 2012년에는 온라인 동영상 시장의 1, 2위 사업자인 유쿠(Youku)와 투더우(Tudou)가 합병해 시장 점유율 1위의 대형업체인 유쿠투더우(Youku Tudou)가 만들어졌다. 2014년에는 알리바바가 유쿠투더우의 주식 16.5%를 취득하여 온라인 동영상 서비스에 뛰어들었다. 바이두도 2012년 온라인 동영상 서비스 아이치이를 인수했으며, 2013년에는 또 경쟁업체인 PPS를 3억 7,000만 달러에 인수하여 아이치이의 산하 브랜드로 편입시켰다. PPS는 2005년 설립된 중국의 인기 TV 스트리밍 서비스로 PC에서만 약 5억 명에 달하는 이용자를 보유하고 있었다. 이에 따라 아이치이는 단숨에 시장 점유율 2위의 업체로 거듭나게 되었다. 글로벌 모바일 앱 분석기관 앱애니(App Annie)에 따르면 아이치이는 2016년 세계 앱 매출 순위 7위를 기록했다. 아시아 지역 동영상 스트리밍 앱 매출 역대 최고 순위다. 아이치이의 유료회원은 2016년 6월 2,000만 명을 돌파했는데, 「태양의 후예」, 「도묘필기(盜墓筆記)」, 「노구문(老九門)」, 「여죄(餘罪)」 등 독점계약 콘텐츠 혹은 자체 제작한 프리미엄 콘텐츠 인기에 힘입은 결과이다.

베이징의 시장조사기관인 '어낼리시스 인터내셔널(Analysys International)'이 발표한 자료에 따르면, 2015년 1분기 기준으로 중국 온라인 동영상 시장 점유율은 유쿠투더우가 21.7%로 1위이고, 바이두, 아이치이, PPS 연합이 19.59%로 2위, 텐센트 비디오(Tencent Video)가 14.11%로 3위, 소후(Sohu)가 12.6%로 4위, 러스왕(LeTV)이 9.25%로 5위였다. 이들 상위 5개 업체의 시장점유율 합계는

77.25%에 이른다. 중국 온라인 동영상 시장은 2013년 135억 9,000만 위안에서 2017년 952억 3,000만 위안까지 늘어나는 등 매년 40% 이상 꾸준한 성장세를 보인다. 2018년에는 1,000억 위안을 돌파했고, 2020년에는 2,000억 위안에 육박할 것으로 예상된다.[47]

이처럼 동영상 스트리밍은 최근 중국에서 가장 많은 주목을 받고 있는 분야이다. 광대한 영토의 특성상 지방 방송국 위주로 다수의 방송사가 분포해 있고, DVD나 블루레이 판매가 발달하지 않은 중국에서는 온라인 동영상 플랫폼이 영화나 TV 프로그램의 주요 유통 채널역할을 하고 있기 때문이다. 여기에 대부분의 동영상 업체들이 중국은 물론 해외의 영화와 드라마, TV 프로그램 판권을 구매해 광고를 기반으로 한 무료서비스를 제공하는 것도 인기의 요인이다.

또한, 동영상 플랫폼은 TV 방송보다 중국 정부의 규제가 상대적으로 덜하기 때문에 중국뿐만 아니라 미국, 한국, 일본 등 해외의 다양한 콘텐츠들을 실시간 상영이 가능할 정도로 빠르게 들여올 수 있다. 중국의 젊은 소비자들 사이에서 미국 및 한국 드라마가 선풍적인 인기를 끌면서 동영상 서비스에서도 해외 드라마 제공이 늘어나고 있다. 소후는 미국의 넷플릭스(Netflix)가 자체 제작한 오리지널 드라마 시리즈 「House of Cards」를 독점 계약해 제공했으며, 유쿠투더우는 미국의 인기 좀비 드라마 시리즈 「The Walking Dead」를 독점 공급하기도 했다.

한국 드라마의 경우, 2013년부터 본격적인 인기몰이가 시작되었다. 2013년 말 유쿠투더우를 통해 방영된 「상속자들」이 전국에서 인기를 끌게 되자 중국 동영상 업체 사이에 한국 드라마 확보경쟁이 불붙기 시작했다. 이후 2013년 12월 아이치이를 통해 방영된「별에서 온 그대」가 대히트하면서 한국 드라마 판권이 급등하기도 했다.「별에서 온 그대」가 회당 4천만 원 정도의 가격에 판매된 반면, 2014년 7월에 방영된「괜찮아 사랑이야」는 회당 1억 2천만 원까지 급등했으며, 2014년 11월 방영된「피노키오」는 회당 2억 8천만 원까지 치솟은 것으로 알려졌다.

중국의 <상속자들>과 <별에서 온 그대> 포스터

그러나 2015년부터 중국 정부의 해외 드라마 규제강화정책으로 해외 드라마 수입에 제동이 걸렸다. 중국정부의 방송통신정책기관인 국가광전총국(SARFT)은 해외 콘텐츠 방영 총량 제한과 선 심사 후 방영 제도를 도입했다. 이에 지상파나 위성TV와 마찬가지로 온라인 동영상 플랫폼에서도 해외 콘텐츠의 연간 수량이 제한되었을 뿐 미리 심사도 받아야 했다.

이에 중국 동영상 스트리밍 업체들도 대책에 몰두하고 있다. 유쿠투더우가 사용자 제작 콘텐츠(UGC: User Generated Content)에 적극 투자하고 있는 것도 중국 정부의 해외 드라마 수입규제로 인해 발생한 콘텐츠 확보 문제를 해결하기 위한 방안이다. UGC는 정부의 규제를 받지 않을 뿐 아니라 높은 판권 문제가 발생했던 드라마와는 달리 방대한 양의 콘텐츠를 저렴한 가격에 만들어낼 수 있다는 장점이 있다.

또 앞서 언급했듯이 웹드라마 제작 열풍과 이를 통한 판권 수익도 새롭게 등장한 트랜드다. 주요 스트리밍 업체들이 웹드라마 제작을 위해 대대적인 투자에 나서고 있다. 시장조사기관인 엔트그룹(Entgroup)에 따르면 중국에서 2015년 제작비 2,000만 위안 이상인 웹드라마 수가 약 20편이며, 그 중 5편은 5,000만~1억 위안에 달할 것으로 추산된다. 몇 년 전까지만 해도 웹드라마 제작 환경은 열악하고 투자비용도 적었지만, 최근 웹드라마의 성공 사례가 늘어나고 수익성이 향상되면서 제작 기반과 투자 확대가 이루어지고 있는 것이다.

웹드라마는 영화화를 통해 새로운 수익창출 가능성도 보여주고 있다. 2014년 말 개봉한 「십만 개의 냉소화(十万个冷笑话)」는 인터넷 애니메이션 형태로 만들어진 작품인데, 개봉 24일 만에 흥행 수입 1억 2,000만 위안을 돌파했다. 2013년 유쿠투더우를 통해 방영된 이후 선풍적인 인기를 끌어 온 웹드라마 「만만몰상도(万万没想到)」도 2015년 하반기 영화로 개봉되어 큰 성공을 거두었다.

이처럼 중국 온라인 동영상 업계는 최근 정부의 해외 콘텐츠 수입 제한 및 검열 규제로 맞게 된 위기를 극복하기 위해 자체 제작 콘텐츠 확충과 UGC 확대 전략을 취하고 있는 것이다. 앞으로도 여러 가지 변화가 있겠지만 어쨌든 동영상 시장은 다양한 콘텐츠와 신속한 서비스, 모바일 기기를 통한 시청 지원 등으로 당분간 계속 성장할 것으로 보인다.

2) 인터넷 생방송과 쇼트클립

앞서 언급했듯이 중국 모바일 비지니스의 한축이 된 왕홍 붐이 일어나면서 중국의 인터넷 생방송 시장 규모도 날로 커지고 있다. 현재 중국의 BJ(Broadcaster Jockey)는 천만 명 이상에 달하는 것으로 추정된다. 또한, 중국의 온라인 생방송 시장은 가히 폭발적인 성장세를 보여 2018년 4억 9,500억 명이 이용했으며 2020년 5억 4,100만 명으로 추정된다. 시장규모는 2018년 543억 위안, 2019년에는 745억 위안으로 큰 폭으로 상승 중이다.[48]

표의 2016년 상반기 다운로드 기기 수 기준 인터넷 생방송 앱 부문에서는 잉커(映客)가 2,804만대를 기록하며 1위에 올랐다. 2015년 5월에 출범한 잉커는 네이버 V앱처럼 스타 콘텐츠를 강조한 것이 차별화 포인트였다. 특히 빅뱅의 중국 콘서트와 후난TV의 '나는 가수다' 특별 무대를 중계해 큰 호응을 얻었다. 리우올림픽 기간에는 수영 동메달리스트 푸위안후이(傅园慧) 등 올림픽 선수들이 잉커를 통해 실시간 소통에 나서 화제몰이를 하기도 했다. 이 같은 공격적인 스타·방송 마케팅에 힘입어 잉커 가입자는 1억 3,000만 명, 일일 이용자(DAU)는 1500만 명을 돌파했다.

아이미디어 리서치의 2018년 월 이용자수 기준 조사에서는 중국의 인터넷 생방송 앱을 콘텐츠에 따라 종합오락과 게임으로 양분하여 순위를 매겼다. 먼저 종합오락 부문 인테넷 생방송 앱의 순위를 보면 화자가 1위를 차지했고, YY가 그 뒤를 잇고 있으며, 잉커는 3위에 머물고 있다.

종합오락 생방송(泛娱乐直播类)	화자오(花椒直播)	2,544만 3,900명
	와이와이(YY)	1,844만 500명
	잉커(映客直播)	892만 7,300명
	나우(NOW直播)	623만 7,000명
	샤오미(小米直播)	473만 3,200명

화자오는 주로 메이크업, 뷰티, 미식, 라이프, 여행 등의 콘텐츠를 방송하며, 유명 연예인이나 황홍들이 즐겨 쓰는 플랫폼이다. 2005년에 설립된 와이와이는 2012년 미국 나스닥에 상장했고, 2015년에는 후야TV(虎牙直播)를 7억 위안에 인수해 중국 인터넷 생방송 업계 1위 자리에 올랐다. 원래 PC형으로 출발했으며, 시계, 패션, 뷰티, 미식, 식품, 맛집 외에도 음악, 댄스, 체육 등의 분야까지 다양한 콘텐츠를 자랑한다. 게임 생방송 부문에서는 더우위가 1위를 차지했고, 후야와 판다가 그 뒤를 잇고 있다.

게임 생방송(游戏直播类)	더우위(斗鱼直播)	2,023만 6,100명
	후야(虎牙直播)	1,441만 9,500명
	판다(熊猫直播)	1,012만 2,200명
	치어덴징(企鹅电竞)	519만 8,500명
	롱주(龙珠直播)	419만 2,300명

2014년에 서비스를 시작한 더우위는 2년 만에 중국 인터넷 생방송 플랫폼 2위로 성장했다. 2016년 3월 텐센트가 1억 달러에 인수하여 게임 생방송 위주에서 스포츠, 예능, 엔터테인먼트, 야외 콘텐츠 등으로 콘텐츠 영역을 확장하고 있다. KITA 보고서에 따르면 2017년 말 기준 인터넷 생방송 부문에서 와이와이, 더우위, 후야, 잉커, 화자오가 나란히 TOP5를 형성하고 있다.[49]

한편, 최근 중국에서 가장 빠르게 성장하고 있는 것이 쇼트클립이
다. 5분간 단편적이지만 여러 방면의 지식을 전해주는 교육방송(EBS)
의 '지식채널 E', 열 장 남짓한 압축된 소식으로 기사를 전하는 '카드
뉴스', 손가락으로 터치하는 것만으로 한 편을 볼 수 있는 '웹툰', 이
세 가지는 짧은 시간에 부담 없이 즐길 수 있는 콘텐츠이다. 시공간의
제약 없이 과자를 먹듯 짧은 시간 안에 문화 콘텐츠를 소비한다는 의
미의 '스낵 컬처(Snack Culture)'로 불리는 이러한 형식은 스마트폰
의 상용화와 함께 우리의 일상이 되고 있다. 쇼트클립은 이러한 스낵
컬처의 대표적인 플랫폼으로 콰이서우와 틱톡이 나란히 1, 2위를 차지
하고 있다.

쇼트클립(短视频类)	콰이서우(快手)	2억 2,625만 8,800명
	틱톡(抖音短视频)	1억 8,172만 700명
	시과스핀(西瓜视频)	5,370만 3,300명
	휘샨샤오스핀(火山小视频)	5,045만 3,700명
	메이파이(美拍)	2,259만 6,100명

콰이서우는 '중국판 인스타그램'으로 불리며 모바일 인터넷 및 투자
업계에서 가장 주목 받는 스타트업으로 꼽힌다. 해외에서는 '콰이
(Kwai)'라는 이름으로 알려져 있다. 콰이서우에선 엽기, 일상, 훈남훈
녀, 연예인, 풍경 등 여러 가지 주제의 자체 제작 동영상을 가족, 친구,
불특정 다수와 공유할 수 있다. 필터, 스티커, 메모, 음악, 립싱크, 녹음
등 다양한 편집이 가능하며, 콰이서우 플랫폼 외에 위챗과 웨이보 등
에도 콘텐츠를 공유할 수 있다. 콰이서우는 생방송 기능도 있는데, BJ
에게 선물할 수 있는 사이버머니 '콰이서우비(快手幣)'는 주요 수익원
중 하나다.

틱톡의 성장세는 더욱 무섭다. 틱톡은 15초 이내의 짧은 클립 영상을 만들 수 있는 앱으로, 2016년 9월 서비스를 시작해 콰이서우의 아성을 위협하는 존재로 떠올랐다. 특히 중국은 물론 동남아와 북미 지역에서도 사랑을 받고 있는 앱으로 유명하다. 최근 틱톡은 소프트뱅크(Softbank) 등으로부터 30억 달러의 투자를 받았으며, 750억 달러의 가치를 지닌 스타트업으로 인정받았다. 이는 720억 달러의 가치를 인정받은 우버(Uber)보다 높은 수준이다.

3) 음원 사이트

중국 음원시장은 한 때 MP3 다운로드가 난무하는 해적판의 온상이었다. 그러나 2015년 저작권 보호법 발표 후 유료 스트리밍 중심으로 빠르게 재편되고 있다. 2015년 중국 국가판권국이 인터넷 저작권 침해 단속을 위한 규정 및 지침인 '젠왕(劍网) 2015' 계획을 발표했다. 동 계획에는 음악을 포함해 영화, 게임, 문학, 소프트웨어 등의 불법 복제 및 불법 전송에 대한 처벌과 단속이 포함되어 있었는데 국가판권국은 4개 부서와 협력해 불법 공유 사이트뿐만 아니라 클라우드 스토리지, 어플리케이션 스토어까지 철저하게 단속하고 처벌을 강화했다.

정부의 저작권 단속과 함께 불법 콘텐츠 유통이 크게 감소했고, 단속 2년차가 되자 많은 사용자들이 유료 스트리밍 서비스로 이동하였다. 텐센트는 유료 사용자들에게 고품질 음악을 제공하고 콘서트 티켓 추첨권 등의 추가 혜택을 부여하면서 유료 결제 모델을 만드는데 크게 기여했다. 또한 텐센트는 2016년 2위와 3위 업체였던 '쿠거우뮤직(酷狗音乐)'과 '쿠워뮤직(酷我音乐)'까지 인수해 중국 내 점유율을 78%

까지 확대하였다. 다음은 음원 앱의 순위이다.

	QQ뮤직(QQ音乐)	2억 5,384만 7,000명
음악(音乐类)	쿠거우뮤직(酷狗音乐)	2억 5,352만 2,400명
	쿠워뮤직(酷我音乐)	9,423만 4,700명
	넷이즈클라우드뮤직(网易云音乐)	7,187만 1,900명
	샤미뮤직(虾米音乐)	3,175만 8,000명

이 순위는 현재 중국의 디지털음악 시장점유율과 동일하다. 시장점유율은 QQ뮤직 39%, 쿠거우 29%, 쿠워 10%, 넷이즈 9%, 샤미 4%, 기타 9%이다.[50] <Financial Times>(2017. 11)의 조사에서도 QQ뮤직이 41%, CMC(쿠워, 쿠거우) 37%, NetEase Cloud Music 9%, 샤미 뮤직 4%, 기타 9%이다. 아울러 <후롄왕주간(互联网周刊)>과 이넷연구원(eNet研究院)의 '2017 인터넷음악플랫폼 순위(2017网络音乐平台排行榜)' 탑10을 보면 QQ뮤직, 쿠거우뮤직, 쿠워뮤직, 넷이즈뮤직, 샤미뮤직, 뮤직타이(音Tai), 바이두뮤직(百度音乐), 아이뮤직(愛音乐), 미구뮤직(咪咕音乐), 둬미뮤직(多米音乐) 등이다.[51] 세 통계가 거의 유사한데, 이처럼 중국 음원시장 점유율은 텐센트 계열사가 78%를 점유하고 있어 독점 논란이 끊이지 않는다.

최근 중국 음원시장은 저작권 보호 기조가 강화되고 유료 스트리밍 중심으로 재편되면서 본격적인 성장 궤도에 올랐다. 중국 음원시장은 2008년까지만 해도 음원 불법 복제 비율이 약 90%에 육박할 정도로 해적판의 온상이었다. 하지만 2015년 중국 당국의 저작권 침해 단속 지침 발표 이후 스트리밍 플랫폼이 저작권을 확보, 유료 사용자에 고품질 음악을 제공하면서 시장이 빠르게 재편됐다. 최근엔 중국 국가판권국이 독점수권계약(exclusive deals) 금지 세칙을 발표하여 텐센트가 독점하고 있는 중국 음원시장이 재편될 조짐도 보인다.

이러한 중국 음원시장 변화가 전 세계 음악인은 물론, 투자자의 이목을 끌고 있다. 중국 음원시장이 급성장하고 있지만, 리테일 시장 규모만 보면 아직도 세계 12위에 불과한 상태라 성장 잠재력이 매우 크기 때문이다. 미국의 음반 시장이 53.2억 달러, 일본은 27.5억 달러 규모나 중국은 아직 2억 달러에 불과하다. 또한 미국과 일본의 경우 CD 같은 물리적 음반시장 비중이 각각 18%와 73%를 차지하고 있으나 중국은 4%에 불과하다. 이는 중국의 음원시장이 아직 성장 초기단계이며, 향후 디지털 스트리밍 시장이 큰 수혜를 누릴 가능성이 크다는 의미이다.

최근 중국 음원시장에서 주목할 만한 또 하나의 변화는 다양한 장르의 음악이 인기를 누리고 있다는 점이다. 특히 2017년에는 힙합 열풍이 중국 전역을 강타했다. 엄청난 제작비가 투자된 힙합 경연 프로그램이 앞 다투어 방영됐고, 스타 래퍼 탄생과 시대를 풍미하는 힙합 유행어가 이어졌다. 실제 '더 랩 오브 차이나(中国有嘻哈)'에 출연해 우승한 신예 래퍼 PG ONE은 웨이보 팔로워가 400만 명을 돌파하는 등 일약 스타덤에 올랐고, 또 다른 래퍼 GAI도 현지 대형 기획사인 Door&Key와 계약을 맺었다. 힙합 프로그램이 낳은 'free style'이나 '디스하다(懟)' 등의 유행어가 SNS에서 광범위하게 퍼지기도 했다.

이러한 장르의 다양화 외에 서비스 채널도 다변화 되고 있다. 특히 젊은 네티즌 사이에서 립싱크, 자체 뮤비 동영상 등이 유행하면서 쇼트클립 같은 영상 채널이 각광받고 있다. 이에 기존 음원 플랫폼의 쇼트클립 채널 개설도 이어졌다. 2017년 3월과 9월 넷이즈뮤직(网易云

音乐)과 쿠거우뮤직(酷狗音乐)이 관련 서비스 제공을 공식화했고, 11월에는 샤미뮤직(虾米音乐)이 쇼트클립 채널을 새로 개설했다.

이러한 음원 시장의 활성화로 인해 타 업종과의 마케팅 콜라보레이션이나 해외 유명 스타의 러브콜도 이어졌다. 기업들은 음악과 기존 산업의 만남이라는 일명 '뮤직 플러스' 마케팅 전략을 적극 활용하고 있으며, 지역의 관광 상품과 결합해 시너지 효과를 발휘하기도 했다. 또한 중국 음원시장의 성장과 함께 미국의 테일러 스위프트나 에미넴 같은 글로벌 스타들은 물론, 일렉트릭 주(Electric Zoo), 라이프 인 칼라(Life in Color), 울트라 뮤직 페스티벌(Ultra Music Festival) 등과 같은 세계적인 뮤직 페스티벌도 중국에 진출했다.[52]

4) 모바일게임

위 표에서 1위를 한 모바일게임 QQ 환러더우디주(欢乐斗地主)는 세계 최대 게임사 텐센트가 개발한 포커 카드게임으로서, 다운로드 기기 수 9595만 대를 기록하며 게임 앱 1위에 올랐다. 이 게임은 깔끔한 UI(유저 인터페이스), 호쾌한 시각 효과, 중독성 강한 음악으로 2008년 4월 출시된 이래 꾸준한 인기를 누리고 있다.

특히, 2016년부터는 모바일게임의 비중이 56.3%에 달하여 처음으로 PC 게임을 넘어섰다. 2016년 중국의 게임시장 규모는 1768억 위안에 달했으며, IP(Intellectual property: 지식재산권) 게임과 e스포츠의 인기가 지속되며 세계 최대 게임시장이라는 타이틀을 유지하고 있다. 2017년 모바일게임 기업별 시장점유율을 보면 텐센트가 압도적

1위이며, 왕이(网易)가 추격하고 있는 모양새이다. 다음은 아이리서치의 조사이다.

2017년 모바일게임 기업별 시장점유율(자료원: iResearch)

순위	기업명	주요게임	영업수입 (억위안)	성장률
1	텐센트 (腾讯)	펜타스톰(王者荣耀), 콘트라(魂斗罗)	650.1	68.21%
2	왕이 (网易)	몽환서유(梦幻西游), 천녀유혼(倩女幽魂), 제오인격(第五人格)	269.9	49.08%
3	완메이스제 (完美世界)	주선(诛仙), 신조협려(神雕侠侣), 열화여가(烈火如歌)	35.6	65.78%
4	37 IE (三七互娱)	영항기원(永恒纪元), 대천사지검H5(大天使之创H5)	32.9	100.68%
5	쿤룬완웨이 (昆仑万维)	Heroes of Chaos(神魔圣域), 검혼지인(剑魂之刃)	30.8	70.39%
6	Yoozoo (游族网络)	Era of Angels(天使纪元), 광폭한날개(狂暴之翼)	21.8	70.00%
7	Ourpalm (掌趣科技)	프리스타일(街头篮球), 드래곤라자(龙族世界)	16.5	4.80%
8	CYou (搜狐畅游)	도검투신전(刀剑斗神传), 천룡팔부3D(天龙八部3D)	15.4	84.22%
9	거인네트워크 (巨人网络)	드래곤볼M, 정도2(征途2)	14.4	50.84%
10	Kingnet (恺英网络)	기적뮤(奇迹MU), 촉산전기(蜀山传奇)	12.0	-16.62%

이처럼 텐센트와 왕이가 나머지 업체를 큰 차이로 따돌리며 독주하고 있지만 후발업체인 37 IE(三七互娱)나 CYou(搜狐畅游), 쿤룬완웨이(昆仑万维), Yoozoo(游族网络), 완메이스제(完美世界) 등의 성장률을 보면 게임시장이 빠른 속도로 성장하고 있음을 확인할 수 있다.

다음은 2017년 인기 휴내폰 게임 순위이다.

순위	게임명	리스트업 비율[53]	순위	게임명	리스트업 비율
1	펜타스톰(王者荣耀)	100%	16	영항기원(永恒纪元)	15.3%
2	몽환서유(梦幻西游)	100%	17	몽환주선(梦幻诛仙)	15.3%
3	천녀유혼(倩女幽魂)	97.3%	18	크로스파이어(穿越火线)	13.7%
4	대화서유(大话西游)	78.4%	19	대천사지검H5(大天使之创H5)	12.6%
5	음양사(阴阳师)	62.5%	20	나루토(火影忍者)	12.3%
6	천룡팔부(天龙八部)	57.0%	21	다같이비행기대전(全民飞机大战)	10.7%
7	The Legend of Swordman (新剑侠情缘)	46.0%	22	개심소소락(开心消消乐)	10.7%
8	콘트라(魂斗罗)	35.3%	23	붕괴3(崩坏3)	9.0%
9	드래곤네스트(龙之谷)	32.9%	24	용자대작전(勇者大作战)	8.5%
10	난세의왕(乱世王者)	28.8%	25	Eternal Myth(神话永恒)	7.9%
11	Chinese Paladin 5(仙剑奇侠传5)	24.1%	26	난굉삼국지(乱轰三国志)	6.8%
12	열혈강호(热血江湖)	22.2%	27	봉신소환사(封神召唤师)	6.6%
13	호래삼국2(胡莱三国2)	19.7%	28	기적뮤(奇迹MU)	6.3%

14	Fate/Grand Order	19.2%	29	심선(쿠仙)	6.0%
15	구주: 천공성3D(九州天空城3D)	16.2%	30	범인수선전(凡人修仙传)	5.8%

5) 모바일 웹툰

중국은 세계에서 가장 빠르게 웹툰 시장이 성장하고 있는 나라이다. 아이리서치에 따르면 웹툰 서비스 가입자 수가 2013년 2257만 명에서 2017년에는 9,725만 명으로 4배 이상 늘었다. 중국 웹툰 소비는 1995년에서 99년 사이에 출생한 '95세대(95后)'와 2000년 이후 출생한 '00세대(00后)'가 이끌고 있다. 이들은 스마트폰과 함께 자란 세대로서, 모바일로 콘텐츠를 소비하는데 익숙할 뿐 아니라 부유한 환경에서 자라 유료 결제도 거침이 없다.

중국 웹툰 앱은 아래에서 보듯이 콰이칸만화와 텐센트둥만의 양강 체제이다.

웹툰(动漫类)	콰이칸만화(快看漫画)	1,841만 2,800명
	텐센트둥만(腾讯动漫)	1,590만 1,400명
	칸만화(看漫画)	389만 9,800명
	둥만즈자(动漫之家)	236만 4,700명
	만화인(漫画人)	236만 4,700명

중국 웹툰 시장이 급격히 확대되면서 이를 활용한 게임 개발 역시 활발해지고 있다. 텐센트, 유야오치(有妖气), 콰이칸만화 등 중국 업체들은 최근 웹툰 사업을 크게 확대하고 있다. 특히 영화, 드라마, 게임

등과 연계되는 IP 활용까지 적극 나서는 중이다. 앞서 언급한 바와 같이 웹툰은 스낵컬처의 대표적인 콘텐츠이므로 향후 지속적으로 성장할 것으로 보인다.

5. 일상생활 속의 스마트폰

스마트 혁명이 가져온 라이프 스타일의 변화는 엄청나다. 언제 어디서나 웹과 연결되는 상시 접속 시대는 '스마트 라이프'로 부를 수 있을 정도로 삶의 방식을 근본적으로 바꿔 놓았다. 앱과 앱으로 이어지는 라이프 스타일은 일상생활의 모바일화로 나아가고 있다. 검색, 교통, 지도, 가격비교 등 생활밀착 앱을 통해 개인에게 최적화된 일상을 만들 수 있으며, 영화 및 기차표 예매 등 실시간 거래로 시간 활용이 극대화 되었다. 또 제품의 바코드를 인식하여 쇼핑 최저가를 언제 어디서나 검색하고 비교할 수 있으며, 맛집이나 핫플레이스 등의 지역정보 서비스는 불필요한 기회비용을 절감시켜 준다. 이처럼 스마트폰은 일상생활 속에서 정보검색, 쌍방향 실시간 소통, 쇼핑, 오락, 대중문화 소비까지 다방면에서 다양하게 활용되고 있다.

1) 여행

이제는 여행을 갈 때도 스마트폰은 필수이다. 여행지의 기본적인 정보는 물론, 그곳의 숙박이나 교통편 등도 스마트폰을 이용하여 예약하고 예매한다. 먼저 다녀왔던 여행자들의 후기를 보고 여행계획을 짜며, 여행지의 맛집, 특산물, 유적지 등의 정보를 얻고, 지도 앱을 이용하여 목적지를 찾아간다.

	씨트립(携程旅行)	6,432만 4,600명
종합 여행(综合旅行类)	취날(去哪儿旅行)	3,855만 900명
	퉁청(同程旅游)	1,901만 7,400명
	페이주(飞猪旅行)	1,154만 4,700명
	마펑워(马蜂窝自由行)	973만 1,500명

위에서 보듯이 중국에서 가장 많이 이용하는 여행 앱은 씨트립과 취날로서, 모두 씨트립(Ctrip)의 온라인 여행 플랫폼이다. 씨트립은 지난 1999년에 설립돼 2003년 미국 나스닥에 상장했다. 또한 2016년 11월 세계 최대 항공예약 플랫폼인 스카이스캐너(Skyscanner) 지분 100%를 인수해 전 세계로 고객층을 확대했다.

중국인들의 소득 상승에 힘입어 중국 국내외 여행객 및 시장 규모는 가파른 성장세를 이어가고 있다. 2017년 중국 국내여행객은 약 50억 명으로 전년보다 12.8%, 국내여행시장 규모는 4조5,700억 위안으로 같은 기간 15.9% 늘었다. 또 중국 해외여행객은 전년 대비 7% 증가한 1억 3,100만 명을 기록했다. 중국인의 해외관광 비율은 전체 인구의 5% 수준으로 한국(46%)과 일본(14%)에 비해 여전히 낮다. 하지만 중국인들의 소득 상승, 비자발급 확대, 항공사 국제노선 확충 등에 힘입어 중국의 해외 여행객 수는 지속적으로 증가하고 있다.

특히 최근 자유여행이 늘어나면서 씨트립은 더욱 각광받고 있다. 씨트립의 중국어 이름 '携程'은 '휴대하는 여행 일정'이라는 뜻이다. 씨트립은 항공권 예약을 중심으로 숙박, 교통편 예약 등 여행 관련 서비스를 제공하는 중국 최대의 온라인 여행사로서, 중국에서 판매되는 항공권이나 숙박예약의 40% 이상이 씨트립을 거쳐서 판매된다. 씨트립은 2017년 11월 글로벌 서비스를 제공하고자 트립닷컴(trip.com)으로

리브랜딩하였고, 한국에서는 트립닷컴이라는 이름으로 서비스하고 있다.

씨트립은 단순한 여행사가 아니라 IT 기업으로 평가받는다. 씨트립의 CEO 쑨제(孫洁)는 AI(Artificial Intelligence), 빅데이터(Big data), 클라우드 컴퓨팅(Cloud Computing)의 소위 'ABC'에 집중 투자하고 있다고 했다. 이것은 4차 산업혁명의 흐름에 맞추어 여행에 IT 기술을 접목시켰다는 것이다. 특히 씨트립은 평등한 근무환경과 여성 친화적인 기업으로 유명하다. 씨트립을 창립한 량젠장(梁建章) 회장은 중국의 저출산 문제를 지적한 학자로서, 중국 정부가 한 자녀 정책을 철폐하는데 큰 영향을 끼친 인물이다. 씨트립은 임산부나 자녀를 둔 직원을 위한 각종 복지정책이 뛰어나며, CEO 쑨제를 비롯한 고위 간부의 34%, 전체 직원의 과반수가 여성이다.

한편, 여행 때의 길찾기 뿐 아니라 4차 산업혁명의 핵심 무기가 될 디지털 맵 시장을 두고 중국 IT 공룡 BAT의 상호 경쟁이 치열하다. 디지털 맵은 자율주행차, 사물인터넷, 위치기반 서비스, 증강현실 게임 등 차세대 IT 산업의 핵심 기술이다. 세계적인 디지털 맵 선두업체 구글이 중국 정부의 규제로 인해 중국 시장에 발을 붙이지 못하는 사이 토종 업체들이 치열하게 선두 경쟁을 벌이고 있는데, 현재 바이두 맵과 알리바바의 가오더 맵이 나란히 1, 2위를 차지하고 있다.

지도 및 네비게이션 (地图导航类)	바이두지도(百度地图)	2억 9,389만 7,600명
	가오더지도(高德地图)	2억 9,280만 7,600명
	텐센트지도(腾讯地图)	1,794만 6,100명
	써우거우지도(搜狗地图)	537만 2,800명
	투바다오항(图吧导航)	292만 9,300명

초창기 PC시대에는 바이두 맵이 포털사이트의 거대한 검색 트래픽에 기반해서 70%의 시장 점유율을 보유해 시장을 주도했다. 그러나 모바일 시대에 진입한 후 가오더 맵이 무섭게 성장하여 턱밑까지 추격하고 있다. 현재 바이두는 차세대 성장 동력으로 삼고 있는 자율 주행차에 대한 투자와 함께 2017년 '인공지능(AI) 지도시대'를 열고 있다. 바이두가 시장 우위를 유지하기 위해 AI기술을 응용하기 시작한 것이다. 한편, 중국의 검열에 반발해 철수했던 구글맵도 2018년 다시 중국 시장에 진출하여 시장을 확대해 나가고 있다.

2) 모바일 피트니스와 헬스케어

중산층이 늘면서 중국에서도 건강이나 피트니스에 대한 관심이 높아지고 있다. 이에 따라 모바일 피트니스 앱도 인기를 끌고 있다. 모바일 피트니스 앱은 헬스장으로 집합시켰던 중국의 운동 인구를 집과 사무실로 분산시켰다. 이제 운동은 각자의 공간에서 하되, 운동의 성과는 온라인에서 서로 공유하고 격려하는 따로 또 같이 '모바일 운동 인구'가 탄생한 것이다.

피트니스(运动健身类)	킵(KEEP)	1,591만 4,200명	
	샤오미운동(小米运动)	718만 5,600명	
	웨동취안(悦动圈)	655만 900명	
	구동(咕咚)	536만 1,700명	
	신양메이롱(新氧美容)	308만 8,300명	

    2014년 베이징에서 설립된 킵은 운동패턴과 함께 수면패턴을 기록하거나 식습관 상담, 피트니스 영상 등을 제공하며 사업 영역을 넓혀가고 있다. 킵의 창업자는 지우링허우(90后)에 속하는 왕닝(王宁)이다. 1990년 출생한 왕닝은 다른 지우링허우와 마찬가지로 어릴 적부터 컴퓨터와 모바일 폰을 비롯한 IT 기기에 익숙했다. 왕닝이 킵을 창립하게 된 배경은 순전히 개인적인 경험 때문이었다. 176cm의 키에 체중이 거의 100kg에 달했던 그는 이대로라면 취직도 못하고 여자 친구도 못 사귀겠다는 공포감에 다이어트를 결심한다. 헬스장에 다닐 돈이 없어 각종 인터넷 사이트의 지식인이나 개인 블로그에 올라온 운동 자료를 수집해 혼자 모방하며 운동한 결과 10개월 만에 약 30kg 감량에 성공한다. 바로 이러한 자신의 경험을 바탕으로 만든 것이 킵이었다.

    킵의 주요 이용자는 10대에서 30대 사이의 젊은 층이다. 킵의 콘텐츠는 크게 각종 운동 방법을 담은 동영상 프로그램, 운동 기록, 타 이용자와의 교류를 위한 SNS 등이다. 킵에 접속해 운동하는 동안 이용자의 훈련 과정은 기록으로 남는다. 이용 횟수와 시간, 칼로리 소모량뿐만 아니라 달리기의 경우 위치기반서비스를 통해 궤적으로 기록된다. 이로 인해 이용자는 운동의 과정과 성과를 시각적으로 확인할 수 있다. 혼자 운동하는 사람들이 직면하는 고립감은 SNS 서비스를 통해 해소할 여지를 준다. 운동과정이나 변화한 몸매를 사진으로 찍어 올려 다른 이용자들과 공유하거나 격려하며 운동을 지속할 동기를 부여하기 때문이다.

2위에 오른 샤오미운동(Mi-Fit)도 미밴드(MiBand)와 연동되어 운동의 상황이나 효과를 알려주는 각종 기능들이 풍부하다. 3위에 오른 웨둥취안은 주로 조깅에 특화된 앱이다. 이용자는 자신의 조깅 기록과 방법, 경로 등을 수치로 기록하고 분석할 수 있다. 4위에 오른 구둥(咕咚)은 중국 최초로 GPS를 통한 운동 및 사교를 추구하는 서비스이다. 주로 운동노선 및 기록을 제공하고, 회원과의 교류 및 운동에 관한 최신 뉴스 피드를 제공한다. '운동의 게임화'를 지향하여 성과가 좋은 이용자에게 홍바오(红包) 인센티브를 주기도 한다.

이와 함께 모바일 헬스케어 이용자도 꾸준히 늘고 있다. 모바일 헬스케어는 의료 자문서비스는 물론 모바일 APP에서 공립병원의 접수 예약도 가능하다. 이러한 기능들이 중국 의료계의 부패와 불투명성을 어느 정도 해소할 수 있다는 인식 때문에 앞으로 더욱 확산되고 성장할 것으로 기대되는 분야이다.

의료건강(医疗健康类)	평안하오이성(平安好医生)	1,585만 2,300명
	웨이이(微医)	167만 3,100명
	딩샹이성(丁香医生)	100만 9,700명
	춘위이성(春雨医生)	85만 6,100명
	하오다이푸짜이셴(好大夫在线)	46만 1,100명

의료건강 분야에서는 평안하오이성이 압도적인 1위를 달리고 있다. 의료플랫폼 평안하오이성은 의사와 간호사가 없는 '무인병원'이다. 이 병원은 환자를 진찰하는 진료소, 그리고 처방된 약품을 제공하는 자판

기로 구성됐다. 이 무인병원에서는 1분 진료서비스가 시행된다. 환자가 진료소로 들어가 자신의 상태에 대해 설명을 하면, AI는 환자의 질환에 맞는 전문 의료진을 연결해주는 방식이다. 전문 의료진은 AI가 제공한 정보, 진단 결과를 바탕으로 추가적인 진찰을 진행한다. 원격 의료상담을 통해 환자를 진료하는 셈이다. 전문의는 AI가 내린 진단을 확인하고 승인한다. 진료가 끝나면 환자는 바로 옆 약품 자판기를 통해 처방을 받을 수 있다. 무인병원에서 사용되는 AI는 3억 건의 진료 데이터를 기반으로 1분 안에 진단을 내릴 수 있다. 업체는 올해 연말까지 중국 전역에 무인병원 1,000곳을 구축할 예정이다. 이 서비스와 협력한 병원 수는 5,000개, 전문의도 1,000여 명에 달하며 진료도 24시간 시행한다. 중국은 이 AI 병원으로 부족한 의료인력 문제를 해결할 수 있을 것으로 기대하고 있다.

표에서는 2013년 4월에 출시된 메이유(美柚: Meet you)가 다운로드 기기 수 1,241만대를 기록하며 헬스케어 앱 분야 1위에 올랐다. 메이유는 여성을 위한 출산, 육아 등을 SNS 서비스하기 시작하여 유쯔제(柚子街), 유바오바오육아(柚宝宝孕育) 등 전자상거래 분야에도 진출했다. 2016년 5월 기준 유쯔제 월 거래액(GMV)이 1억 위안을 넘어섰으며, 11월에는 누적 거래액 10억 위안을 돌파했다. 메이유에 가입한 여성 유저 수만 1억 2,000만 명에 달한다. 메이유의 온라인 커뮤니티 타타취안(她她圈)에는 150개 이상의 주제 카테고리가 형성됐으며, 일일 게시글 수만 500만 건을 상회한다.

메이유 회원들이 한 가지 주제에 대해 이야기를 나누면 운영자가 해당 주제를 따로 분류하는데, 이때 주제와 관련된 상품이 함께 추천되어 소비를 유도한다. 예를 들어 회원들이 화장품에 대해 토론하면 화장품 판매 콘텐츠가, 육아용품에 대해 얘기하면 육아용품 콘텐츠가 함께 뜨는 식이다.

3) 정보

스마트폰은 정보의 보고이다. 이제 사람들은 TV나 라디오, 신문, 잡지 같은 전통적 매체를 버리고 스마트폰을 통해 정보를 얻는다. 스마트폰 이용자들은 주로 SNS 미디어 앱과 전문 뉴스 앱을 통해 정보를 얻는다. 세계적인 전문 뉴스 앱을 보면 구글플레이(Googleplay)의 뉴스스탠드(Newsstand), 구글의 뉴스 앤 웨더(News & Weather), 플립보드(flipboard) 등의 3강 체제이다. 그러나 중국에서는 이러한 글로벌 앱들이 설 자리가 없다. 중국 정부의 검열 때문이다. 그래서 현재 뉴스 앱은 텐센트뉴스와 진르터우탸오의 양강 체제이다.

뉴스 및 신문(综合咨询类)	텐센트뉴스(腾讯新闻)	2억 6,904만 9,900명
	진르터우탸오(今日头条)	2억 4,224만 900명
	넷이즈뉴스(网易新闻)	7,473만 6,000명
	써우후뉴스(搜狐新闻)	6,278만 6,800명
	취터우탸오(趣头条)	4,434만 7,800명

텐센트뉴스는 오랫동안 축적해온 이용자들을 바탕으로 모바일 시장에서도 여전히 강세를 보이고 있으며, 진르터우탸오는 정확한 푸시 알림과 빠른 정보 전달로 중국 뉴스 앱 시장을 선도하고 있다.

특히 진르터우탸오의 성장은 눈부시다. 2012년 혜성처럼 나타난 이 앱은 지광빅데이터(激光大数据)에 따르면, 45세 이상의 모바일 인터넷 이용자가 가장 선호하는 앱으로 선정됐다. 인공지능(AI) 기반의 뉴스플랫폼인 진르터우탸오는 사용자의 키워드 검색 및 뉴스 클릭(구독) 현황을 통합 분석하고, 그에 따른 맞춤형 톱뉴스 전달 방식이 핵심 경쟁력이다. 이 외에도 번역 앱이나 전자책 앱의 활용도 점차 늘고 있다.

번역(翻译类)	유다오번역관(有道翻译官)	1,081만 3,100명
	바이두번역(百度翻译)	945만 3,300명
	구글번역(谷歌翻译)	467만명
	장후샤오D사전(江湖小D词典)	195만 6,900명
	출국번역관(出国翻译官)	145만 2,300명

번역 앱은 줄곧 바이두가 선두를 지켜오다가 최근에는 유다오번역관이 앞서고 있다. 유다오번역관은 왕이유다오(网易有道公司)가 만든 것으로, 인터넷이 연결되지 않아도 사용할 수 있는 번역 앱이다. 중국어, 영어, 일어, 한국어, 프랑스어, 러시아어 등 7개국 언어 번역을 제공한다. 2위에 오른 바이두는 최근에 두 언어 간에 동시 번역이 가능한 인공지능 기술 'STACL'을 개발했다. 현재 통번역 기술은 상이한 언어 체계로 인해 동시 번역이 사실상 불가능하다. 가령 영어와 한국어는 주어와 동사의 위치가 상이하기 때문에 문장이 완성되는 것을 기다린 후에 약간의 시차를 두고 번역한다. 하지만 바이두의 STACL은 문장이 완료되기 전에 어떤 단어가 올 것이란 것을 예측해 번역하는 기술이다. 연구팀은 현재 특정 언어의 텍스틀 다른 언어의 텍스트로 실시간 번역하거나 특정 언어의 말을 다른 언어의 텍스트로 번역하는 기술을 연구하고 있다. 또 독서도 스마트폰 안으로 들어오고 있다.

전자책(电子书类)	장웨(掌阅)	7,413만 6,800명
	QQ열독(QQ阅读)	4,812만 2,800명
	미구열독(咪咕阅读)	1,878만 9,900명
	수치소설(书旗小说)	1,348만 4,700명
	이써우소설(宜搜小说)	1,231만 7,900명

전자책 앱은 장웨가 선두를 달리고 있고, QQ열독이 뒤를 잇고 있다. 모바일 독서층의 성장은 전자책 콘텐츠의 증가와 비례한다. 따라서 중국 출판계에서도 종이책과 함께 전자책도 출간하는 추세이며, 아예 전자책으로 출간하는 전자책 콘텐츠도 꾸준히 늘어나고 있다.

4) 교육

최근에 떠오르는 모바일 서비스로는 모바일 과외를 들 수 있다. 교육열이 한국 못지않게 뜨거운 중국에서 자녀의 공부를 도와주는 모바일 앱 쮜예방(作业帮)이 선풍적인 인기를 끌고 있다.

모바일 과외(题库类)	쮜예방(作业帮)	5,530만 8,800명
	샤오위안써우티(小猿搜题)	584만 3,300명
	위안티쿠(猿题库)	216만 4,700명
	아판티(阿凡题)	211만 1,700명
	쉐바쥔(学霸君)	177만 9,800명

지광빅데이터(激光大数据)에 따르면, 쮜예방은 15세 이하 및 36~45세 연령대 모바일 이용자가 가장 선호하는 앱으로 조사됐다. 쮜예방의 가입자 및 월이용자(MAU) 규모는 각각 4억 명, 7,000만 명으로 집계됐다.[54]

쮜예방의 온라인 교육 콘텐츠는 중국의 초·중·고 전 교육과정을 망라하고 있다. 더불어 우수한 과외교사 인력 풀을 확보해 각 회원을 상대로 맞춤형 1대 1 교육을 실시하고 있다. 예컨대 학생이 모르는 문제를 사진으로 전송하면 담당 교사가 즉각 피드백 해주므로 만족도가 높다.

지광빅데이터(激光大数据)에 따르면 중국의 IT 업체 부부가오(步步高)가 선보인 교육 앱인 즈넝다이(智能答疑)도 26세 이상 35세 사이에서 큰 인기를 끌고 있다. 이 앱은 모바일 학습 보조용 도구로서, 풍부한 문제 및 해설을 보유한 문제은행식 시스템과 고도의 검색기능이 가장 큰 경쟁력으로 꼽힌다.

이와 함께 아동교육과 관련된 앱의 유저도 현저히 증가하는 추세이다. 특히 샤오반룽과 얼거둬둬는 유아 및 조기교육 앱으로, 유아교육에 대한 관심이 높아짐에 따라 바링허우나 지우링허우 등 젊은 부모 사이에서 크게 인기를 끌고 있다.

아동교육(儿童教育类)	샤오반룽(小伴龙)	241만 2,900명
	얼거둬둬(儿歌多多)	157만 명
	얼거뎬뎬(儿歌点点)	86만 3,000명
	나미허(纳米盒)	66만 7,100명
	베이와얼거(贝瓦儿歌)	32만 8,600명

앞의 표에서 보듯이 베이비트리육아(宝宝树孕育) 앱도 중국에서 육아 필수 앱으로 자리 잡았다. 베이비트리육아는 다운로드 기기 수 1858만대를 기록하며 육아 관련 앱 1위에 올랐다. 일일 이용자(DAU) 수는 1,000만 명에 육박한다. 베이비트리육아에선 배란일 계산, 신생아 예방접종, 태교, 교육 등 임신, 육아에 대한 모든 정보를 알 수 있으며, 커뮤니티가 지역별로 나뉘어 있어 해당 지역의 산후조리원, 육아

시설 등에 대한 정보 교류가 용이하다. 특히 빅데이터 분석을 기반으로 이용자 맞춤형 육아 솔루션을 제공하는 스마트 검색 기능으로 호평을 받고 있다. 지난해에는 넷이즈(网易) 클라우드와 파트너십을 체결, 인원 제한이 없는 실시간 채팅 기능을 제공해 호응을 얻었다. 베이비트리는 2016년 한 중국 유력 IT 매체가 주최한 혁신기업 시상식에서 가장 영향력 있는 기업상을 수상했다.

5) 여가와 기타 생활서비스

스마트폰은 일상의 여가활용 문화도 바꾸어놓았다. 스마트폰으로 대중문화를 소비하는 것은 물론 스마트폰으로 노래를 부르고, 셀카를 찍으며, 영화나 공연을 예매한다.

가라오케 앱은 취안민케이거가 압도적 1위를 달리고 있고, 창바가 그 뒤를 쫓고 있다. 카메라 앱은 메이옌샹지를 필두로 Faceu, B612, 우타샹지 등이 각축하고 있다. 또 영화·공연 예매 앱은 타오퍄오퍄오가 선두를 달리고 있고, 마오옌, 다마이, 미구잉위안, 스광망 등이 그 뒤를 따르고 있다.

과거 뉴스나 신문을 통했던 날씨 확인도 스마트폰 안으로 들어왔다. 날씨 관련 인기 앱을 보면 무지날씨가 압도적인 가운데 샤오미날씨, 날씨통 등이 뒤를 잇고 있다.

가라오케(K歌类)	취안민케이거(全民K歌)	8,007만 1,100명
	창바(唱吧)	1,908만 3,800명
	쿠워케이거(酷我K歌)	341만 2,900명
	톈라이케이거(天籁K歌)	213만 2,800명
	케이(K米)	193만 7,800명
카메라(相机类)	메이옌샹지(美颜相机: 뷰티플러스)	8,905만 2,300명
	Faceu	5,249만 1,200명
	B612	4,365만 2,700명
	우타샹지(无他相机)	4,122만 9,100명
	메이쫭샹지(美妆相机: 메이투)	1,392만 9,700명
영화·공연 예매 (演出购票类)	타오퍄오퍄오(淘票票)	945만 8,000명
	마오옌(猫眼)	491만 3,400명
	다마이(大麦)	362만 9,100명
	미구잉위안(咪咕影院)	109만 6,100명
	스광망(时光网)	102만 7,600명
날씨(天气类)	무지날씨(墨迹天气)	1억 1,666만 200명
	샤오미날씨(小米天气)	3,678만 7,500명
	날씨통(天气通)	1,872만 6,500명
	2345날씨예보(2345天气预报)	1,566만 400명
	쭈이메이날씨(最美天气)	1,236만 3,700명

한편, 최근에는 신선식품을 판매하는 전자상점도 성업 중이다.

신선식품 유통(生鲜电商类)	메이르유셴(每日优鲜)	294만 5,600명
	징둥다오자(京东到家)	164만 6,600명
	둬뎬(多点)	134만 2,200명
	다룬파유셴(大润发优鲜)	61만 1,900명
	번라이성훠(本来生活)	57만 700명

위의 표에서 보듯이 아직 다른 서비스에 비해 유저가 많지는 않지만 소득수준이 높아지면서 건강에 대한 관심이 고조되어 관련 산업도 성장하고 있는 중이다.

'신선식품 전자상거래 보고서'에 따르면 2017년 신선식품 시장의 전체 교역량은 1조7897억 위안에 달했다. 그 가운데 전자상거래시장 규모는 1391억 위안으로 2016년 대비 59.7% 증가했다. 중국 신선식품 전자상거래시장은 매년 평균 50% 이상 성장률을 보이고 있다.

전자상거래 업체 징동도 최근 신선식품 마켓 '7FRESH'를 열었고, 룬타이그룹의 대형마트 브랜드 다룬파는 온라인 서비스가 가능하도록 이미 100개가 넘는 오프라인 매장을 개조했다.

6. 스마트폰 안으로 들어온 공유경제 서비스

최근 세계적으로 주목받고 있는 것이 공유경제(Sharing Economy)이다. 공유경제란 개인 소유를 기본 개념으로 하는 전통 경제와 대비되는 개념으로, 집이나 자동차 등 자산은 물론 지식이나 경험을 공유하며 합리적 소비나 새로운 가치를 창출하는 신개념 경제를 말한다. 공유경제는 소유자들이 많이 이용하지 않는 물건으로부터 수익을 창출할 수 있으며, 대여하는 사람은 물건을 직접 구매하거나 전통적인 서비스업체를 이용할 때보다 적은 비용으로 서비스를 이용할 수 있다는 장점이 있다. 숙박공유업체 에어비엔비(Airbnb)나 차량공유업체 우버(Uber) 등이 대표적인 공유경제 모델이다.

공유경제 확산의 중심에는 스마트폰 앱과 온라인 환경의 성장이 있다. 중국도 IT 산업이 성장하면서 공유경제 서비스가 새로운 산업모델로 자리 잡아가고 있다. 아울러 중국 소비의 큰손으로 떠오르는 바링허우와 주링허우, 링링허후의 소비패턴과 시장 트렌드가 공유서비스 확산을 더욱 가속화시키고 있다.

공유경제는 함께 파생되는 여러 산업도 많아서 미래 성장동력으로 인식되고 있다. 중국국가정보센터(中国国家信息中心)는 중국의 공유경제가 매년 최고 40%의 성장률이 지속될 것으로 예상했으며, 공유경제산업이 2020년까지 국가 GDP의 10%를 차지하고, 2025년에는 약 20%에 이를 것으로 전망했다. 아울러 2016년 중국의 공유경제 시장규모는 3조4500억 위안으로 전년대비 103% 증가했고, 2017년에는 4조9205억 위안으로 전년대비 47.2% 증가했다. 향후 2020년까지 공유경제 플랫폼이 585만 개의 고용을 창출할 것으로 기대하고 있는데,[55] 2017년 공유경제의 분야별 증가추세를 보면 지식기술, 생활서비스, 주택공유가 각각 전년대비 126.6%, 82.7%, 70.6%의 증가율을 보이며 빠르게 성장하였다.[56]

1) 공유자전거

중국의 대표 공유자전거
ofo(ofo小黃车)

중국의 공유경제 모델 가운데 세계적인 것이 자전거 공유서비스이다. 2018년 9월 글로벌 빅데이터 기관 치타랩(猎豹: Cheetah Lab)의 「공유자전거 글로벌 발전 보고서」에 따르면 오포(ofo)와 모바이크(Mobike)를 주축으로 한 중국 공유자전거업체들이 해외 진출에 적극적으로 나서며 글로벌 공유자전거 시장 발전을 견인하고 있다고 분석했다. 특히 오포는 해외시장에서 경쟁자 모바이크, 오바이크(oBike), 라임바이크(LimeBike) 등을 크게 앞서며 업계 1위를 차지했다.

공유 자전거(共享单车类)	ofo(ofo小黃车)	2,865만 7,300명
	모바이크(摩拜单车)	2,659만 3,100명
	헬로바이크(哈罗单车)	552만 300명

이처럼 중국의 공유경제 열풍은 '공유자전거'로부터 시작됐다. 2015년 여름에 탄생한 공유 자전거 업체 오포는 초기에 자전거를 대학교 교내에서만 이용할 수 있도록 서비스를 만들었다. 대학생들은 처

음 보는 자전거 공유 서비스에 열광했다. 캠퍼스가 넓은 중국 대학교 안에서는 자전거를 타고 다니는 것이 일상이다. 그런데 자전거를 구매하지 않고서도 대학 캠퍼스에서 저렴하게 자전거를 이용할 수 있다고 하니 너도나도 가입하기 시작했다. 그 후 후발주자인 모바이크는 교내를 넘어 도심까지 서비스를 제공했고, 현재는 오포와 모바이크 두 기업이 전체 시장 점유율의 90% 이상을 차지하고 있다.

중국 자전거 공유서비스가 폭발적으로 성장한 이유는 모바일 앱 보편화와 저렴한 가격 때문이라고 할 수 있다. 이용도 매우 편리하다. 모바일 앱을 통해 이용권을 결제하고, QR코드만 찍으면 사용과 반환이 된다. 각 자전거마다 탑재된 위치 서비스를 이용해 자전거를 수거해가기 때문에 지정된 반납 장소와 관계없이 도로에 정차해놓을 수도 있다.57) 이용 가격은 오포의 경우 시간당 1위안, 모바이크의 경우 시간당 2위안이다.

중국은 유럽과 미주지역 국가보다 공유자전거 시장이 비교적 늦게 형성됐지만, QR코드로 잠금장치를 대체하는 혁신을 통해 도난 위험성을 대폭 줄임으로써 급속 성장을 이루었다. 중국에서는 공유자전거를 고속철(高铁), 알리페이(支付宝), 인터넷쇼핑(网购)과 함께 중국 신4대 발명으로 꼽기도 한다.

2) 공유자동차

자동차와 정보통신기술(ICT)을 결합한 모빌리티(Mobility) 서비스도 최근 각광 받고 있다. 모빌리티 서비스란 일반적으로 우버처럼 자동차와 승객을 연결하는 플랫폼 서비스를 의미하지만 스마트 모빌리티(Smart Mobility)라는 표현을 통해 자율주행 같은 다양한 ICT를 적용한 서비스로 의미가 확장되고 있다. 이 서비스는 현재 도시의 대기오염과 교통체증 문제를 해결할 수 있는 공유경제의 핵심 분야로 주목받고 있다. 관련 기업들도 다양한 O2O 서비스 플랫폼으로 진출하고 있으며, 자율주행차 개발 등 기존 산업과 협력해 만드는 서비스 역시 기대감을 주고 있다. 모빌리티 서비스를 적용하기 위한 기술적 부분도 상당 부분 해결됐다. 그러나 새로운 기술에 대한 저항이 만만치 않고 기존의 규제도 여전하다. 우리나라 역시 ICT를 활용한 단순 카풀서비스조차 이익집단의 반대에 부딪혀 정착되지 못하고 있는 실정이다.

공유자동차 서비스는 세계적으로 우버(Uber)가 돌풍을 일으키고 있지만 중국에서만큼은 디디추싱이 독주하고 있다. 디디추싱은 현재 관련 글로벌 시장 2위를 차지하고 있다.

차량공유 및 렌터카 (用车租车类)	디디추싱(滴滴出行)	8,702만 4,900명
	디다핀처(嘀嗒拼车)	861만 5,400명
	선저우쭈처(神州租车)	465만 100명
	서우치웨처(首汽约车)	265만 1,400명
	이다오(易到)	172만 5,200명

디디추싱은 브랜드 탄생 1년 만에 하루에 약 380만 명, 한 해 동안 14억 명이 사용한 세계 최대 원스톱 모바일 교통플랫폼이다. 최근 몇년 사이에 베이징 같은 중국의 대도시들이 급성장하며 기존 교통체계로는 더 이상 도시의 성장을 뒷받침 할 수 없게 되었다. 디디추싱은 중국의 낙후된 대중교통을 활성화하는 것을 목표로 2015년 2월 디디콰

이디(滴滴快的)와 디디다처(滴滴打车)의 합병으로 탄생한 브랜드이다. 중국 400여 개 도시에서 약 3억 명의 사용자들에게 1,720만 명의 운전자와 택시, 차량 공유, 대리운전, 버스 서비스를 제공하고 있다. 디디추싱은 중국 모바일 차량예약 시장의 99% 이상을 점하고 있다. 그리고 2015년에는 우버차이나(Uber China)를 인수했다.

디디추싱의 성공 요인으로는 다양한 브랜드와의 연계성이 꼽힌다. 중국의 국민 메신저 위챗에서 차량을 호출하고 모바일결제 서비스 알리페이를 사용하여 사용료를 지급하는 원스톱 플랫폼을 제공한다. 그리고 AI 브랜드 페이스++(Face++)의 얼굴인식 기술을 통해 운전자와 탑승자의 신원을 확인할 수 있다. 뿐만 아니라 디디추싱은 사회적 가치를 창출하는 데 앞장서고 있다. 우버차이나(Uber China)를 인수하면서 얻은 빅데이터를 통해 차량 흐름 알고리즘을 파악하고 도로 통행량을 분석하여, 적재적소에 디디추싱의 차량을 배치하여 차량 정체를 해소한다. 이용자에게 다양한 차량 서비스를 제공하고 탑승 인원이 많을수록 요금을 할인해주기도 한다. 이를 통해 교통체증을 완화하고 에너지와 탄소를 절감하는 등 사회 환경적으로도 긍정적인 결과를 이끌고 있다.

3) 공유숙박

세계적인 에어비엔비 열풍은 공유숙박이 경제개념을 넘어 하나의 문화로 자리 잡도록 했다. 공유숙박은 인터넷 플랫폼을 기반으로 방대하게 분산된 숙박 자원을 통합한다. 방 한 칸도 가능하고 한 채도 가능하며, 도시의 아파트도 가능하고 농촌의 정원도 가능하다. 중국 국가 정보센터 공유경제연구센터가 발표한 <중국 공유숙박 발전 보고서 2018>에 따르면 2017년 중국의 주요 공유숙박 플랫폼의 국내 주택 수량은 약 300만 채이며, 참여자 약 7800만 명 중 게스트가 약 7600만 명이었다. 공유숙박의 호스트는 저연령(평균 33세), 고학력(대졸 이상 70%)에다 여성(약 60%)이 많았으며, 게스트는 70% 이상이 18~30세로 나타났다. 또 공유숙박 시장 거래규모는 전년 대비 70.6% 증가한 약 145억 위안으로 집계됐다. 2020년이 되면 중국의 공유숙박 시장 거래규모는 500억 위안에 달하고, 공유 주택은 600만 채가 넘으며, 게스트는 1억 명을 초과할 것으로 예상했다.[58] 이처럼 중국의 공유숙박 분야도 급성장하고 있는 중이다.

숙박예약 (酒店住宿类)	투자(途家)	140만 1600명
	화주호텔(华住酒店)	134만 2,300명
	마이돤쭈(蚂蚁短租)	95만 5,100명
	샤오주(小猪)	86만 6,500명
	에어비앤비(Airbnb: 爱彼迎)	85만 9,100명

숙박예약 앱은 투자, 화주호텔 등이 선두권이며, 세계적으로 가장 많이 이용되고 있는 에어비앤비는 중국에서 5위에 머물고 있다. 중국판 에어비앤비인 투자는 2011년 12월 설립된 기업가치 15억 달러의 유니콘 기업이다. 아시아 최대 숙박공유업체로, 중국 353개 지역, 40여만 개의 숙박시설이 등록되어 있다. 방 가격이 상대적으로 저렴하고, 소비자가 원하는 느낌의 새로운 공간을 체험할 수 있으며, 생활하는데 필요한 모든 용품이 갖추어져 있기 때문에 많은 사람들이 이용하고 있다. 투자의 CEO인 뤄쥔(罗军)은 원래 부동산 관련 일을 하였기

때문에 많은 방을 확보할 수 있었다고 한다.

최근 급성장하는 숙박공유 앱은 샤오주이다. 샤오주는 알리바바의 투자를 유치했으며, 알리바바 그룹의 금융 자회사인 앤트파이낸셜과 협력해 안면인식기술을 개발했다. 이를 통해 고객을 식별하는 '스마트 록'을 시범 도입키로 하는 등 연구개발 투자를 확대하고 있다.

세계적으로 가장 유명한 공유숙박 업체 에어비앤비는 190개 국가 3만 4천여 개 도시에 진출하고 있는데, 2012년 중국 시장에 진출한 이후 200만 명 이상의 중국 회원을 확보하고 있다. 아이리서치(iResearch)에 따르면 2016년 기준 에어비앤비의 중국 매출액은 88억 위안을 기록했으며, 중국인 8만 명이 이용해 전년대비 146%가 증가했다.[59]

4) 공유경제의 확산과 미래

자전거부터 시작된 중국의 공유시장은 오토바이, 자동차, 주택, 사무실 등 다양한 분야로 확산 중이다. 심지어 최근에는 '공유여자친구'라는 성인인형까지 나왔다. O2O 플랫폼의 확대, 디지털 경제의 가속화에 힘입어 성장 추세가 꺾일 기미를 보이지 않는다.

최근 중국에서 가장 활발한 투자를 받고 있는 공유경제 모델은 배터리 분야이다. 샤오뎬(小电), 제뎬(街电), 라이뎬(来电) 등 이미 다양한 업체가 있다. 사업투자가 늘고 있지만 공유배터리의 까다로운 사용절차와 날로 업그레이드되는 휴대용 보조배터리로 인한 사용률 하락으로 청산되는 기업도 늘어나고 있다.

공유우산 서비스는 시작한지 하루 만에 3만 개의 우산이 사라지는 등 분실문제로 골머리를 앓았다. 하지만 2017년 10월 중국 공유우산 업체 'Usan'이 51억 원 규모의 엔젤투자를 유치했다. 우산 설치비와 초기비용이 워낙 낮기 때문에 서비스를 이용하기 위해 받는 보조금만으로도 수익성이 있기 때문이다. 분실문제에 대해 업계 관계자들은 공유우산 모델이 처음 생겨났기 때문에 생기는 문제이며, 시간이 지날수록 줄어들 것이라고 전망하고 있다.

일상용품, 교통수단 등을 중심으로 불던 공유경제 바람이 이제는 농장으로 확대되었다. 아오이농장(奧一农场)은 농업과 인터넷을 결합한 공유형 공동농장이다. 소비자들은 아오이농장의 토지를 빌려 농작물 재배에 참여할 수 있고, 앱을 통해 농작물을 모니터링 할 수도 있다. 초기에 엔젤투자를 받은 이후로 약 50~80억 규모의 투자를 유치한 것으로 알려졌다. 중국 최남단에 있는 하이난성(海南省)은 공유농장 건설을 예고했다. 농산품과 전원생활에 대한 가치를 제고시키고 온라인 플랫폼을 구축하여 농산품을 홍보하고 판매할 예정이다. 우리나라에도 공유농장을 운영하는 '팜잇'이라는 기업이 있다. 이처럼 발전이 느린 농업분야에도 기술을 접목하여 재도약을 돕는 기업들이 늘어나고 있다.

중국의 공유경제가 이제는 성인인형까지 공유하는 경지에 이르렀다. 온라인에서 성인용품을 판매하는 타취(他趣)라는 기업이 출시한 '공유여자친구(共享女友)'라는 앱은 성인인형을 임대하는 사업모델이다. 이 기업은 2017년 9월에 베이징 싼리툰(三里屯) 거리에서 성인인형을 전시하여 프로모션 행사를 진행했다가 결국 벌금형을 받고 사업을 접어야 했다.

현재 공유경제서비스는 기존 산업의 권익보호와 공유경제라는 새로운 모델의 정착과 발전 사이에서 진통을 겪고 있다. 기존 서비스업과의 갈등, 공유경제를 악용한 사건사고, 중국에 전역에 녹아들지 못하는 한계점 등이 문제로 대두되고 있다. 그러나 이는 공유시장 태동기에 발생할 수 있는 부작용으로 보고 있으며, 시스템 개선 및 보안강화, 운영자의 관리시스템 강화로 극복할 수 있다는 입장이다. 초기의 여러 문제점과 불편함이 꾸준히 제기되고 있으나 소비자의 호응이 높고 정부 차원의 적극적인 지원책과 해결방안을 모색하고 있으므로 공유시장 서비스는 더욱 확대, 발전될 것으로 기대하고 있다.

≪참고문헌≫

陆学艺, <当代中国社会阶层研究报告>, 社会科学文献出版社, 2004.

凯度, 「2017中国社交媒体影响报告」, 2017-06-07.

国家信息中心(2018), 「中国共享经济发展年度报告」, 2018-02.

<互联网周刊(mp媒体号)>, 「2017網絡音樂平台排行榜」, 2017-12-03.

<南方周末>, '改革开放三十年 点评十大经典歌曲', 2008-12-11.

iiMedia.cn, 「2018上半年中国APP排行榜」, 2018-07-12.

阿里研究院, 「中国淘宝村研究报告」, 2017-12-07.

周星, 「改革开放30年中国电视剧发展要评」, <现代传播(中国传媒大学学报)>, 2009
    年 1期.

차이나랩, 「"3등 먹을 건 없다" 1·2등만 사는 중국의 모바일 혁명」, 2018-07-02.

엠브레인, 「'의식주'만큼이나 중요해진 '스마트폰'의 활용도, 의존도 함께 높아져」,
    트렌드모니터(http://www.trendmonitor.co.kr), 2017-08-18.

한국무협협회 성도지부, 「중국의 SNS 이용 현황과 그 영향」, KITA Market Report,
    2017-12-5.

한중콘텐츠연구소, 「중국 1020 세대는 모바일 인터넷 원주민」, 2018-05-10.

김은선, 「중국 스타트업, 모바일앱에 주목」, <Kotra 해외시장뉴스>, 2018-11-03.

이지연, 「모바일 경제 뒤흔드는 중국 10대 앱」, <뉴스핌>, 2017-02-10.

황세원, 「중국 최대 유망 음원 시장 부상, 시장판도 변화 예고」, <뉴스핌>,
    2018-02-02.

이동현, 「14억인의 24시 스마트폰 속으로... 모바일 앱으로 본 중국은 지금」, <뉴스
    핌>, 2018-09-06.

임대근, 「중국 독립영화의 오늘」, <프레시안> 2018-10-28.

윤호준, 「왕홍(网红), 중국의 모바일 소비를 이끌다: (1) 산업 현황 분석」, <Kotra
    해외시장뉴스> 2018-01-11 .

강민주, 「중국 왕홍(网红) 4.0시대, 현상에서 산업으로 진화」, <Kotra 해외시장뉴
    스> 2016-10-26.

동흔, 「中, 왕홍시장의 새로운 트렌드와 한국인 왕홍」, <Kotra 해외시장 뉴스>, 2018-09-30.

어반블루 코리아, 「인터넷 소비를 촉진시키는 가장 영향력 있는 왕홍(网红) TOP 10」, 2017-09-08.

전소영, 「지난 10년간 사랑받은 중국 대표 왕홍들, 중국마케팅 필수요소로 인기」, <베타뉴스>, 2017-07-04.

한국무협협회 성도지부, 「중국의 SNS 이용 현황과 그 영향」, KITA Market Report, 2017-12-05.

KITA Market Report, 「중국 인터넷 생방송 현황 및 시사점」, 2018-6-11.

나윤선, 「빠르게 성장하는 중국 공유경제 서비스의 명과 암」, <Kotra 해외시장뉴스>, 2017-05-24.

인민망한국어판, 「중국 공유숙박 '인기가도'」, 2018-06-22.

장문정, 「개혁 개방 이후 중국의 계층구조 변화: 중산층화의 함의를 중심으로」, 서울대학교 석사학위논문, 2018. 02.

문관규, 「중국 주선율 영화 연구: 출현과 분화 양상 그리고 영화적 컨벤션을 중심으로」, <아시아영화연구> 9권 2호, 2017.04.

외교부, <중국개황>, 2012.

김성도, <호모빌리쿠스>, 삼성경제연구소, 2008.

KOTRA, <2015 한국을 뒤흔들 12가지 트렌드: 안티 카페에서 맨플루언서 마케팅까지>, 알키, 2014.11.

김학주, <중국문학사>, 신아사, 2014.

박석, <중국문화 대교약졸>, 도서출판 들녘, 2007.

pmg지식엔진연구소, <시사상식사전>, 박문각, 2018.

공봉진, 이강인, <중국 대중문화와 문화산업>, 한국학술정보, 2013.

안인환, <중국대중문화, 그 부침의 역사: 대중문화 담론과 중국지식인의 변주>, 문사철, 2012.

구성희, <중국의 전통문화와 대중문화: 중국문화 한 권으로 끝내기>, 이담북스, 2014.

공봉진, 이강인, 조윤경, <한권으로 읽는 중국문화: 중국의 전통문화와 소수민족문화 그리고 대중문화>, 산지니, 2016.

박신희, <문화산업을 알면 중국이 보인다: 중국 대중문화 그 치명적 유혹>, 차이나하우스, 2012.

중국문화연구회, <중국문화의 즐거움>, 차이나하우스, 2009.

리어우판 저, 장동천 역, <상하이 모던: 새로운 중국 도시 문화의 만개, 1930-1945>, 고려대학교출판부, 2007.

조복수, <중국 텔레비전>, 컴북스, 2016.

김희종, 유채원, <중국 스타트업처럼 비즈니스하라>, 초록비책공방, 2018.10.

김태만, 김창경, 박노종, 안승웅,<쉽게 이해하는 중국문화>, 다락원, 2011.

권응상, <멀티엔터테이너로서의 중국 고대 기녀>, 소명출판사, 2014.

권응상, <중국 공연예술의 이해>, 신아사, 2015.

≪미주≫

1) 이상 한국학중앙연구원, <한국민족문화대백과>

2) "China's Book Market: A 2019 Update From the OpenBook Beijing Conference", 2020년 1월 17일, https://publishingperspectives.com.

3) <신문과 방송>, 2010년 11월호. 미디어통계포털(https://stat.kisdi.re.kr/).

4) 体验盒子: https://www.uedbox.com/post/56656/

5) 陆学艺, 「当代中国社会阶层研究报告」, 2004.

6) 장문정, 「개혁 개방 이후 중국의 계층구조 변화: 중산층화의 함의를 중심으로」(서울대학교 석사학위논문, 2018. 02.), 13쪽 / 85쪽.

7) <인민일보> 2007년 6월 11일자 보도의 공산당 통일전선 부부장 천시칭(陈喜庆)의 언급.

8) 박석, <중국문화 대교약졸>, 도서출판 들녘, 2007.

9) 권응상, <멀티엔터테이너로서의 중국 고대 기녀>, 소명출판사, 2014.

10) 권응상, <멀티엔터테이너로서의 중국 고대 기녀>, 소명출판, 2014.

11) <百度百科>

12) 김학주, 『중국문학사』(신아사, 2014), 468~469쪽.

13) 권응상, 『중국 공연예술의 이해』(신아사, 2015), 236~244쪽.

14) 조가는 여러 개의 성악곡으로 만든 투곡(套曲)으로, 독립적 노래들로 동일한 주제를 표현하는 방식이다.

15) <南方周末>, '改革开放三十年 点评十大经典歌曲', 2008年 12月 11日.

16) 리어우판 저, 장동천 역, <상하이 모던 -새로운 중국 도시 문화의 만개, 1930-1945>, 고려대학교출판부, 2007.

17) <중국신문주간(中国新闻周刊)>(2005년 7월18일)에서 이들을 '포스트 6세대'라는 이름으로 묶었다.

18) 김태만, 김창경, 박노종, 안승웅,<쉽게 이해하는 중국문화>, 다락원, 2011.

19) 임대근, 「중국 독립영화의 오늘」, <프레시안> 2018년 10월 28일.

20) 홍콩 영화잡지 <娛樂迎新>의 '1969~93년도 홍콩영화 흥행성적 1백편'.

21) 홍성현 기자, 「세계가 호평, 중국 웹드라마 글로벌 전성시대 활짝」, <뉴스핌> 2017년 12월 15일.

22) 이상 조복수, <중국 텔레비전>, 컴북스, 2016.

23) 미디어통계포털: https://stat.kisdi.re.kr/.

24) 허베이(河北), 산둥(山東) 등지의 빈민이 생계를 위해 둥베이(东北) 지역으로 이주함을 가리킨다.

25) https://hockeylee.blog.me/30046257919

26) 타임슬립 중에서도 특히 '청(清)나라 시대로의 타임슬립(清朝穿越)' 소설을 칭찬 소설(清穿小说)이라고 하는데, 이 작품이 대표적이다.

27) 이상 차이나랩, 「"3등 먹을 건 없다" 1·2등만 사는 중국의 모바일 혁명」.

28) 김희종, 유채원, <중국 스타트업처럼 비즈니스하라>, 초록비책공방, 2018.10.

29) 리서치기업 엠브레인, 「의식주만큼이나 중요해진 '스마트폰'의 활용도, 의존도도 함께 높아져」, 트렌드모니터(http://www.trendmonitor.co.kr), 2017.08.18

30) 한국무협협회 성도지부, 「중국의 SNS 이용 현황과 그 영향」, KITA Market Report, 2017년 12월 5일.

31) 한중콘텐츠연구소, 「중국 1020 세대는 모바일 인터넷 원주민」

32) 출처: https://bit.ly/2KMVAt5

33) KOTRA, <2015 한국을 뒤흔들 12가지 트렌드>, 알키, 2014.11.

34) 김은선, 「중국 스타트업, 모바일앱에 주목」, <Kotra 해외시장뉴스>, 2018-11-03.

35) 이지연 기자, 「모바일 경제 뒤흔드는 중국 10대 앱」, <뉴스핌>,

36) 「2018上半年中国APP排行榜」, iiMedia.cn, 2018-07-12.

37) 阿里研究院, 「中国淘宝村研究报告」, 2017-12-07.

38) 윤호준(중국 샤먼무역관), 「왕홍(网红), 중국의 모바일 소비를 이끌다: (1) 산업 현황 분석」, <Kotra 해외시장뉴스> 2018-01-11 / 강민주(중국 상하이무역관), 「중국 왕홍(网红) 4.0시대, 현상에서 산업으로 진화」, <Kotra 해외시장 뉴스> 2016-10-26

39)「중국 쇼트클립 양대산맥 도우인(抖音) VS 콰이쇼우(手快)」, 상하이방, 2019..08.19.

40) 윤호준, 「왕홍(网红), 중국의 모바일 소비를 이끌다: (1) 산업 현황 분석」, <Kotra 해외시장뉴스> 2018-01-11.

41) 「중국 왕홍(网红) 4.0시대, 현상에서 산업으로 진화」, <Kotra 해외시장뉴스> 2016-10-26. 한편, 윤호준의 「왕홍(网红), 중국의 모바일 소비를 이끌다: (1)산업 현황 분석」(<Kotra 해외시장뉴스>.

42) 동흔(중국 선양무역관), 「中, 왕홍시장의 새로운 트렌드와 한국인 왕홍」, <Kotra 해외시장 뉴스>, 2018-09-30.

43) 어반블루 코리아, 「인터넷 소비를 촉진시키는 가장 영향력 있는 왕홍(网红) TOP 10」, 2017-09-08.

44) 전소영, 「지난 10년간 사랑받은 중국 대표 왕홍들, 중국마케팅 필수요소로 인기」, <베타뉴스>, 2017-07-04.

45) 위챗페이는 메시징 앱 위챗 안에서 구동되므로 모바일 페이 앱으로 분류되지 않음.

46) 한국무역협회 성도지부, 「중국의 SNS 이용 현황과 그 영향」, KITA Market Report, 2017년 12월 5일.

47) 「중국 온라인 동영상 시장 빠른 성장 한다」, 中國經濟, 2019-09-18.

48) 「중국은 지금, '온라인 라이브 방송 시대'」CNCNEWS, 2019-09-18.

49) 「중국 인터넷 생방송 현황 및 시사점」, KITA Market Report, 2018-6-11.

50) 출처: Music Business Worldwide, Spotify and Apple Music will struggle in China, 2017.01.25

51) <互联网周刊>mp媒体号, 「2017网络音乐平台排行榜」, 2017-12-03.

52) 황세원 기자, 「중국 최대 유망 음원 시장 부상, 시장 판도 변화 예고」, <뉴스핌>, 2018-02-02.

53) 리스트업 비율은 중국 지역 앱스토어에서 365일 중 10위권에 진입한 일수 비율.

54) 이동현, 「14억인의 24시 스마트폰 속으로... 모바일 앱으로 본 중국은 지금」, <뉴스핌>, 2018-09-06.

55) 나윤선, 「빠르게 성장하는 중국 공유경제 서비스의 명과 암」, <Kotra 해외시장 뉴스>, 2017-05-24.

56) 国家信息中心(2018), 「中国共享经济发展年度报告」, 2018.02.

57) 현재 1선 도시인 베이징(北京), 상하이(上海), 광저우(广州), 선전(深圳), 톈진(天津) 등에서는 금지되었다.

58) 「중국 공유숙박 '인기가도'」, 인민망 한국어판, 2018-06-22.

59) 나윤선, 「빠르게 성장하는 중국 공유경제 서비스의 명과 암」, <Kotra 해외시장 뉴스>, 2017-05-24.

중국의 대중문화

2019년 3월 15일 초판 1쇄 발행
2020년 3월 15일 2 판 1쇄 발행

지은이 | 권 응 상
펴낸이 | 이 건 웅
펴낸곳 | 차이나하우스

등   록 | 제 303-2006-00026호
주   소 | 서울특별시 종로구 자하문로 301
전   화 | 02-3217-0431
팩   스 | 0505-352-0431
이메일 | chinanstory@naver.com
I S B N | 979-11-85882-70-3 *03300

값: 16,800원